Anonymous

Archiv für die Geschichte Liv, Est und Curlands

Anonymous

Archiv für die Geschichte Liv, Est und Curlands

ISBN/EAN: 9783744682329

Hergestellt in Europa, USA, Kanada, Australien, Japan

Cover: Foto ©ninafisch / pixelio.de

Weitere Bücher finden Sie auf **www.hansebooks.com**

Neue Quellen zur Geschichte des Untergangs livländischer Selbständigkeit.

Aus

dem dänischen Geh. Archive zu Kopenhagen

herausgegeben

von

C. Schirren.

Band I.

REVAL.
Verlag von Franz Kluge.
1883.

Mit diesem Bande, welchem noch zwei folgen werden, beginnt eine neue Serie von Quellen zur Geschichte des Untergangs livländischer Selbständigkeit. Die zu Grunde liegenden Abschriften sind im Frühjahr 1861 zu Kopenhagen genommen worden und haben seitdem keiner Revision unterzogen werden können. Von den bei der Stockholmer Serie befolgten Editions-Principien abzugehen, lag kein Anlass vor.

Zum Jahr 1558 ist No. 43 in den September hineingerathen und gehört unter No. 82 in den December. Einige Druckfehler stehen hinter dem Inhalts-Register verzeichnet.

Kiel, Mai 1883.

Inhalt.

1557.

No.		Seite
1.	Instruction des OM. Wilhelm von Fürstenberg für seine Gesandten an den Grossfürst. Vor Oct. 25, ...	1
2.	Bericht der livländischen Gesandten in Moskau. Oct. 25.—Dec. 16.	8
3.	Fehdebrief des Grossfürsten an Livland. (7067.) Nov. Moskau .	30
4.	Die livländischen Gesandten an den Grossfürst. Dec. 23. Twer .	33
5.	Notiz über Bestimmungen des König Christoph. Vor 1558. . .	36

1558.

6.	Uexkulls u. A. Geheime Werbung in Frankreich	36
7.	Justus Clodt an König Christian	41
8.	Verzeichniss besitzlicher Edelleute in Harrien und Wierland . .	44
9.	Schigaley's und zarischer Bojaren Ermahnung an Livland (7066). Febr. 15. Livland	46
10.	Schigaley's Ermahnung an Livland. (7066). (Febr. 15.) . . .	47
11.	Privilegium des Grossfürsten für Narva. Mai. 1. Moskau . . .	49
12.	König Christian an Christoph von Münchhausen Juli 5. Odensee	52
13.	B. Hermann von Dorpat postulirt, unter Entsagung von Amt und Würden, des Königs Christian von Dänemark Sohn, Herzog Magnus, zu seinem Nachfolger. Juli 5. Dorpat	54
14.	B. Hermann zu Dorpat an König Christian. Juli 5. Dorpat . .	57
15.	Christoff von Münchhausen an König Christian. Juli 5. Kolck .	59
16.	OM. Wilhelm von Fürstenberg und Condjutor Gothart Ketler an König Christian. Juli 11. Im Feldlager	60
17.	Instruction des B. Johann von Oesel an König Christian. Juli 16. Arensburg	62
18.	Der Bojar, Statthalter zu Pleskau, Fürst Peter Iwanowicz Szuiski fordert den B. von Reval auf, sich dem Grossfürsten zu ergeben. Juli 20. Dorpat Juli 20.	65
19.	Notariats-Instrument über die Thatsache und die Gründe der Uebergabe des Hauses und Gebiets Reval durch den Comthur Franz Segenhagen genannt Amsel an Christoph von Münchhausen auf den Namen des Königs von Dänemark. Juli 24. und 25. Reval.	66

No.		Seite
20.	(Der Vogt zu Wesenberg) an den Comthur zu Reval. (c. Juli 25.)	70
21.	Der Vogt zu Wesenberg an (den Comthur zu Reval). Juli 25. Wesenberg	71
22.	Christoph von Münchhausen, des König Christian von Dänemark Statthalter im Herzogthum Esten, weist die auf Unterwerfung an Reval gerichtete Aufforderung des Fürsten Peter Iwanowicz Szuiski zurück. Juli 26. (Reval)	74
23.	Christoph von Münchhausen fordert die Gebietiger auf, dem Beispiele der Stadt ɔc Reval zu folgen und sich dem König von Dänemark zu untergeben. Juli 26. (Reval)	76
24.	Hermann von Schapshusen, Hauscomthur zu Weissenstein, an einen Ungenannten. Juli 28. Weissenstein	78
25.	König Christian an Christoph von Münchhausen. Aug. 1. Silkenburg	79
26.	B. Johannes von Oesel an die Räthe von Harrien und Wirland und an Bürgermeister und Rath zu Reval. Aug. 1. Arensburg	80
27.	König Christian an den OM. Aug. 7. Hald	82
28.	EB. Wilhelm an den B. Johann von Curland und Oesel. Aug. 9. Kokenhusen.	84
29.	EB. Wilhelm an den B. Johann von Oesel. Aug. 12. Kokenhusen.	87
30.	Fürst Peter Iwanowicz Szuiski, Boiar und Statthalter zu Dorpat, sendet dem König Christian zwei Schreiben als unstatthaft zurück. (7066). Aug. 13. Dorpat	89
31.	Aussage zweier gefangener Russen über die Stärke der russischen Besatzungen in livländischen Städten und Festungen, nebst andern Zeitungen. Nach Aug. 17.	90
32.	Heinrich Uexküll an den B. Johann von Münchhausen zu Oesel und Curland. Aug. 22. Reval	91
33.	OM. Wilhelm an den Comthur zu Pernau und Vogt zur Soneburg. Aug. 22. Wenden	94
34.	Wolmar Treidens Bericht über das von ihm entgegengenommene Bekenntniss des gefangenen Kanzlers von Dorpat, seine und des B. Einverständnisse mit dem Russen betreffend. Aug. 23. Hapsal.	95
35.	Vortrag der Gesandten des OM. an den König von Dänemark, dessen Schutz gegen den Russen angerufen wird. (Vor Sept.?)	98
36.	Dänischer Entwurf zu einem Schutzvertrage des O. mit Dänemark, wobei die dänische Oberhoheit über die Lande Estonien, Harrien und Wirland anerkannt und dieselben zu vollständigem Besitz abgetreten werden. (Vor Sept. 3. Alborg?)	107
37.	Bedenken der Gesandten des OM. auf die königlich dänische Notel den Schutzhandel betreffend. (Nach Sept. 3.)	115
38.	Weiteres Bedenken der Gesandten des OM. auf die königlich dänische Notel den Schutzhandel betreffend. (Nach Sept. 3.)	117
39.	Erläuterung zum weitern Bedenken der Gesandten des OM. (Nach Sept. 3.)	119
40.	Nachtrag zum weiteren Bedenken der Gesandten des OM. auf die königlich dänische Notel den Schutzhandel betreffend. (Nach Sept. 3.)	120

No.		Seite
41.	Notariats-Instrument über die Aufgabe des Hauses Reval durch den Comthur, über dessen Ansprüche an den Orden und die Antwort der Abgeordneten des OM. Sept. 6. und 15. 16. Alburg und Randers	121
42.	Die Gesandten der Lande Harrien und Wirland und der Stadt Reval an König und Räthe von Dänemark. (c. Sept. 6.)	126
43.	*Gehört in den December unter No. 82.*	
44.	Umgearbeiteter Entwurf zu einem Schutzvertrage des Ordens mit Dänemark, von dänischer Seite. Sept. 16. Randers	137
45.	König Christian notificirt dem O. die Endbedingung eines Schutzhandels. (Um Sept. 18. Randers)	145
46.	König Christian notificirt dem O. die Endbedingung eines Schutzhandels. Sept. 18. Randers	146
47.	Bedenken der Gesandten des OM. über die Kriegsmittel Livlands und des Russen und den gegen den letztern zu befolgenden Kriegsplan, dem König von Dänemark vorgelegt. (Nach Sept. 18.? Randers)	147
48.	König Christian an den OM. Sept. 26. Randers	153
49.	König Christian's Instruction an den OM. Sept. 26. Schloss Drottingburg zu Randers	154
50.	Instruction des König Christian für seine Gesandten nach Russland. Sept. 26. Randers	161
51.	König Christian an den Grossfürst. Sept. 26. Randers	175
52.	König Christian an Christoph von Münchhausen. (Sept. 27. Randers)	178
53.	König Christian an Christoph von Münchhausen. Sept. 27. Randers	179
54.	Notariats-Instrument über die von Seiten der Gesandten des OM. wegen Nichtübergabe des Hauses Reval gegen Heinrich Uexküll erklärte Verwahrung, so wie die von demselben dagegen angerufene Nullität. Oct. 8. Reval	180
55.	Christoph von Münchhausen an den erwählten König Friedrich II. Oct. 20. Kopenhagen	187
56.	OM. Wilhelm an Heinrich Uexküll. Oct. 25. Wenden	189
57.	Die gemeinen Befehlshaber und Kriegsleute in der Besatzung des Schlosses und Doms zu Reval an den OM. (Nov.?)	190
58.	Bericht, wie der OM. das Haus Reval wiedergewonnen. Nov. 7. bis Dec. 15.	193
59.	Dietrich Behr und Heinrich Uexküll bescheinigen den Empfang von Proviant für das Haus Reval aus einem königlich dänischen Schiffe. Nov. 12 Reval	218
60.	OM. Wilhelm an König Christian. Nov. 17. Wenden	219
61.	OM. Wilhelm an Dietrich Behr Stiftsvogt zu Arensburg. Nov. 19. Wolmar	222
62.	Dietrich Behr an den OM. Nov. 27. Reval	225
63.	Des EB. Meinungsäusserung auf die von den Verordneten des OM. vorgebrachten Vorschläge. (Dec.)	227
64.	Christoph Münchhausens Supplication an die dänischen Gesandten. Dec.?	zu

No.		Seite
65.	Des OM. Bericht an die dänischen Gesandten, zur Erwiederung auf Christoph Münchhausens Supplication. Dec. ?	238
66.	Memorial Dietrich Behrs und Heinrich Uexkülls, durch Wigand von Ungern den dänischen Gesandten überbracht. Dec. 3. Reval	243
67.	Die Befehlshaber und Kriegsleute auf dem Hause Reval an die Räthe der Ritterschaft, die Stadt Reval und die Hauptleute des Kriegsvolks mit Bitte, ihnen zu rathen und sie gegen Beeinträchtigung durch die abgewichenen Knechte zu schützen. Dec. 4. Reval	246
68.	OM. Wilhelm und Coadiutor Gothart Ketler urkunden über die Wiederunterwerfung der Kriegsleute auf dem Hause Reval. Dec 8. Reval	250
69.	Des OM. Wilhelm Fürstenberg und Coadiutors Gothart Ketler Geleitsbrief für Dietrich Behr. Dec. 9. Reval	255
70.	Der Verordneten des OM. mündliches Anbringen bei den dänischen Gesandten. Dec. 12.	256
71.	Vortrag der dänischen Gesandten. Dec. 13.	259
72.	Aeusserung des OM. auf den Vortrag der dänischen Gesandten vom 13. Dec. Dec. 14.	264
73.	Rückäusserung der dänischen Gesandten auf die Erklärung des OM. Dec. 15.	271
74.	Fernere Meinungsäusserung des OM. gegen die dänischen Gesandten. Dec. 18.	273
75.	Rückäusserung der dänischen Gesandten auf die fernere Meinungsäusserung des OM. Dec. 19.	275
76.	Fernere Meinungsäusserung des OM. gegen die dänischen Gesandten. Dec. 20.	277
77.	Note der dänischen Gesandten an den OM. Dec. 22.	279
78.	Die dänischen Gesandten an den Grossfürst. Dec. 23. Riga	280
79.	Antwort des OM. auf die Note der dänischen Gesandten vom 22. Dec. Dec. 26.	282
80.	Des Fürsten Dmitri, der Bojaren, Wojwoden und Statthalter zu Dorpat Ermahnung an Livland, den Grossfürst um Frieden zu besenden. (7067.) Dec. 26. Dorpat	283
81.	Rückäusserung der dänischen Gesandten auf die fernere Meinungsäusserung des OM. Dec. 27.	285
82.	Entwurf zu einem Schutzvertrage des Ordens mit Dänemark. Dec. 30. (Riga)	130
83.	Bedenken des EB. und OM. über die durch die dänischen Gesandten vom russischen Grossfürsten zu erwirkenden Friedens- oder Stillstandsbedingungen. (Dec. Ende. Riga)	286

1. 1557. vor Oct. 25. — Instruction des OM. Wilhelm von Fürstenberg für seine Gesandten an den Grossfürst.

Cop.

Instruction vndt vnderrichtt der beuolhenen sachenn halber, welche vor dem Durchleuchtigsten Hochgebornen Furstenn vndt Grothmechtigsten Herrn, hernn Iwan Wassilowitz Keyser vnndt Herscher aller Reussenn, vnndt viele andere mehr, In nhamen vndt von wegen des Hochwirdigenn Grothmechtigen Furstenn vndtt Hernn, Hernn Willhelmen Furstenbergk des Heyligenn Römischenn Reichs Furstenn vndt Meister des Ritterlichen deutschenn Ordens tho Lifflandtt, meins gnedigsten Hernn, durch die Erntueste, Achtbare, Hochgelarte vndt Erbare vnsere liebenn getreuenn, Claus Franckenn, Thomassen Hornern beyder Rechtenn Licentiaten vndt Melchiornn Grothausenn geworuen vndt angedragen sollenn werdenn,

Nach gewontlicher vleissiger begrussung, nachbarlicher freuntlicher erpietung, vberreichung des Credentz brieffs, solle anfenglichen diese friedesshandlung In nhamen des allmechtigen dergestaltt wie folgett, durch di gesandtenn vortgesatz werdenn,

Nach dem der hochwirdiger grossmechtiger Furst vndt Herr, Herr Wilhelm Furstenbergk des heiligenn Romischen Reichs Furst, vnndt Meister des Ritter: Deutschenn Ordens zu Lifflandtt, vnser gnedigster Herr, auss schickung vndt vorsehung gottes des allmechtigenn, vndt einhelliger wahle, Chur vndt bewilligung der gemeinen semptlichen Stenden zu

1

Lifflandtt, daruber Ire F. G. auch des Römischen Keysers, vnsers aller gnedigsten Hernn, vndt des heyligen Romischenn Reichs bekrefftigung vndt bestettigung erlangtt vndtt erworbenn, auff absterbenn Weylandtt dess hochwirdigenn Grossmechtigen Furstenn vndt Hern, Hernn Heinrichen vonn Galenn, des heyligen Römischen Reichs Furstenn vndt Meisternn dess Ritterlichen Teutschenn Ordens zu Lifflanndtt, vnsers gnedigenn Hernn, hochloblicher milder vndt Christlicher gedechtnuss, welchs sehle der allmechtige gott gnedig vndtt barmhertzigk sein wolle zu der Furstlichen Ordentlichenn Regierung dess meister ampts der Lande zu Lifflandtt gekomen, Vnndt aber hochgemelter Her Meister, her Heinrich vonn Galenn seiner vonn gott beuolhenen Furstlichenn Regirung, Cristlichen furgestanden, Also das Ihre F. G. mit allen vndt Jeden benachbartenn Konigen, Furstenn vndt Hernn, Sonderlichenn aber mit E: Key: Grossm: In nachbarlichem guthem frieden gelebett, vndtt endtlichenn auch einen funfftzehen Jehrigenn beschwornen beyfriedenn, Dauon nhu drey Jhar verlauffenn sein durch Ihrer f: g: abgeferdigtenn gesandtenn vndt Rethe bey E Key Grossm. aussgebracht vndtt erworbenn,

Alssdann vnser genedigster herr, der Itziger Herr Meister zu Lifflandtt, Herr Wilhelm Furstenbergk, Inn dess verstorbenen schligen Hernn Heinrichen von Galenn Meisters Regierung vndtt fuesstappenn auss göttlicher genaden getrettenn, Ist Ihre F: G: alss ein newer ankomender Herr weiniger nicht dann derselben vorfahrenn vndt gewesene Meistere zu Lifflandtt mit allenn vndtt Jeden benachbarten Konningenn, Furstenn, vndtt Hernn, vndt beuorab mit E Key: Gross: In einem bestendigenn Christlichenn vnbefahrtenn frieden, nachbarlicher beywohnung vndt allen guten zu lebenn, entschlossenn,

Derwegenn vnss Ihre F: g. vnser gnedigster Herr Meister zu Lifflandtt an E Key: Grossm: auff derselben gegebenn Christlich Keyserlich schrifftlich vergeleitung vmb fredens willen Itziger Zeit abgefertigt, denn vorigen auffgerichtenn funfzehenn Jherigen friedenn bey E. Key: G: (: wie das von alters her gebreuchlich gewesenn :) bestettigenn, vernewern, vndtt befestigenn zu lassenn,

Vnndt nach dem aber der Artickell des Dorptischenn gesuchtenn Zinss In den gemeltenn negstenn funffzehenn Jehrigenn auffgerichten beifriedenn gerahtenn vndtt eingezogen wordenn, Derhalben bittenn vnser gnedigster Herr, herr Wilhelm Furstenbergk Meister zu Lifflandtt, als ein newer ankomender Herr Ertzb: Bischoffe vndt di gantze Lande zu Lifflandtt E Key Gross: di wollenn den nehsten funffzehenn Jherigenn auffgerichtenn beyfreden bestettigenn, vndt nach althenn bekreftigenn, denn selbenn auch der gestaltt vornewernn, wie Ihre F g Ertzb: Bischofe, vnndt di gantze Lande zu Lifflandtt verhoffenn, Damit der Dorptischer Zins artickell, auss diesem gebotenem verhofflichen fredenn bleibenn, vndtt alles nach dem Althen gesucht werdenn möge,

Alss dann aber hochgemelter sahliger herr Meister herr Heinrich vonn Galenn, vnser genedigster Herr negstuerschienen seine ehrliebende Badenn vnndt Gesantenn di Erentuestenn vndt Achtbarnn, Valentin Hanenn, Melchiornn Grotthausenn, vnndt Johansenn Frickenn von wegen des Dorptischen Zinss Artickels an E Key: Gross: abgefertigtt, vndt was dieselben Ihrer F. g. gesantenn allenthalbenn E. Key: Gross: angeworbenn, vndt vorgebracht, solchs habenn sich E. Key: G. zuerInnernn, Ihre F. G. aber, Ertzb: Bischofe vnndt di gantze Lande zu Lifflandtt habenn diesenn Punct, so Im Jungstenn fredebriefe geschriebenn (: Vndersuchung :) nicht anders dan nachuorschung, erkundigung, vndt nicht zusamen versamlung wie es gedeutet werdenn solle, verstandenn,

Nhu dann E Key: Gross: Ihrnn Zorn auff denn hernn vndt bischoff zu Dorpt dieses Zinsses halbenn geworpfenn mochte haben, Vndt aber E Key Gross: wie ein rechtfertiger Keyser welchenn Gott der allmechtig viel schöner königreich, grosse weitbegriffene lande gegebenn, einss geringen nicht

1.

nöhttigk habenn, Derwegenn hatt der Herr vndt Bischoff zu
Derptt, auff vermhanung vnsers gnedigen hernn Meisters,
Ertzb: Bischofen, der gantze Lannde zu Lifflandtt, Itziger zeitt
seine statliche, ansehenliche vndt ehrliebende badenn an E.
Key: Gross: auff derselbenn vergleitung abgefertigett, desshalbenn nicht allein einen gruntlichenn vndt eigentlichen bericht zuthun, Sondernn auch sich mit E: Key: Gross: zuuor-
tragenn, Derhaluen bittet vnser gnedigster herr, der Itziger
herr Meister, herr Ertzb: Bischofe, vndt di gantze Lande zu
Lifflandtt, E Key: Gross: di wollen auss Kayserlicher ange-
borner Dugentt, damit E Key: Gross, von dem allmechtigen
reichlich gezieret ist, Ihrenn vielleicht gefasten zornn solches
Zinses halbenn von dem Herrn von Dorptt, abwenden, vndt
seiner Furstlichenn gnaden abgeferdigte hernn gesantenn, gutt-
lichenn hörenn, auch sich Jegen dem hernn vndt Bischofenn
zu Dorptt Christlichen vndt Keyserlichenn erzeigenn, vndt
Ihm vndt di seinen, alss des heyligenn Römischenn Reichs
gliedmassenn, der Rom: Key: Maitt: begnadigungen geniessenn
lassenn, solchs wirdt E Key: Gross: rhumlich sein, vnser
gnedigster Herr aber der Herr Meister alss ein newer ankommender Her, her Ertzb: Bischofe, vndt di gantze lande
zu Lifflandtt wollenn solchs vmb E Key: Gross: In aller
freuntlicher vndt Dienstwilliger nachbarschafftt widerumb
zuuorschuldenn vndt zuuerdienenn zu keiner Zeit nicht
vnderlassenn.

Was aber antrifftt denn Artickell der Reussischenn
Kirchenn zu Riga, E. Key: Gross: vnderthanenn einzurheumen,
wie das dann E Key Gross: Inn denn negsten gegebenem
abscheide habenn furbringenn lassenn, Nhu wolte vnser genedigster her der herr Meister, Herr Ertzb: Bischofte vnndt
gemeine Stende zu Lifflandtt Inn demselbenn E Key: Gross:
gerne willfahrenn, Ess weren auch Ire Furst: G: vnndt Stende
zu Lifflandt di Kirchenn einzureumen vnbeschwertt, So ist
es aber ann dem, dass sich der König zu Polen dieser Kirchen

thut annhemenn, vndt dieselbige vor das sein vertheidigenn, der vrsachenn dann Inn Riga dieser Kirchen halben streitt vnndt zwist furhandenn, dann auss althenn Lettowischenn glaubwirdigen briefen zuerweisenn, das lange vor der zeitt ehe der stapell zu Wendenn auffgehobenn, vnndt die Reussenn nach Riga gestattett, hatt der Ertzb: zu Polotzko vnndt Witenbeck eine beuthe gethann mit der Statt zu Riga, vndt habenn zu Polotzko gegebenn eine stede, Darauff gebawett ein Clöster vnd eine Kerche, darent Jegen eine stede zu Riga wederumb darauff Sanct Nicolaus Kerche vor Sanct Jacobs pforte gebawett,

Damit aber E. Key: Gross: spörenn mogen, Dass ess ann vnsers gnedigen Hernn Meisters, Ertzb: Bischof: vnndt der gantzen Lande zu Lifflandtt vleiss vnndt guthem nachbarlichen willen nicht manglen solle, So wollenn Ire F: G: Ertzb: Bischofe vnndt di gantze lande zu Lifflandtt vmb friedens vnndt guther nachbarschafftt willenn bey denn Rigischen mit dem erstenn verschaffenn, eine sondere Reussische Kirche sampt einer wohnung, Dar Innen sich der Reussischer Priester behelffenn, neben der andernn auffzubawenn, Vnndt seindtt vnser gnediger herr Meister Ertzb: Bischof: vnndt di gantze Lande zu Lifflandtt der tröstlichen hoffnung vndt zuuorsicht, E Key: Gross: di wollenn sich Inn diesem erpietenn, (: dar an kein zweiffell sein wirdtt :) benugenn lassenn, vndt di gethane entschuldigung nicht anderss dan Inn allem guten, nachbarlichen erwegenn vndtt auffnhemen.

Es pittenn auch vnser genediger herr Meister Ertzb: Bisch: vnndt di gantze Lande zu Lifflandtt E Key. Gross: dass Ihrenn vnderthanenn Inn Reusslandtt zu handlenn, vnndt die nharung nach dem althen zusuchenn, gestattett werde, Des sollenn hin widerumb E Key: Gross: vndersassenn Inn Lifflandtt nach dem althenn Kauffmanschaft zu treibenn zugelassenn sein, Dieselbigenn wollenn vnser genedigster herr Meister zu Lifflandtt, Ertzb: bischofe vndt die gantze Lande zu Lifflandtt vor allen vberfall beschutzenn vnndt vorthedigenn lassenn,

Welchs ohne Zweiffell E Key: Gross: Ihren Statthalternn gleichs fals zu thun, befehlen werden.

Vnndt damit E. Key: Gross: sehen mögen, das vnser gnedigster herr, Ertzb: Bischofe, vnndt die gantze lande zu Lifflandtt zur freuntlichenn vertreulichenn nachbarschafftt bey E Key: Gross: nichtes mangelnn lassenn, Demnach so solle nunmher E Key: Gross: vnderthanenn allerley gemeine wahre Inn Lifflandtt Ihre hantierung zu treiben vndt zu suchenn, vergunt vnndt zugelassenn sein, Wiewol ess, auch nebenn diesen Itzigenn erzelten artickell vnseren gnedigsten hernn, Ertzb: bischofen vnndt den gantzen landenn zu Lifflandtt bedencklich fallenn thut nach zu gebenn mit den vberschischenn zu kauffschlagenn, Inn betrachtung das Iren F. G. vorfahren die Stette hier Innen mit sonderlichenn freyheittenn, briefen vndt siegelnn begnadigett, So wollenn demnach vnser gnedigster herr Ertzb: bischofe vnndt di gantze Lande zu lifflandtt, zu einem nachbarlichen sonderlichen willenn, vndt friedliebendenn gefallenn di Kauffmannschafftt mit denn Vberschischenn zutreibenn, E. Key: Gross: Vnderthanen Inngleichem nachgeben auff das hinferner vonn beiden theilenn guthe friede vndtt einigkeitt erhaltenn werde.

Dieweil auch die klagesachenn viel vneynigkeitt erweckenn, sehenn vnser gnedigster herr, Ertzb: bischofe vnndt di gantze lande zu Lifflandtt nichts liebers, Dan das allenn klagt gebrechenn abgeholffenn werden möchte, bittenn derwegenn, das di klag Sachenn vnndt Richteltage Inn den Stetten da sie bewandtt, gebörlichs rechtens vorgehommen vndt endscheidenn werenn möchtenn, Dahin sollenn mit dem erstenn fromme ehrliche Richters verordnett werdenn, welche das Creutz kussenn vnndt einem Jedenn auff rechtmessige klage nach der kreutzkussunge recht thun sollenn, wehr aber felschlichenn klagt, das derselbiger mit dem thode soll gestraffett werdenn, der tröstlichenn verhoffenunge, das E. Key: Gross: hinwiderumb Ihren Stathalternn beuelhenn vndt aufferlegen werdenn, das sie Inn gleicher gestaltt recht thun vndt geben sollenn,

Ess habenn vnsers gnedigsten hernn des herrn Meisters zu Lifflandtt vnderthanen zur Narue, klagendtt vorgebracht, wie sie von E Key: Gross. vnderthanen weder das althe vnndt guthe nachbarschafftt, Inn beschwerung gesetzt werdenn sollenn, Innhaltt Ihrer vbergebener Artickell, welche hier verhanden sein, Derhalbenn pittenn vnser gnedigster herr E Key: Gross: di wollen solche der Naruischenn newe beschwerung, di Ihnen vonn E Key: Gross: Vnderthanen, daselbst zu merklichem vorfangh widerfehrett, abschaffenn vndt beuehlenn lassenn dass alle dingk nach dem altenn gehaltenn, damit einer von dem andernn seine nharung, saltz vnndt brott habenn möge,

Ferner ist vnserm gnedigstenn Hernn vorgebracht, dass E Key Gross: Statthalter zu Iwangross di deutschenn beschattenn, vndt vonn einem Jeden Deutschenn, welche sich Inn Reusslandt vber di Naruische beche begebenn, einen Vngarischenn guldenn odder thaler nhemen solle Nhun ist der Zoll zu Adzell derwegen nachgegebenn wordenn, dass henwedderumb vnndt darentJegenn der Zoll zu Iwanegross auffgehabenn sein solte, Vnndt bittett vnser gnedigster Herr, der herr Meister zu Lifflandtt, das der Zoll zu Iwanogross der gemeltenn Vrsachenn halbenn durch E Key: Gross: Statthalter abgeschaffett,

Der her Meister aber vnser gnedigster herr, als ein newer ankommender herr, her Ertzb: Bischofe, vnndt di gantze Lande zu Lifflandt seindt anders nicht dann mit E Key: Gross: Inn liebmuht, einigkeitt, vnndt allen guthen vertrauenn zu lebenn, vnndt E Key: Gross: angenhemen nachbarlichenn willen vndtt gefallenn Jederzeitt zu erzeigen entschlossenn, Zweiffelnn auch nicht, E. Key: Gross: werdenn hier Inn dieser gethanen werbung einen nachbarlichenn freundtlichen gefallen tragenn, vnndt sich gleichmessig Jegenn vnserem gnedigstenn hernn, Ertzb: Bischofen, vnndt di gantze

lande zu lifflandtt, friedtlich vndt nachbarlich, wie derselbenn
E. Key: Gross: hochlöbliche vor vetters gethan, erzeigenn,
vndt den frieden wie ess vonn althers gebreuchlich mit vnserenn gnedigsten hernn vndt den gantzen landen zu lifflandt,
haltenn, vndt vestiglichenn bestettigenn, Auch vnserem gnedigstenn hernn, Ertzb: Bischofe, vnndt den gantzenn Landenn
zu Lifflandtt mit eyner Keyserlichen nachbarlichenn anthwortt
beJegnen, damit als der liebe friede Im nhamen des almechtigen,
Inn guthen nachbarlichen vertrawenn vnndt eigentlicher zuuorsicht beyderseits erbawett vnndt vestiglichenn gehaltenn werden.
Solchs wollenn vnser genedigster herr Meister, herr Ertzb:
Bischoffe, vnndt die gantze lande zu lifflandtt vmb E Key:
Gross: nachbarlichen vnndt dienstlichen verschuldenn vnndt
verdienenn, Auch derselbigenn E. Key: Gross: angenhemen
freuntlichen dienstlichenn willenn vndt nachbarlichenn gefallenn
Jederzeitt Zuerzeigenn nichtt vnderlassenn ɔc.

**2. 1557. Oct. 25 — Dec. 16. — Bericht der livlän-
dischen Gesandten in Moskau.**

Cop.

Betr. ihre Verhandlungen mit den Kanzlern des Grossfürsten, Alexei Fedorowicz
Adaschew und Iwan Michailowicz; auch die Audienz beim Grossfürsten nebst
wortlich eingerückter Antwort desselben vom *8. Dec.* auf die von ihnen angebrachte Werbung. *Abgefasst offenbar von Thomas Horner.*

In dorso: Reussische Handlung.

Nach Christi vnsers Heylandes vndt sahlichmachers geburth
Funfftzehenn hundertt vnndt siebenn vndt funfftzigstenn Jhare,
den xxv Octobris, habenn vonn dem Hochwirdigen Grossmechtigen Furstenn vndt hernn, hernn Wilhelmen Furstenbergk,
des Ritterlichenn Teutschenn Ordens Meisternn zu Lifflandtt,

meinem gnedigen hernn, di erentueste Achtbar, Hochgelarter,
vnndt Erbare Klaus Francke, Thomass Hörner beider Rechtenn
Licentiat, vnndt Melchior Grotthausenn, Ihrenn abscheidt zu
Trikatenn nach di Muschkaw genhommen, vnndt denn XXVII
Nouembris mit gottlicher Hulff Inn der viertenn Jammen, auff
Jenerhalben Nowgardenn, zu Jasuwitz ankommen, Daselbst vns
Inn di nacht dess hernn Grossfurstenn Jeger einer angetroffenn,
vndt den morgen alss Melchior Grotthausenn, Blasius Becke,
Fritz Gross, Hans Vogett, Vndt ich bey Ihme gewesenn,
vnndt er folgents zu denn Hernn gesanten kommen Ihnen
anngezeigtt, Der Herr Grossfurst Keyser vnndt herscher aller
Reussenn hatt euere entschuldigung, warumb Ihr So langsam
vortziehenn angehörtt vndtt soltenn vergangen Sontag schoenn
Inn der Muschkow gewesenn sein, So ist nu ewer geleit auss.
Der Herr Grossfurst kann wol eweres langsamen vortziehens
halbenn abnhemen, dass Ihr gedenckenn denn Handell damit
zu verlengernn, Vnndt ist fast zornich auff euch, Vndt lest
euch an zeigenn, So ihr ewere eigene Lande nicht gedenckenn
zuuerderbenn noch zuuerrhatenn, sollenn Ihr mit eueren
eigenen pferdenn vonn tage zu tage xiij, xiiij Ja auch xv
meilenn, vndt Jammen vberschlagenn, vndt so fort vnseum-
llehenn an Ihre Key: Gross: ziehenn, dann seine macht schoen
fertigk vort zureisenn, Warauff di hernn gesanten geandt-
wordett, das vnmöglichenn also mit Ihren eigenen pferdenn
zu Jagenn, di albereits einen weiten wegk abgangenn,

Der Jeger,

So Ihr mit ewernn pferdenn nicht thun können, Sall ich
euch souiel postpferde verschaffen alss Ihr nöttigk,

Hernn Gesanten,

Sollenn wir mit di post vortziehenn, mussenn wir vnsere
pferde alhie stehen lassen, das ehr Inn Ihrem abwesenn fur
den Dienernn vnndt pferdenn alle notturfft besteure,

Der Jeger,

Er hette des keinen beuelch, Sein also di hernn gesantenn noch den tag eine Jamme vorbey mit Ihren eigenen pferdenn gezogenn, vnndt denn abendt gar spete Inn di nacht zu Jederowen ankommen, Da sie dann Heinrichen Winter mit einem schreibenn (: darinnen sie sich des langenn aussplcibens entschuldigenn :) durch di post nach di Muschkaw abgefertigtt, vndt von tage zu tage di hernn gesantenn mit Ihren eignen pferden bis genn Torsack gezogenn, da dann Heinrich Winter weder auss der Muschkaw zu den hernn gesantenn denn abendt gar spede, ankommen, Anzeigendtt, sie soltenn durch die Post vortziehen vnndt Ihre Pferde nachfolgen lassenn, Welchs di Hernn gesantenn gethan vndt Inn zweenn tagenn vndt zwen nachtenn Achtvndviertzigk meilenn abgezogenn, Vnndt haben abendts Nicolai *(Dec. 5.)* di negste Jamme vor di Muschkaw, Zorne, mit gottlicher hulff erreichtt, da wir dan den tag mit weythern bescheidt des hernn Grossfurstenn still liegenn mussenn,

Denn folgenden tagk Zeitung vom hernn Grossfurstenn erlangtt, Wir solten vortziehenn, Sein also tages Nicolai mit gottlicher gnadenn Inn di Muschkaw ankommen, durch vnsernn Prestauen Peoter Gollouin vnndt Alexi denn Tolckenn vnngefehrlich mit XXX pferdenn entpfangen, vnndt des abendts, wie gebreuchlich begifftigett wordenn,

Denn siebendenn Decembris seindt wir stillgelegenn, Fritz Gross, vnndt Melchior Grotthausenn zu Schloss gefahrenn, denn Cantzler gebettenn, das vns der Grossfurst zur Audientz wolte gestattenn, diesen tag wahr der grossfurst bedeuarth Inn ein Clöster vngefehrlich zwei wurste von der Stadtt, gereyset.

Denn Achtenn Decembris seindt di hernn gesantenn durch denn Oberstenn Prestauen vndt Alexi den Tolckenn fur denn hernn Grossfursten gefordertt, In ein schön herlich gemach, da der herr Grossfurst auff einem guldenem stoell gar herlichenn gesessenn, einen guldenen staab Inn der linckenn

handtt gehabtt, die zwen Tatarische Keyser denn Eldernn
Zerszegeley auff der Rechtenn, denn Jungenn Alexander genandtt zur linckern handtt, sampt vielen seiner hernn vndt
Rethenn Im selben gemach rings vmbher sitzendt gehabtt,
Inn guldenen vnndt silbernn Stuckenn daselbst Claus Franck
Inn Nhamen vnndt von wegenn dess Hochwirdigenn Grossmechtigenn Furstenn ꝛc meins gnedigen hernn Meisters, denn
hernn Grossfursten begrusset vnndt andere freuntliche zuent-
pietung vermeldet, di Credentz vndt zugeschickte verehrung
presentiret, Als nhu Claus Franck auss geredett, fragett der
herr gross furst selbst eigner Personn,
    Wie liebt Gott dem Hernn Meister,
    Worauff Claus Franck Ihre Key: Gross: geburliche
Dancksagung gethann, Anzeigendtt. Ehr hette Ihre F: G:
gesundt hinder sich gelassenn,
    Imgleichenn auch Elertt Krause Stiffts Vageth gethann,
Im nhamen vnndt von wegenn des Bischoffenn zu Dorpts
denn Hernn grossfursten, begrussett, di Credentz vnndt zugeschickte verehrung vberliebertt ꝛc
    Worauff der herr Grossfurst geleicher gestaltt gefragett,
Wie liebtt Gott dem Bischoff zu Dorptt, Stiffts Vagtt geburliche Dancksagung gethann,
    Seinn folgendts alsbaldt auss des hernn Grosfurstenn
Pallast, Inn ein gewelbtt gemach gebracht wordenn, Der
grossfurst hatt vns aber wie sonst gebreuchlich sein soll, di
handtt nichtt gebottenn, Auch nicht zu gast gebetenn, Inn
welchenn gemache wir Alexi Fedrowitzenn Adassaw, vnndt
Iwann Michalowitz Cantzler, vnsere Instructionn eröffnett,
welche Summariter durch Melchiornn Grotthausenn Inn
nhamen vnndt vonn wegen beyder Hernn gesanten abgeredett,
Alss nhun die Werbung eröffnett, fing der Cantzler an, Was
will man sich itzundt mit dem Hernn Grossfursten dess Zinses
halbenn vertragen, vndt althe frede briefe herfur prengenn,
Melchior Grotthausenn vndt Blasius Becke Ihr wist euch dess

handels zuerInnern, wie sich die Sachenn, alss Johann Bockhorst ein alther man, vndt Otto Grotthausenn, sampt den Dorptischen Badenn alhie gewesenn, zugetragenn, Was des Zinses halben gehandeltt, vundt Inn fredebrieffe geschriebenn, Der Zins ist vonn altings wie Ihr denn fredebrieff gesehenn, gewesenn viij Altin, das ist xxiiij Denningk Lifflendischer Muntzen iij (7: 2½) marck min: iiij schillingk, vngefehr, von einem Jeden menschen auss der Derptischenn beholdung, Aber der Herr Grosfurst hatt euch begnadigett, Weiln die badenn Ihr heupt geschlagen, vnndt In den fredebrieff setzenn lassenn, vonn einem Jedenn Heuptt eine Teutsche margk, ohne die geistlicheitt vnndt Kirchenn diener, denselben Zinss mit den achterstelligen habtt Ihr belobtt vnserm Keyser vnndt herscher aller Reussenn In drittenn Jhar des fredens zu zuschickenn, di Kirchen vnsern gestenn, wie vonn oldinges gewesen, ein zurheumen, vnndt Inn allen Sachenn rechtfertig finden zu lassen, welchs nicht geschehenn, Vnndt also der Cantzler di ganntze handlung repetirt vnndt ferner angefangenn, Melchior denn vergangenen winter bistu mit Valentin Hanen mit derselbigen werbung von dem Hernn Meister Heinrichenn vonn Galenn an den Keyser vndt Herscher aller Reussenn abgefertigt gewesenn, mit einem Hauffen verbloemten worth, lögen vnndt drögenn, Meinet Ihr das der Keyser vndt herscher aller Reussenn ewere vnrechtfertigkeitt nicht merckett, Sagett vonn euch, habt Ihr den Zins mith mgbracht oder nicht, so seindt di Sachen baldt vertragen, dann ein Hauffen worth helffen nichts, Des Grosfurstenn Keysers vndt Herschers aller Reussenn Hauffenn vndt macht ist fertigk In ewere Lande ein zufallen, Darumb sagett von euch, damit kein Christlich vnschuldig bluth vergossenn werde, habt Ihr den Zins mitgebracht oder nicht,

Stiffts Vogett,

Ich vnndt meine mitueordente sein vonn wegenn vnsers gnedigenn hernn zu Dorptt, auff Ihre Key: Gross: Christlich vergleitung nicht mit einem Hauffen blöser wort, Sondernn mit guthem beweis, Altenn besiegeltenn frede briefenn, vonn Ihrer Key. Gros: Hochlöblichenn vorfahrnn versiegeldt, sampt ehrlicher leuthe kundtschafftenn, abgefertigt, Dar Inn vermeldett, wess der Zins altings gewesenn, woher er sich verursachett, Welche althe brieffe bittenn wir zu vbersehen, dar Innen zubefinden das der Zins nicht eine teutsche margk, Sondernn ein Zins einer altenn Hönings weyden, Es habenn auch vnsere gnedige hernn, herr Meister, herr Ertzbischoff Bischoffe, vnndt die gantze Lande zu Lifflandtt dass worth (: vndersuchung :) nicht anders verstandenn, Dann bey dem bischoff zu Derptt vndersuchung zuthun, Inn allen althen Rollenn, Registernn, Buecher, vnndt briefenn zu ersehenn, wess der Zins altings gewesen ist, Dieser punct kann vndt mach auch bey der Rom: Key: vnndt Kon: Maitt: Chur vndt Fursten des heiligen Römischen Reich, sampt sonst Jeder menniglich höhenn vndtt nidernn Standes, nicht anders verstandenn noch gedeutet werden, Vnndt sein noch erputig di althen frede brieff furzulegenn, vndt uns dess Zinss halbenn mit Ihre Key: Gross: zuuorgleichenn, wess auff Gott, Recht vnndt alle billigkeitt stunde, Mann wolle bedenckenn, das vnsern g. h. vnmöglich solchenn Zins abzulegenn, Bittenn derwegenn gantz vleissigk, Sie wolten diss vnser erpietenn dem Keyser vndt Herscher aller Reussenn anbringenn, Ihre Key: Gross: dahin leittenn, das Ihre Key: Gross: die billigkeitt furnhemen, vnndt vnsernn g. h. das Jenig nicht aufflegenn, so Ihren F. g. vnmöglich ist.

Hirauff habenn Sie vnss den bescheidt gebenn, das sie diese Sachenn, dem Hern Gross: woltenn berichten, vnsere Instruction, vnndtt glaubenn brieff absetzenn lassenn vnndt solten mit dem ersten darauff von dem Hernn Grossf: ein Anthwortt erlangen vndt sein also nach der Herberg getzogenn,

Diesenn tagk seindt Melchior Grotthausen, Fritz Gross, Hanss Vagett, vnndt ich widderumb zu Schloss gefharenn, di Instructionn absetzenn lassenn,

Denn 9. Decembris den morgens fruhe, seindtt wir widderumb zu Schlos gefordertt wordenn, daselbst vns durch denn Cantzler dess hernn Grosf anthwortt um einer rollenn abgelesenn vnnd vbergebenn, diss inhalts

Vonn Gotts gnadenn einn Keyser vnnd Grosfurst Iwann Wassilowitz aller Reussenn, die anthwortt vp Wilhelm Furstennberg seine bodeschop, di vnns angebracht iss, vonn seine Badeschop, Clauss Franckenn, Thomas Hornernn, vnnd Melchiorn Grotthaussenn.

Vnnd vann wegenn dess Bischops vonn Dorptt siner badeschop Elertt Krause, Christoffer Luggenhausenn Blasius Bocke, vnnd Fritzenn Gross,

Vonn Gades gnadenn, einn Keyser vnnd Grosfurst Iwann Wasilowitz, aller Reussenn, hefft beuohlenn Jw antoseggen, gy hebben vnss aueranthwordett einen gelaufenn brieff, vonn dem Meister tho Lifflandtt, Ertzbisschoppe, Bisschope, vnnd denn gantzenn Landen, tho Lifflandtt,

Wider so hebbe gi vns angebrachtt inn Jwer Badeschop vann dem Meister tho Lifflandtt vann dem Ertzbisschop, vann denn Bischoffenn, vnnd vann dem gantzen Lande tho Litflandtt, datt wy scholdenn vorwilligen, vnnd beuhelenn, denn vorigenn fredebreff tho befestigenn, mit vnsernn Stadttholders tho Nowgardenn, vnnd Pleskow, Derhaluenn datt de vorige her Meister Heinrich vann Galenn, inn gott vorstoruenn iss, vnnd Wilhelm Furstenberg, tho einem herr Meister erwelett vnnd gesadtt iss,

Vnnd so sich der her Meister nichtt wurde rechtferdigenn, nach luth dess frede brieffes, alss dann sollen der frede vthe seinn, Vnnd datt wy de Reussische Kirche tho Riga Sunste Nicolaus samptt denn huserun vnnd alle thobehör, nichtt wedder vordernn sollenn, Vrsachenn haluen datt se vann oldinges herr, vann den Burgemeister vnnd Rade tho Riga vthgebuetett iss, mitt dem Ertzbisschoffe von Polotzko vnnd Wytenbeik,

Wider, so sollen wy di Kerchenn tho Reuell vnnd tho Dorptt nicht mehr fordernn, dan tho islicher Kerchenn einn einig huss, vnnd sollenn de ende vnnd datt ander thobehör nichtt fordernn, Dann der vrsachenn haluen Datt di vonn Grossnowgardenn fordernn, vnnd di Pleskowers, datt dritte partt, vann der Stadtt van Dorptt.

Wider so sollenn wir vorgunnenn mith allerley wahr, wachs, Talch, nichts butenn bescheidenn, dann mith allerley wahr tho handlenn, vnnd ock mith denn ouersehischenn ludenn,

Vnnd vnsenn Tinss vonn Dorptt vnnd denn oldenn nahrest, sollenn wy vth dem fredebreue bliuenn laten, Vnnd dess schollenn wy vann dem Bisschop nehmenn eine billige houett neygunge, nha sinem vormogen, dann der Tinss wehre oldings nichtt gewesenn, ock funde mann en nichtt inn dene oldenn frede breffenn, geschreuenn, Vnnd wy sollenn doch di oldenn frede briefle dorch sehenn, di jwer Bodeschop mitt gedann seinn,

Vann Gotts gnadenn, einn Keyser vnnd Grosfurst Iwann Wassilowitz aller Reussenn, hefft beuhalenn, iw anthoseggenn, hier seindtt vor disser tidtt bi vns gewesenn, dess vorigenn her Meisters Henrich vann Galenn, sinn Badeschop, vann dem Ertzbisschop, vnnd vann denn Bisschopenn, vnnd vann denn Gantzenn landenn, tho lifflandtt, Johann Bockhorst, mitt sinenn vorwandttenn, desuluigenn hebbenn vnses Tinses belangenn gesehen, de oldenn frede breffe, vnnd de Bercher *(Bücher?)*, Dess hebben se ock datt houett geschlagenn, vnnd sindtt mith vns voreinigtt, datt der Her Meister Ertzb: Bisschope, vnnd datt gantze landtt tho lifflandtt, nich sollen tho tredenn, dem Konige tho Polenn, vnnd Grosfurstenn, tho Lettowenn, in keinerley sachenn,

Wider so solle mann ock vnser Kerchenn, samptt allenn thobehör, tho Riga, Reuell, Dorptt, vnsernn, gestenn, vnnd Kopludenn, vann gross Nowgardenn, vnnd Pleskow einrheumenn nha dem oldenn,

Dess sollenn ock vnse geste vnnd koplude mitt Jwenn

kopludenn handelnn, mith allerley whare, vth genhomenn
Talch vnnd Pantzer,

Vnnd vnsenn vorigenn Tinss vnnd denn oldenn nahrest
sulde der Bisschop vann Dorptt, vndersuchenn, nha der
Kreutzkussunge, und nah Rechtte,

Vnnd denn newenn Tinss vann einem Isslichenn menschenn,
vth siner gantzenn beholdinge geuenn, eine dutzsche mrk. vnnd
vns ock thoschickenn bi siner Badeschop in dem Dorden
iahre dess fredens,

Vnnd in dem fredebriefe stetth nhamhafftig, geschriebenn
ock seindtt vor denn brieffenn, die sigelnn gehangenn vnnd
hebbenn ock vor vnsernn Stadttholdernn, tho Groth Nowgardenn, vnnd Pleskow datt Kreutz gekussett.

Dess hebbenn ock vnse Stadttholders di frede breiffe
dem Meister tho lifflandtt vnnd Ertzbischoppe, vnnd bischoffen
tho geschicktt, mitt vnsere Badeschop, Dess hefftt der her
Meister, vnnd Ertzbischopff ohr Siegell darfur gehangenn,
vnnd darup datt krutz gekussett, vnnd de handtt darouerge-
streckett, vp datt se sich wuldenn rechtferdig findenn, lathenn,
na luth dem frede breffe vnnd der Kreutzkussung,

Vann Gadess gnadenn einn Keyser vnnd Grothfurst,
Iwann Wassilowitz aller reussenn, hefftt beuholenn jw anthoseggenn, de Meister tho Lifflandt Ertzb: vnnd Bisschope,
vnnd datt gantze Landtt tho Lifflandtt, hebbenn sich iegenn
vnsenn Statt holders in keinem artickel, Rechttferdig finden
lassenn, vnnd hebbenn ohre rechttferdigkeitt, nhu erkandtt by
sich suluenn, vnnd hebbenn ock nhu ohre vorige rechttferdigkeitt, rechtt erkandtt, Ock hebbenn se nuwerle vnsernn kopludenn vnnd gestenn, vorguntt tho kopschlagenn, hebbenn
ehn ock nichtt vth erenn stratenn vorguntt tho gaenn, vnnd
hebbenn ock vp denn Kerchenn gudernn vel vth gebawett,
Ock hebbenn se de eedenn vnnd Kamernn, ann sich gebrachtt,

Vnnd tho Riga hebbenn se vnse kerchenn vnnd heuser
dem konige tho Polenn vnnd Grothfursten tho Lettawenn

inne gedann, vnnd hebbenn vnss thor anthwortt entbadenn, bi Valentinn hännen vnnd sinenn mitt uerwandttenn, Datt sie inn ehrenn oldenn brieffenn, nichtt konnenn findenn datt se vns iuwerle Tinss gegeuenn hebbenn.

Vonn Gades gnadenn einn keyser vnnd Grotfurst Iwann Wassilewitz aller reussenn, hefftt beuhalenn iw anthoseggenn, Datt der her Meister, Ertzb: vnnd Bisschofe hebbenn nichtt geachtett di Badeschop vnnd Anthwortt vann ehrenn badenn, vnnd bothschafftenn, datt wy nhuverltt geneigett sein gewesenn, vann vnsenn friedenn brieffenn, afftotredenn, Der vrsachen haluenn, datt se sich fur vns vnnd vnsenn Stadhalders, nuwerltt in keinerley sachenn, rechtferdig finden latenn, vnnd bedenckenn ock bei sich suluenn nichtt datt vnschuldige blutt, datt vmme ehrer vnrechttferdigkeitt werth vergathenn, vnnd die Christenheitt verdoruenn werdenn, Derhaluenn solchem vngelucke vorthokomenn, hebbe ick jwe Badenn, meinn geleidtts brieff tho geschickett vp dat gy iw suluenn nha rechtte rechttferdig findenn lathenn,

Vnnd heben vnse bognadunge nichtt erkandtt, ock viel weiniger geachtt.

Dess begerenn gy badenn noch dartho, datt wy iw sollenn begnadigenn, vnnd öhnenn mith einem frede begnadigen vnnd vnsenn Tinss vth ehrem frede breffe lathenn, Dess suldenn wy vmb ehrer bede willenn, dem Bisschoff begnadigenn, vmme vnser Tinses haluenn, vnnd nhemenn vann ehme wath billich wehre, nha sinem vormögenn, vnnd sollen vnse Kerchenn, ende, kamernn, keldernn alle thobehör vorthann, so nichtt mehr fordernn, vnndt dett so bliuenn lathenn,

Vann Gades gnadenn einn keyser vnd Grothfurst Iwann Wassilowitz aller Reussenn, hefftt beuholenn jw thom lestenn einn antworth vnnd einn affscheitt tho geuenn,

Vnnd alss ich binn einn Christlicher herr, vnnd ock vnrere voreldernn gewesenn, sinn, hobenn nuwerltt mitt vnserm willenn, die frede breffe gebracken vnnd willen ess ock vorthann mit vnserm wetthenn nichtt doenn edder ertögenn, Vnnd datt vnse wille wy mitt alle vnsem fordeill fordernn, samptt alle vnsenn schadenn, vnnd vann denn genenn di wedder denn Creutzbrieff hebenn gehandeltt, vnnd denn auergetredenn hebbenn wil ich dat meine fordern, soviel my gott gnade vnnd Bistandtt deitt, vnnd doenn wertt, vnud so hebbenn wy nhu vp se vnse heer vnnd gewaltt affgeferdigett, willenn ock balde spörenn, wath ehnenn amdrechlichstenn sinn wertt, of ess ehenn wertt dreglich tho sinn datt se sich werdenn nah dem frede brefe richtenn, oder datt se willenn vns machtt in ehr landt steden.

Vnnd ass wy seindtt einn Christgelouiger herr, nichts anders sehenn, dann Christenn blutt vnschuldigenn tho vorgeittenn, sinn ess ock nuwerle bogerenn, gewessenn, binn auerst alwegenn geneigtt di Christenheitt tho vordedigenn, vnnd tho vornehrenn gencigtt gewesenn, vnnd nach frede vnnd einigkeitt juwerle getrachtett, vnnd noch tohr tiedtt nichtt gernn vnschuldig blutt vorgeittenn vnnd die lande tho vorherenn vnnd tho vordaruenn,

Vnnd datt vnschuldige blott, datt thor vnschultt wertt vorgathenn, datt wertt röpenn auer denn genenn, so wedder denn fredebreiff gehandeltt, vnnd dene auergetredenn hebbenn, Dith hebbenn wy badenn vann beidenn Partenn tho einer anthwortt, darmitt theett tho huss gy sollenn einenn reinenn, vnnd vnbeschedigtenn, weg hebbenn, beth inn jw landtt vnnd vp vnsenn geleidts breiff denn wy Jw gegeuenn hebbenn.

Stiffts Vogett.

Gunstigenn hernn Wir erpiettenn vnss noch wie zuuorn gemeldett, mitt dem hernn Grosfurstenn dess Zinses haluen also zuuergleichenn, Wess recht vnnd pillig ist, vnnd wollenn nichtt zweiffelnn, ihre Key: Gross: alss einn Christlicher löblicher Keyser werde dass ienige nichtt begerenn, darzu ihre key: Gross: nichtt berechtigtt ist vnnd wirtt in dem friede brieffe nichtt zu findenn seinn, dass mann ebenn eine Teutzsche mrk sollte gebenn, vonn einem jedenn heuptt, dann der brieff vormach van einem jedernn heuptt eine Teutzsche mrk. oder wess oldinges gewesenn ist, Darinn nichtt aussgedruckkt, wess mann schuldig ist, vnnd bittenn nochmals ihre Key: Gross: woltenn das Jenig vonn vnserm g. F. nichtt furdernn oder begerenn, so vnmöglich ist,

Alexius Fedrowitz.

Wolmar Wrangell vnnd Diderich Kauer habenn zuuornn gelobtt denn Zinss zu gebenn, vonn einem jedenn Menschenn, auss der Dorpttischenn beholdung eine teutzsche mrk. Welchs der Bisschopff bekreutzkussett denn selbenn Zinss samptt dem alttenn achtterstelligenn denn herrn Gross, in dreienn Jahrenn zuzuschickenn, Sagett vonn euch habtt ihr denn Zins vonn einem jdern heuptt eine Teutzsche mrk. vnnd dass achterstellig vonn einem iedenn vorstorbenenn, menschenn Jung vnnd altt weib vnnd mansspersonenn, eine Teutzsche mrk. so ist denn sachenn baltt zu helffenn, Wo nichtt sollenn sie sich woll vertragenn, dor sie bei einander kommenn,

Stiffts Vogtt.

Wie ist dass möglich vonn einem jedenn menschenn eine Teutsche mrk. zu gebenn, Der Keyser vnnd Herscher aller reussenn legtt seinenn einigenn leuthen so viel nichtt auff, oder wie ist ess menschlich dass man soltte wissenn, wieviel personenn im Stifftt Dorptt jung vnnd altt verstorbenn, vnnd zur weltt gebornn werdenn, Will geschwigenn dass mann eine mrk. vonn einem Jedernn Menschenn so vorstorbenn oder auch kunfftig soltte gebenn.

Cantzler.

Die geschlechtt der leuth solttenn nichtt wissenn, wie viell auf jderer freundttschafftt jung vnnd altt soltenn verstorbenn seinn, Werdenn doch alle leuth auffgeschriebenn, ɔc Dieser gebrauch ist bei ihnenn dass sie alle verstorbene verzeichenn, vnnd inn denn messenn fur Sie bittenn,

Hierauff die Dorpttischenn Gesandtenn geandtwordtt, dass dess vnmöglig vnnd der brauch bei vnss nichtt also, Vnnd ist viel pittens geschehenn, Dass der herr Grossf. denn Zinss woltte fallenn lassenn, vnnd eine erliche erkentnuss nach vermögen Ihres g. h. zu Dorptt nhemenn ɔc mann hatt aber allenn gethanenn vleiss nichtts erhaltenn konnenn, Vnnd seindtt die hernn Gesandttenn im gemach abgetrettenn, Die gegenwertige gefhar vnnd kreigssrustung dess hernn Grossf. auch die itzige gelegenheitt der Lande zu Lifflandtt erwogenn, vnnd in betrachtung des vnerwindlichenn schadenss, so denn armenn Landen zu Lifflandt in verherung vnnd verwustung derselbenn vnnd in wegfurung der ahrmen leuthe, auss dem kriege folgenn vnnd zustehenn wurde, sich nothwendig in handlung einlassenn mussenn, Jedoch zuuornn vmb dilationn biss auff denn andernn tag sich darin zubesprechenn, gebettenn,

Alexiuss Fedrowitz vnnd Cantzler.

Der her Grosfurst, Keisser vnnd herscher aller Reussenn kann euch keine lengere Zeitt gebenn, Ihr habtt drey jarlang Zeitt gehabtt in allenn Sachenn nach der kreutzkussung recht zu thunn, Seinn hauffenn ist fertig vortzuziehenn, Sie werdenn sich woll vergleichenn wann sie an ein ander kommenn,

Hierauff seindtt die hernn Gesandttenn abermalss im gemach abgetrettenn, vnnd alss sie denn grossenn ernst gemerckt, habenn die Dorptischenn meinss g. h. Meisters Gesandttenn ersuchtt, alss vnderhandlerss inn die sachenn, sich zu schlahenn, vnnd anfenglichenn ann einn tausenntt mrk. jerlichenn Tributs, vnnd einn tausennt Thaler fur die drey hinderstellige Jar sich eingelassenn, Welchs meins g. h. Meisters Gesandttenn, denn Canzlers auff die gethane bitte der Dorpttischenn, ongezeigtt, vnnd dass altte achtterstellige fallenn zu lassenn vleissig gebetthenn.

Alexius Fedrowitz vnnd Cantzler,

Dass ist gar einn geringes darann, wirtt dem hernn Grosf. nichtt benugenn, So ihr keinenn weitter beuelch mögett ihr widderumb zu rucke reisenn, si werden sich woll vertragenn, dar sie bie einn ander kommenn.

Vnnd ob woll die hernn Gesandttenn hartt hierauff verharrett, habenn sie iedoch, weilnn ihnen keine Zeitt zubedenckenn vergunnett wordenn, vnnd diss erpiettenn gantz vorechttlich auffgenhomenn, sich weitter einlassenn mussenn, vnnd ehe die lande vnuersehenlichenn, inn einn bluttbatt gesetz wurdenn, habenn die Dorptischenn, wiewoll mitt grosser beschwerung, Jerlichenn Tributs gebetenn XV ^{e} mrk. vnnd ij ^{M} thaler furs achtterstellige, Anzeigendtt, dass nichtt menschlich oder möglig sich weitter ein zulassenn, Soltte mann auch Daruber dem liebenn Gott die sachenn beuhelenn. Darbey gebettenn, dass die Cantzlers diss Christliche erpiettenn dem hernn Grosf. vormeldenn, wolttenn, vnnd allenn vleiss ankerenn, dass ihre Key: Gross. sich hierann Christlich wolte benugenn lassenn, dann ess ihrem g h mith der billichkeitt so die alttenn fredebrieffe vom Zinss rechtt vberschenn wurdenn, nichtt kunde aussgelechtt werdenn, Wass mann gethann, wehre Christlich blutt zuuergiessenn zuuormeidenn geschehenn, Der Keyser vnnd Herscher aller reussenn woltte auch bedenckenn, Vber wheme dasselbige wurde schreienn am gestrengenn gerichtt gottes mitt mehrenn vleissigenn erinnerungen zum Christlichenn friedenn,

Alexiuss Fedrowitz vnnd Cantzler.

Ewer erpiettenn wollenn wir vnserm Keyser anbringenn vnnd gernn vleiss in der sachenn thunn nach vnsernn vermogenn ɔc, vnnd seindtt hiemitt an dem hernn Gross. gegangen, palth widderumb einkommenn vnd folgende anthwortt einbrachtt.

Wir habenn dem Keyser vnnd herscher aller Reussenn ewer erpiettenn, angezeitt vnnd weilnn, Ihr euch inn allenn Dingenn, wollett rechttferdigenn, Ist der Keyser vnnd herscher aller Reussenn einn Christlicher Keyer vnnd hatt nuwerltt gernn Christlich vnschuldig blutt vergossenn, vnnd hatt euch begnadigtt, vnnd weilnn ihr ewere leuthe nichtt konnenn zhelenn, vnnd die so verstorbenn seindtt, so hat ehr denn Zinss vnnd allenn sachenn eine mass gegebenn, zur billigkeit vnnd dann die verstorbenn vnnd dass achtterstellige, auch nichtt vndersuchenn vnnd zehlenn, so soll fur dass altte achtterstellige der bisschopf zu Dorptt gebenn X M. vngarische guldenn vnnd furohinn alle iar den zinss auss der Dorptischenn beholdung XXX M. vngarische guldenn, Vnnd dieweilnn auch ferner der h. Grosf. sich vmb dess hernn Meisters vnnd der gantzenn lande zu Lifflandtt grösse vnrechttferdigkeitt willenn, inn diesse Stadttliche auffrustung, verursachtt, seine machtt vonn Cassann vnnd Astrachann, vnnd vielenn andern orttenn auffgebrachtt soll ehr vnnd die gantze lande zu Lifflandtt, vnserm Keyser vnnd Herscher aller Reussenn, fur denn vnkostenn gebenn L M. Vngarische guldenn,

Worauff die Dorptischenn Gesandttenn entschuldigung furgewandtt, dass dem Stifftt Dorptt vnmöglich Jerlichenn solchenn Zinss zugebenn, Dann dass gantze Stifftte die helfftte nichtt so viell werth, es wehre eine gantze vnbillige vnmögliche anfurderung, mann sollte die billigkeitt bedenckenn, vnnd fhurnhennenn, oc ess habenn auch meins g. h. Meisters gesandttenn, meinem g. h. Meister vnnd die Lande entschuldigett, dass ihre F. G. zu diesser Kreigesrustung keinn vrsach gebenn, Mann hette sich je vnnd allewegenn, inn allenn dingenn freundtt vnnd Nachbarlichenn erzeigtt, die hernn Gesandttenn wehrenn auch abgefertigtt, solche freundschaff inn nhamenn meins g. h. alss eines newenn ankommedenn Meisters zubestetigenn vnnd zuuormherenn oc

Alexiuss Fedrowitz vnnd Cantzler.

Boeckhorst nebenn seinenn mitt uerwandttenn hettenn gelobtt inn allenn sachenn rechtt zuthunn die Reusische Kirchenn samptt ihre zubehorung ein zurheumenn ihrenn Leuthenn die freye hantierung zugunnenn in allerley, denn Zinss zu vndersuchenn, vnnd zuzuschickenn, vnnd in allenn klagtt sachenn rechtt zugebenn, welchs nicht geschehenn, so hette der herr Grossf. bei Valentinn hanenn, vnnd seinenn mitt uerordenttenn Hinrichenn von Galenn Meister, vnnd denn gantzenn Landenn zu lifflandtt seinenn willenn zuentbottenn,

mann hette sich auch in der zeitt nichtt gerechttferdigett ɔc
Der herr Grossf: hatt auch die Badenn begnadigett vnnd
zugeschicktt einen Christlichenn geleidttsbrieff auff Michaeli
bei ihrer Matt: zukommenn, Welchs auch nichtt geschehenn,
so ist dass geleidtt nhu auss, vnnd dess hernn Grossf, machtt
verhandenn, seinn rechtt selbst zu suchenn wir wissenn bei
der handlung weither nicht zu thunn Ihr mögenn widderumb
zuruck ziehen an euere hernn, euch soll keinn leidtt widderfahrenn.

Stiffts Vogett.

Gunstigenn hernn wir seindt abgeferdigett dieser Zinss
handlung numehr einenn abscheidtt zu machenn, Damitt
zwischenn vnsernn g. f. vnnd der Key: Gross. dermhall ein
bestendige freundttschaff mochtte gestifftett werdenn, aber
diss ist in warheitt einn vnmöglich begernn so der herr Grosfurst vor hatt.

Cantzler.

Ist ess dem Bischoff zuviel, ehr pitte dem hernn Meister
vnnd die gantze Lande zu lifflandtt das sie ihm zu hulffe
kommenn,

Es hatt auch des Stiffts Vogtt der Rom. Key. Maitt.
vorschriffttenn Alexi Fedrowittzenn, vnnd Canntzler angebottenn, vnnd gebettenn, Das sie die selbenn, Ihrem hernn
dem Grosf. vberreichenn wolten Ess ist aber solche furschrifftt
gantz vnrechttlich geachtt, vnnd vnnter andernn, vonn denn
Cantzlers angezeigt wordenn, Der her Grosfurst wehre einn
Christlicher herr, vnnd wuste durch gottliche hulff seinn landt
selbst zu regirenn, Durfftte nimandtts vnderrichtung, mann
solte sich inn allenn dingenn rechttferdigenn, so wehre ihr
herr einn Christlicher Keyser, vnnd hette newerldt lust gehabtt Christlich blutt zuuergiessenn, es ist aber rechtt gantz
vleisig angehaltenn, die Promotorial schrifftenn dem Kayser
zu vberandttworttenn, Habens aber die Cantzlers nichtt an-
nehmenn wollenn, ɔc anzeigendtt, Mann solte sich rechtferdigenn

oder dess Grossf. machtt wehre vorhandenn sein rechtt selbst zu suchenn.

Hierauff habenn sich die hernn gesandttenn nochmals besprochenn, Vnnd die forstehende gefhar, der Lande zu Lifflandtt betrachtt, vnnd sich sempttlich vmb dess lieben friedens willenn, ingelassenn auff die vermeintte anforderung auff X M thaler vnnd jerlichs ein tausent nirk. Tributs auss der Dorptischenn beholdung, ess hatt aber solch erbiettenn keinn statt habenn mögenn, ist vnss auch nichtt verguntt wordenn in der Herberg darauff zuberedenn, Derwegenn sich die hernn gesandttenn auff XV M Darnach weilnn sie auch nicht erhalttenn auff XX tausentt thaler vorwilligenn mussenn, vnnd denn verordenttenn dess hernn Grossf angezeigtt, dass sie sich keines weges kondttenn oder wolttenn weither einlassenn. der her Grossf. soltte sich an diesem, so sie vmb des liebenn fredens willenn, vber ihrer g. h. vorwissenn gethann, ersettigenn lassenn, die billikeitt fur augenn habenn vnnd dass ienig nichtt fordernn dartzu Ihre Key: Maitt. nichtt berechttigett wehrenn,

Alexius Fedrowitz,

Wir wollenn, solch ewer erpiettenn vnserm Keyser vnnd herscher aller Reussenn, anbringenn, vnnd sollenn morgenn einenn bescheitt darauff erlangenn, ihr wollett euch auch noch bedenckenn vnnd euch inn allenn rechttferdig findenn lassenn vnnd seinnd also zum Grosf. gangenn

Ess habenn aber die hernn Gesandttenn, denn Cantzler gebettenn, das ehr gemeiner Lande bestes bei dem hernn Grossf. wissenn woltte vnnd habenn alss vnsernn abzugk inn die herberg genhomenn,

Freitags nach Nicolai, denn X Decembris seindt wir des morgens fruhe durch vnsernn Prestauenn widerumb zu Schloss gefordertt, vnnd daselbst erschienen da dann der Cantzler nachfolgende meynung vnss furgehaltenn, Wir habenn wass gesternn gehandeltt di Key: Gross. berichtett, vnndt ist nicht

möglich diese Ding zuerhaltenn, Dann es gar ein geringes, Vnndt di vnrechtferdigkeitt ist zu gross, vorhin ist zugesagtt vndt belobett, di Reussische Kirche vnndt ennde vnsernn gestenn einzurheumen, Inn allen Sachenn recht zu thun, vndt mit den Ausslendischenn di Kauffmanschafftt vnndt pantzer zuuergunnen, vnndt loss zu gebenn, vnserm keyser den Zins vonn einem Jedernn Heuptt eine teutsche mrk. zu gebenn, Welchs nicht gehaltenn, so Ist Ihre Key: Gros. macht vorhandenn, solche vnrechtferdigkeitt vndtt seinen dess Hernn Gross: Zins an dem Hernn Meister, Ertzb:, Bischoffenn vnndt den gantzen Landenn zu Lifflandtt selbst zu suchenn, vndt zu holenn, Mann kann nicht weither redenn, di macht ist furhanden, Ihr badenn mögett widerumb zuruck reisenn, euch soll kein leidt widerfahrenn, der prestaue soll euch vnbeschedigett widerumb auff die grentze brengenn,
    Stiffts Vogett,

  Gunstigenn Hernn Ihr wollett bedenkenn, dass wir nicht mehr durffen oder mogen loben, alss man kan haltenn, Es ist vnmöglich den Zinss wie Ihre Key: Gross: begernn, zu gebenn, so wir auch derselbenn eignen vnderthanen wehrenn, könte man vnss Jhe billich nicht mehr aufflegen, alss mann ertragenn kann, Der Keyser vnndt Herscher aller Reussenn will ein Christlicher Rechtferdiger Keyser sein, dafur wir Ihre Key: Gross: erkennen, Dass ist aber furwar eine grosse vnrechtferdigkeitt, das man dass Jenig begerett, so vnmöglich ist, di gantze Christenheitt Ja auch di gantze weldt richtenn Ihre gerechtigkeitt auff althe Siegell vndt brieffe gegrundett, Wie wir auch wissenn, dass Ihre Key: Gross: vnnderthanen nach Siegell vndt brieffe gerichtett werdenn, hier aber mögen dieselbenn gar nichts geltenn, Wir erpietenn vns also ein zulassenn habenn es auch gethan, was auff ehr Recht vndt billigkeitt stehet, wir habenn Christliche bluthsturtzung zuuorhuten, dass Jenig gewilligett, so vnserm g. h. zu Dorptt gantz beschwerlich, Da auch diese althe frede brieffe bey der gantzenn

Christenheitt dargethann, wurde man diss Ihre F: g. mit recht nicht konnen aufflegenn, hier aber geltenn weder brieff Siegell, Recht oder billigkeitt, Lieben hernn, Ihr woltt ess bedencken ess ist vns vnmöglich mehr dabei zuthun, mussens daruber dem liebenn gott, dem gestrengen vndt gerechten richter beuehlenn,

Imgleichenn auch Clauss Franck mit einer schönen vermhanung vnnd vleissiger erInnerung zum Christlichenn friedenn gethann,

Cantzler,

Das erpietenn so Ihr gethann, ist gantz geringn, der Herr Meister vnndt di lande zu Lifflandtt sein ebenn so schuldig als der Bischoff zu Dorpth, Man solte sich In allenn Dingen Inn denn dreien Jharen nach der kreutzkussung gerechtferdiget habenn, so wehr dieses vnnöhttigk, der Keyser vnndt herscher aller Reussenn hatt seine macht auffgebracht, vonn Cassann vndt vielenn andernn orthernn, zu di zwei hundertt tausent starck, di Ihre Key: Gross: nicht ein geringes kosten, gedenck doch wass ein pferdt gestehen mach, sie habenn sich mit grossenn Vnkostenn gerustet, pferdt vnndt anderst kauffen mussenn, So mus sie der Herr Gross: alle, wenn sie wider kommen, begifftigenn,

Hierauff Claus Franck entschuldigung gethann, das der Herr Meister vnndt di Lande zu Lifflandtt zu solcher auffrustung keine vrsach gebenn, ye vnndt allwegen mit dem Hernn Gross: gute Nachbarschaft gehaltenn, vnss vmb bestendigenn Christlichenn friedens vndt guter Nachbarschafft willenn mit dem hernn Grossf: auffzurichtenn, abgefertiget, vnndt ist diese vermhanung zum friedenn, mit notturftigenn worten geschehenn,

Cantzler.

Mann solte Inn allen dingen Recht gethan haben, viele wech wehrenn vnnöthig,

Stiffts Vogett,

Gunstigenn Hernn, Ob woll wir vns Jegenn der Key: Gross: zu aller billigkeitt Inn nhamen vnserer genedigenn Hernn erpottenn, befindenn wir Jedoch vber alle zuuersicht, das solch vnser Christlich erpietenn gar wenig frucht schaffenn mag, vnndt dar durch vnsere persohnen Inn diesenn Sachenn nichts zuuerschaffenn, damit aber gleichwoll das Christlich bluth vnschuldig nicht möge vergossenn werdenn, Welchs zu dem gestrengen gerichte gottes vber denn Jenigenn, so solches verursachet, klagenn vndt ruffenn wirdt, Mocht diss mittel getroffenn werdenn, warumb wir gantz demutig thun pittenn, das di Rom: Key: oder Kon: Mait: oder andere Christliche benachbarte Potentaten, sich durch Bottschafftenn Inn die Handlung schlahenn, Vndt Ihre Key: Gross: vnndt vnsere gnedige Hernn guthlichenn vereinigtenn, In massen diss zwischenn Ihrenn F. g. vnndt der Kon: Mait: zu Polenn, durch di Rom: Kon: Maitt: geschehenn, Vnndt sich mein gunstiger herr Cantzler Jegenn di gesantenn, wol ehrmals erklerett, Ob man Inn den Sachenn nicht vnterhendlers dulden oc

Alexius Fedrowitz

Der lobwirdig Keyser vnndt Herscher aller Reussen ist ein Christlicher Keyser, vndt weiss durch Gottliche hulff vndt seiner macht das seinig selbst woll zu suchenn vndt zu fordernn, vnndt Ihre Key: Gross: thun Inn allenn Sachenn Recht, dorffenn keiner vnderrichtung, Mann solte sich selbst Jegenn Ihre Key: Grossm: Rechtferdigenn,

Canntzler,

Vieler worth sein vnnöhttig, wir mögenn di Key: Gross: weither nicht auffhaltenn, di macht ist furhandenn, vnndt ligtt vnserm Keyser auff grossenn Vnkostenn,

Warauff die Hernn gesantenn abgetredenn vnndt sich besprochenn, di auffrustung dess Hernn Grossf. dabei die Itzige gelegenheitt vnserer genedigenn Hernn vndt der Landen zu Lifflandtt erwogenn, vor rahtsamer angesehenn das man

Inn einer summa geldes verwilligenn, als das die lande vberzogenn, vnndt Im grunde vertorbenn werden solten, Derwegen wiewol gantz beschwertenn gemuts Inn die XXX ^{M} thaler vmb fredens willenn, Auch alle Jhar ij ^{M} mrk. Zinses vonn den Derptischenn gewilliget, welche gantz verechtlich angenhomen, Dabei angezeigtt, So wir keinen weithernn beuelch, soltenn wir widerumb abreisenn, sie durfftens dem Hernn Grossf. nicht anbringen,

Hierauff habenn di Hernn gesantenn abermals sich besprochenn vnndt Ingebracht, das sie sich zu aller pilligkeitt erpottenn, vnndt hiruber weitter nicht ein lassen kondenn, Betenn derwegen dess Hernn Grossf: Rethe, sie woltenn diss erpietenn der Key: Gross: vermelden, vndt pittenn, dass Ihre Mait: vielmehr Ihr Heuptschlagenn, als dass Jenig so sie itzo gebettenn, woltenn zu gemuth fuhrenn, vnndt Ihnen mit einem Christlichenn Friedenn begenadigenn, dann sie nicht mehr loben köndtenn, Hiermit seindt Alexius Fedrowitz vnndt Iwann Michalowitz zum Hernn Grossfurstenn gangenn, kurtzlich widerumb kommen, nach folgende meynung vnss angezeigtt,

Alexius Fedrowitz

Wir habenn vnseren Keyser vndt Herscher aller Reussenn abermals ewer erpietenn angezeigtt, vnndt fur euch gebetenn, vnndt ist Ihre Maitt: vast zornich auff vns wordenn, vnndt hatt ewer erpietenn keine mass, Mogett derwegenn widerumb abreysenn, euch sollenn Prestauen, podowoddenn vnndt anderst Inn die Herberg verschafftt werdenn, Wir wissenn weither bey der sachenn nichts zuthun,

Hernn gesantenn,

Wir habenn all das Jenig gethan, so vnsernn g. H. Immer möglich, damit das Christlich bluth nicht möge vergossenn werden, Weilnn wir aber mit vnserm vleissigen flehenn vnndt pittenn, nichts erhaltenn können, Mussenn wir die Sachenn gott dem almechtigenn beuehlenn, vndt diss alles so vns alhier beJegenett, vnserenn gnedigen widerumb einbringenn,

Bittenn derwegenn man wolle vnss mit einem Prestauen vndt postpferdenn biss ann vnser volck versehenn, vnndt auff das Christlich geleitt vnsernn zuruck zugk vergunnen,

Cantzler,

Euch soll der Prestaue' vndt die postpferde Inn die Herberg verschafftt werdenn, Ihr möget mit gesuntheitt wider hin ziehen, Darauff seindt sie beide nach dess Hernn Gross: gemach geeilett,

Vnnsere Hernn habenn sich aber noch kurtzlich berahtschlaget, di grössenn gefahr erwegenn, vnndt Ihnen nachgeschicktt vndt pitten lassen, das sie noch ein wenig bey vnss Ins gemach kommen wollenn, welchs sie nicht thun woltenn, vnss zu sich vor dess Hernn Gross: gemach begerett, da wir durch Melchiorn Ihnen anzeigen lassenn, das wir Inn warheitt dass Jenig Inn der Handlung eingangen vndt verwilligtt, so vnserenn gnedigstenn Hernn zum aller beschwerlichstenn, Wurden auch nicht geringe beschuldigung daruber leidenn, Damit aber di Key: Maitt: sehenn, Das wirs guth meinen, vnndt Christlich bluth vngernn vergiessen lassen, Woltenn wir willigenn XL M thaler auffs aller eussersts zugebenn, Betenn derwegenn dass sie dass leste Inn der Sachenn furwendenn, Damit Key: Gross: vnser Demuth vndt Heuptschlagenn bewegen, vndt damit zufriedenn sein wolte,

Hierauff sich des Grosf: verordenten erpottenn, dem Hernn Grossf: Solchs anzubringen, Ihren vleiss anzukehrenn, vnndt versehenn sich der Grossf. wurde vnss begnadigenn, Allein der Zins muste höher gesatzt sein,

Warauff die Dorptischenn Gesantenn vermeldett, das vnmöglich denn Zins höher als auff die ij M mrk. zuuerwilligen.

Canntzler

Wir soltenn es biss auff kunfftigenn morgenn Inn bedenckenn nhemen, Sie woltens dem Hernn Grossf: anbringenn,

Damit wir vnsernn abscheidt Inn di herberge genhommen, Vnndt vor dess Hernn Grossf: Pallast viele des Hernn Grossf:

veldthernn zu pferde gehaltenn, Wie wir nhu fur aus gefahren, Ist der Grossf. nachgefolgett mit einem gewaltigen Hauffenn Hackenschutzen, vndt Ins veldt gerittenn, Vns woll der Prestaue nicht vergunnen, Dass wir den Hernn Grossf: vndt hauffen ansehenn mochtenn, Sondernn musten stracks vortziehenn, nach der Herberg, eine stunde darnach vngefehr, hatt der Herr Gross: all sein geschutz klein vndtt gross Im felde loss schiessenn lassenn, Welchs schier den gantzen tag gedeurett,

Des abendts wurde vns abermallss durch den Prestauen angezeigtt, Wir soltenn vns fertig machenn, vnndt auff den morgenn frue hinweg ziehenn,

Sohnabends nach Nicolaj ff.

Das Uebrige in Uebereinstimmung mit den Exemplaren des schwed. Reichs-Archivs. Vers. I. 576; gedr. in Quellen. I. no. 8.

3. 1557. (7067.) Nov. Moskau. — Fehdebrief des Grossfürsten an Livland.

Cop. Uebers.

An der Stirn der Copie ist die Adresse so verzeichnet:

Viendes breff vpschrifft,

Wilhelm Meister tho Lifflandtt vnnd Ertzb: tho Riga vnnd Bisschop tho Darpte vnnd andere bisschoffenn vnnd allenn lifflendischenn ludenn,

Wilhelm meister tho lifflandtt vnndt Ertzb: to Riga vnnd Bisschop tho Dorptte, vnnd vndere Bisschoppe vnnd allenn ludenn inn lifflandtt, gy hebbenn tho vns gesandtt iwe badenn, gude lude Johann Borckhorst, vnnd Otte grotthusenn Wolmar wrangell, mith siner geselschop Jw houeth tho schlande, datt wy dem hernn Meister vnnd Ertzb: vnnd Bisschop tho Dorptte vnnd allenn ludenn tho lifflandtt woldenn begnadigenn vnnd beuehlenn vnsernn Stadttholdernn, tho Nougardenn, vnnd Pleskow einenn frede mith ehnenn tho makende, nha dem oldenn vnnd wy heddenn vnsenn Stadtholdernn beuholenn keinenn frede vmb Jwer vnrechtferdigheitt willenn mitth Jw tho makende vnndt woldenn Jwe vnngerechtigkeitt vp Jw sokenn, vnndt Jwe Badenn Johann Bockhorst mit syner geselschop hebbenth vns affgebedenn, Dann vp dat die Hern Meister vnndt die Ertzb: tho Riga, vndt Bischop tho Dorpt vnndt alle Lande zu Lifflandt vns alle vngerechtigkeitt sollenn richtigk maken, De Russeschenn kerckenn vndt Gildestauen vndt der kerkenn lande rein tho makende, vndt wedder tho geuen, vnsen kopluden thor stunde, vndt vnsen gestenn vndt kopludenn tho kopschlagen mith den Lifflendischenn leuthenn vndt auerschischenn mith allerley wahre jegenn allerley wahre ohne wass, Tallich vnndt pantzer, vndt de Bischop tho Dorpte solde tho hope sokenn den Tinss vnndt allde hinderstellige vtthall der dorptischenn beholdinge vonn all denn vergangenen Jharen, vonn Jedern Houede eine Dutsche marck, vndt thosendende denn Tins Im Dorden Jare des fredes, vnndt fortan soll der bischoff dissenn vnsernn Tinss vns geuen, alle Jhar ohne vortogeringe, vnndt allerlei Denstlude auer de sehe vth allen landenn, de tho vns kommen willenn vns tho denende, de solen sie tho vns kamen latenn ohne alle verhinderunge, vnndt tho dem Konnig tho Polenn vnndt grotthfurstenn tho Lettowenn oder so ein ander Herr mochte werdenn thom Konnige tho Polenn oder grothfurstenn tho Lettowenn, dat gy ehm kein beystandt dhonn willenn mith nichte Inn keinen sackenn, vnndt Inn dem fredebreue wie de worde namhafftigk vthgeschreuen sint, vnd dat krutze vonn Jw allenn vp dem brieff gekussett, dat gy alle datt vorschreuen soldenn richtig makenn, also Inn dem fredebreue geschreuen steith, Vnndt vnse Stattholter tho Grottneugarten vndt Pletzkow hebben de fredebreue tho Jw gesandt mith eren badenn mith gelarden

Terbipole vndt de Meister vnndt Ertzb: vnndt Bischop tho
Dorpt vnndt andere Bischoppe vor alle de lude, tho Lifflandtt
hebbenn vp den fredebrieff datt krutz gekussett, vndt de hant
gegeuen, vnndt hebbenn ere segell vor de breffe gehangen
vor gelarde Terpibole vndt hebbenn de breue gesandt tho
vnnsen Stattholternn mith vnsernn badenn gelarde Darup gy
nha denn brieffenn allerley soke tho vns vndt vnsen Stat-
holdernn richtig makenn, gelich also Inn den brieuenn geschreuen steith beth an disse stunde, Inn alle dissen Sackenn
hebbe gy noch keine richtig gemakett Tho vns vnd vnsern
Stattholternn iss ess nicht geschehenn, vndt wy hebbenn vmme
Christenn blott vergietens willen Jw vakenn gedacht mit
vnsem breue, dat gy In allen Sakenn nha dem fredebreue tho
vns richtigk haldenn, Demgelickenn mith Ihnen geschicktenn
mith Gerth Flemig vndt bodenn Valentin, vnndt Melchior
seiner gesellschop vndt mith dem geschicktenn Hinrich winther,
hebbenn Jw anseggenn lattenn Dath gy vonn Jwen vnrecht-
ferdigen vnndt vnwarhafftigen worden afflatenn, vnd datt gy
Jw richtig holdenn Jegenn vns Inn allen Sachen nha dem frede
breue vndt der Crutzkussing, vnndt datsuluige hebbe ick Jw
mitt Jwen baden vndt geschicktenn vakenn Indechtig gemakett,
datt vonn anbeginn der auertredinge der krutzkussunge vor
ehre vngerechtigkeitt so vele alse vns gott helpen werttli,
vnndt lange tidt aff gelesett datt gy Jw richtig holdenn nha
Jwer badenn vnndt geschicktenn bauen viele vnser leidts breue
vp Jwer Badenn hebbe Ick tho Jw gesandt, mith Jwen badenn
vndt geschicktenn, Befogt derwegen datt gy Jwe schuldt
sollenn erkennen, vndt Dath vnnschuldige blutt nicht vergottenn solle werden, dat gy Jw tho vns richtich holdenn,
vndt gy hebben vnnse begnadigung nergenth forgeholdenn,
vndt vnnse geleittbrieffe hebbe gy genhomen, vp dat die sake
desto lenger vortegertt, vndt dewile gy gaddes gesette vnndt
alle warheitt hebenn tho rugk gelaten, vndt an de krutz kussinge
mith (l. nith) gedencken, vndt hebben vnnse begnadigung

nergens vorgeholdenn, gedencke wy vnserer gerechtigkeitt
haluen den allmechtigen gott tho hulpe anthoropende vnd
dem krutz des aller hogestenn Jwer vnngerechtigkeitt haluen,
vmme Jwer der Creutzkussunge auertredinge willenn, wille wy
vp Jw sokenn soucle vns de allmechtige bystandt gifft, vndt
welcher bloth vergottenn werdt, dat wert nicht vnsent haluen
sonder Jwer vnngerechtigkeitt haluen vergotenn, Datt scholenn
gy weten, vndt wy de wy sindt ein cristelicher herre, wolde
ick dat nimmer sehen: dat dann nummer von vns vnschuldig
bloth vergottenn solde werdenn, nach Cristenn noch vnnchristenn
bloth, vnndt vor allem vnd In allem mine Viende datsuluige
fruchtedenn, eine lange tidt vp dat sie ehre vngerechtigkeitt
erkennedenn, will wy nach vnse grote herlige macht vullen-
bringenn mith dissem minem fredebreue (?) Jwer vnngerechtigkeitt, who Ich tho Jw gesandth mith dissem minem Dener
dat gy ehm nha dem fredebreue nicht willen anholdenn vndt
wedder tho vns lathenn, Geschreuen Inn vnnser Herligkeitt,
vnserm hoff vndt der statt Muschkaw Im Jhare 7067 Im
Monat Nouembris ɔc

**4. 1557. Dec. 23. Twer. — Die livländischen Ge-
sandten an den Grossfürst.**

Cop.

Nachdem sie durch den Pristaw vor Abschluss der Friedensunterhandlung aus
Moskau abzureisen gezwungen worden, bitten sie den Grossfürst, seinen Zorn von
Livland abzuwenden und den nächsten zwölfjährigen Frieden zu bestätigen.

In dorso: Diss hat vns der Prestaue vortzuschicken nicht vergunnen wollen.

An den Herrn Grossfursten auss Othpfer. Donnerstags
nach Thomae Apostoli. Anno. ɔc. LVIJ.

Grossmechtigster Keiser vnnd Herscher aller Reussen,
wass am Jungsten Inn der Muscaw zu befurderung vnnd

bekrefftigung eines bestendigen vnbefarten friedens bei E. K G. Bojaren, Rethen vnd Cantzler allenthalben beiderseits verrichtet, vnd abgehanndelt wordenn, solchs haben sich E. K. G. mehr dan gnugsam zuerInnern, WarInnen nun der mangel In dieser sachen gewesen, In dem haben sich E. K. G. gleichs fals zu berichten. Dieweil wir dan durch den Prestauen eilents auss der Muscow abgewiesenn, haben wir ferner E. K. G. vnser heubt nicht geschlagenn, vnnd vielweniger E. K. G. Bojaren, Rethen vnd Cantzlern diese angefangene friedenshandlung weiter furtragen vnnd befordern konnen, vnnd aber wir als gesannten vnd bothen vmb friedens willen an E. K. G. von vnseren g. h. vnd gemeinen Stenden zu Liefflandt an E. K G. abgefertigt sehen wir nichts liebers, wollen auch von Gott denn Almechtigen nichts anders gewunschet haben, dan das wir vnsere aufferlegte beuelch, nach einem Christlichen frieden zu ehre vnd Lob des Almechtigen, auch nutz vnd gedey der Christenheit wolfarth vnd aufnahmen beider seitz Lande vnd Leute, dar dan viel vnschuldigen Cristen sein, erhalten vnnd erbietten mochten, Es seint auch vnnserer g. h. vnnd gemeiner Stende zu Liefflant hertzen dahin gerichtet, das sie sich Je vnd alwegenn zu E. K. Gross: Alles guten versehen haben, vnnd thun sich auch noch Jegen E. K. G. alles guten getrostenn, vnnd Ire Nachbarliche Zuuersicht In E. K. G. setzen vnnd sehen nichtes liebers, thun auch von dem Almechtigen lieben Gott nichst anderst dan einen bestendigen Christlichen frieden wunschen, vnd mit E. K. Gross: In solchen frieden, guten trauen zu leben, Derhalben bitten wir E. K. Gross, gantz dienstlichen die wollen als ein Christlicher berumbter loblicher Keiser, Ihren Zorn vnd Itzige kriegsrustung von den Landenn zu Liefflant gnediglichen abwenden, vnd das Christlich blut nicht vergissen, vnd vns an vnsere hern vnd Stende der Lande verreissen lassenn, damit wir vnseren g. h. vnd gemeiner Stende E. K. G. begeren gepflogene abhandlung vnd dem gegebnem Abscheidt verdragen mogen. Wie wir dan auch solches nach aller vnserer besten fleiss vnd sorgfeltigkeit, der gebuer nach thun wollen, Vnnd E. K. G. solle In dieser friedts handlung keinen zweiffel machen. Sondern es eigentlich dafur halten, das alle das Jenige, was vnsern g. h. vnd gemeinen Landen zu Liefflandt menschlich vnnd muglich zuthun ist, Das sie sich in dem Jegen E. K. G. gantz Nachbarlichen vnd wilferiglichen ertzeigen vnd vmb friedens willen nichtes vnterlassen werden, was auch E. K. G. gelobet vnd versprochen wirt. Dem sollen sich E. K. Gross: keinen Zweiffel machen, Nun wolten wir aber nichtes liebers wunschen, Dan das wir widerumb mit einem guten frieden von E. Key: Gross: dar Innen wir zubefurderung desselbigen wider vleiss noch arbeit In der negsten gepflogenen handlung gespuret (*l.* gesparet) an vnsere gnedige hern gelangen mochten. Derhalben bitten wir gantz dienstlichen, E. K. G. die wollen den vorigen negsten zwolff Jherigen frieden bestettigen vnd die Jegenwerttige kriegss rustung hindansetzen, Vnd die Lande zu Liefflandt die sich doch zu allen Christlichen Nachbarlichen friedtliebenden mitlen erpieten, nicht vbertziehen, vnd das Christlich blut nicht vergiessen lassen, vnd die weil E. K. G. ein Christlicher Keiser ist, dem wir auch dermassen rhumen horen, Das derselbig vnschuldig Christlich blutzuuergiessen nicht geneigt verhoffen zu Gott. E. K. G. werden vnser demutigs heuptschlagen genediglich annehmen, diese vnsere gethane pitte gnediglichen erhoren, Solchs wirt der Almechtig Gott, welcher ein anfenger des lieben friedens ist. E. K. G. hier zeitlich mit vermehrung an derselben Lande vnd Leuthe, vnd dort In Jenem leben reichlich belohnen Vnsere g. h. vnd gemeine Stende zu Liefflandt werden es auch zu danck nahmiger Nachbarlichen freuntlichen willen verschulden. Wir aber wollen es fur vnsere geringe Personen In aller Demuth Jegen E. K. Gross verdienenn. Dat vt supra.

5. (vor 1558.) — Notiz über Bestimmungen des König Christoph.

Note.

Estland betreffend.

Kong Cristoffer *(dazu von anderer Hand:* Erich mendueds broder) haffuer forplictet sig oc sine arffuinge oc effterkommere konger i Danmarck ath han eller de skulle aldrig affhende pansette eller selge Estland, aller noget aff de slot steder byer torp leen eller nogen aff deriss rente eller rette tilligelse fra Danmarkiss krone eller rige, Han gaff oc alle Jomfruer oc piger Saadan preuilegier oc friheder offuer alt Estland ath de motte erffue effter deriss foreldre naar de døde, Oc naar nogen aff samme Jomfruer eller piger siden døde Da skulle kongen aff Danmarck eller hanss effterkommere konger aff danmark anname samme deriss arff. Dat M CCC xlviij⁰ *(sic)* die ascencionis domini

6. (1558.) — Üxkulls u. A. Geheime Werbung in Frankreich.

Ergänztes Concept-Mundum.

Livland betreffend.

In dorso: Spiten vnd Vxkils Instruction vnd werbung an den franzossen, liffland belangend, wie der Erbniderlanden der Prouiandt kasten abzustricken.

Summari was an bewustem orth zu Tractiren vnd mit welchem grundt die gelegenheit darselbest vor zubringen sei.

Vor das Erst vnd anfenglichen, zuberichten, das der Kron. N. ɔc. vnuberschwengliche hochgedeiliche mittell begegenen konnten durch volgende anzaigken Nemlichen, Das ettwa sonderliche grosse vnd wol vormogene vortreffentliche Landt vorhanden die vor alle Landt des gantzen heyligen Rom: reichs mit vnausschepfflicher reichlicher gutter fruchte allerlei korens Jehrlich von Gott begabet wirdt, Dardurch die Erb-niederlandt vnzahlbarliche schiffung Jehrlich aus vnd ein sich vberflussigk prouandirn, vnd derselbigen Herschafften vnd Steth vber alle andere landt wie gerurth, allein aus dem orth Ire vornehmlichst entlich entsatzung genissen vnd bekommen,

Zum andern, Vnd so In diesen Dingen Raths gefolgeth, vnd werckliche vollstreckung vorordenet wurde, Sollte sonder einige mittel dem obgenanten Erblanden Ire prouiant kasten ohne derselbigen sie sich vnmoglich erhalten konnen ader vormogen, abgeschnitten vnd zu dieser seitten, eines ewigen beifals I. Mat. ɔc bewogen vormocht vndt gebracht werden.

Folgents vor das dritte kontte durch diese wege mer-gerurten Erblanden ein so merklicher abbruch zugefuget, Derer sie sich ewiglich nicht zuentsetzen noch zuerwinden, vormogen werden, Vnd mehr hirdurch an den bestimpten Landen fruchbarliches beschafft, Als In etzlichen hundert Jahren durch alle derselbigen Konigliche krigen nihe bescheen were, vnnd kurtzlich nicht vorricht werden mochte,

Zum virden Nach volnstreckung dieser vohrangezogenen handlung die vil gerurthen Erblandt ohn alle krige vber zoge, Vnd sie In derselbigen stet vnd flecken, In keine wege, Durch teurung vnnd Hungers noth zuentsetzen gethrost werden konntten hette I. Ko: Mat. dieselbigen Ausserhalb Ire so mechtige Krigeskosten In vnuberschwengliche muhe, sorg, angest, vnd not zubeschweren vnd dardurch zu alle I. Mat. willen zubringen sein sollen,

Beneben angehengter erclerung, ahn was sonst I. Mat. durch diese fruchbarliche vortreffentliche landt, Ire Reich grosslich erweittert hetten, Vnd zu deme zu anderen Konig-reichen Landen vnd Leutten, Auch merglichen Stethen zu ferner aus breittung I. Mat. reich vnd Reputation, aus diesem orth vnnbehinderlich einiges Standes, gantz fuglich schreitten vnd kommen mogen,

Sonderliche eroffnung Rechtmessiger ankunfft zu gestimpten Landen der gelegenheit zu ereleren

Nemlichen Es erhalten sich die Sachen Im grunde also, das die offt berumeten Landt, In gantz kurtzen Jaren, vnd teglichen menschen gedencken, Ir selbst Herren gewesen, Vnd nebenst den geistlichen Stifften Einen Orden so aller deutzschen Nation der Ritterschafft, die Iren darin zubecleiden lassen frei gestanden, Welches durch geschwinde bose vn- threue Practica der Westphelischen auch niderlendischen arth vnd Nation, vnther Ire Jungen vnd vorwanthen betriglich ge- zogen haben, Als aber zuletzt von Inen viel bedacht worden, Das sie sollichs In die lenge mit foglichem Rechte nicht schutzen konntten, Als haben sie sich zu Irer lalster (*l. laster?*) bekleidung vnther den Kayser bewilliget vnd ergeben wollen, so auch begirlicher angenommen, wo das Reich (?) willigen wollen, Sintemahl die arth geborne des Kaisers vnd meist indenlendische sein, Vnd also kurtzlich ein neuerstandt vnd mitglidt des Reyches sich erneuth,

Abermals, haben sich deselbige Orden ein mehrers vber- muttiglich vnternommen, Das sie In den anderen geistlichen Stifften Auch keinen woltten, Vnd soltten also alle Furstliche Grefliche vnd Ritterliche Stammen Aus einem so mechtigen Landt, das mehr als ein Reich sein mocht vorstossen vnd ausgehaben werden, Vnd allein der arth ewiglichen bleiben, Darumbn auch In diesem vorrucktem Jahre, etzliche krige zu werck gestallt, So noch bei menniglichen vnvorborgen vnd am tage Ist, wie sie sich wieder gantze Konnigreich vnd mehr Fursthenthume entporth haben, An deme nicht allein ersettiget, Besondern sich auch wieder die vornehmlichsten Geschlechter der Ritterschafft, Durch welche die offgemeltten Landt zum rechten glauben vnd christlichen kirchen bekeret worden, Auch

Landt beruffen, sondern alles was sie haben von der Ritterschafft geschanckt worden, Dieselbigen gleicher gestallt aus Irem vatherlandt zuuordringen vnderstanden ɔc

Darmit aber die gewalt der Stifft, vnd Loblichen Ritterschafft geschwecht vnd gezehmet wurde, Deren sie von Irer macht, so ettwa einikeit vorhanden zubeschweren nicht gedencken dorffen Haben sie den Muscawiter mehr als mit vieln tausent (*ursprünglich:* als mit hunderttausent) man zu sambt der Felttathern die landt zubeschweren vnd vberziehen bewogen, gantz boslichen vndersatzt vnd ahngerichtet, Vber das sich kleglich vnd mitleidigk geberen, Das solches Inen zum hochsten zu wiedern, konnten nicht wissen wormit solches abzuwenden vnd zubegenen sei, Vnahngesehen dz die Stifft vnd Ritterschafft das sonnderlichen bestenndigen gutten grundt, das der Iohs vntreu Orden, Dieser ding bei sich frolocken vnd Jubiliren, so man dissmahl Gott beuhilet so lange solches gerochen vnd geburlich wiedergoltten werden moge, auch alles in gelt auss den Landen verschikt vnd zu keim schutz drachten odder kriegsfolk annemen wollen.

Grunthlicher vorstandt der Lande gelegenheit deutlicher zuercleren

So befinden sich die sachen also geschaffen, Das In vil vnnd offtberurtem Landt drei vohrnehmlichen geschlechter vorhanden, an welchen die andern geschlechter alle anhenigk erspurt werden, Als mit nahmen die Ixkhulen, Tysenhausen vnd Rosen, Von denen itzt benanten, Ist einer itzo hir aussen N vnd N genanth So vorflossener Jahre der Stadt Luebegk (welche von den vortrefflichsten vier Steten eine vnd ein berumbter Standt des Reichs Ist, ohne aller Fursten zuthuen vberzogen auch zuer entlichen vachlichen (rechtlichen?) absonung gedrungen hatt,

Bey welchem ernanttem. N. die Stifft vnd ritterschafft als bei Irem gesibtem blutsvorwantem Freund, gehandelt vnd Practiciret, die Lande vnther anderer Konniglicher vnd

Furstlicher behaubtung zu bringen Diewel Ich dann vnuorsichtiglich vber angeregtes. N. sein wissenn vnd vormutung, Als ehr In vnderhandlung mit hohen Potentaten gestanden, habe ich den Durchlauchtigen Hochgebornen Fursten, vnd. h. N. N. ɔc. als der Kon. Mt. selbst bewilligten Diener bei. N. zu secretlicher verttraulicher vnderredung benebenst mir zubegeben bewagen vnd eingefurth, Durch solliche mittel, das vns ettwa von sollicher gelegenheit weittleufftigk vormeldung angelanget Vnd befunden daraus der. N. diese ding nicht an den rechten orth zubringen vorhette, vnd so lange mit Ime disputiret, Das ehr sich zuletzt vnnser vohrschlege berichten lassen So auff vohrangezogenen vnd folgenden kurtzlichen grunth gescheen, Das keinem Herrn der Welth vortreglicher nutzbarlicher darmit gedinet Als der Krone. N. So auch einem Jedern mehr als bei Irer althergebrachten Freiheitten schutzen vnd lassen wurde, zu deme aus Konniglichen mildikeit die beforderer dis werckes zu hohen ehren vnd wirden, erheben Auffnehmen vnd vortsetzen, vnd derselbigen nahmen vnd geschlecht zu ewigen vnuorgeslichen genaden befolen sein lassenn,

Hirdurch Ist durch vns gedachter N. nicht mit geringer muhe vnd arbeit bewogen worden, Die Sachen I: Mat zubringen bewilliget, auch zu der behuff gegenwertigen seinen verthrauten. N. (.denen ehr zu solicher Handlung vnnd practica nach vorrichtung dieser reise Sintemahl ehr auch ane Das seine versprochne dinstzeit bei S. g. f. vnd h. vorschlissen hirzu zugebrauchen vorpflichtet.) vns mit hir zu verordenet. Vnnd der sein briff vnd sigil vns zugestalt, Das ehr sich In mitteler zeit bei keinem anderen Potentaten In handlung einlassen wolle, ehr habe dan zuuor dessen wiederumb von vns antwort vnd bescheidt, erlanget,

Woferne nuhn der Kron: an erzelter Handlung gelegen konten sie einen vertrauten an. N. vorferttigen so sich dessen aller bestendigen grundes ferner zuerkundigen hette,

Es konntte auch gedachter. N. aus seiner vndt der gantzen Ritterschaft selbest wol habenden Action vnnd zuspruche gegen die Regirung des Ordens mit vberzoge fortfahren, Doch das dannoch die Ko: Mat was In Rath entschlossen vnd hirzu notwendig sei vorordene, Vnd das dan die mittel bei. N. zubefinden sein werden, wie dieser Sachen zu entlicher eroberung nach zusetzen, Es soltten auch die Kron, vor allen Dingen nicht eher genomet werden, man hette dan alle Handlung zuuor nach der Cron: Wunsch vnd wollgefallen romlich vorrichtet,

Soliche erzelte Handlungen seindt sonderlichen Durch vns mit vnderthenigistem vleis vnd Arbeith der Cron. N. zu nutz vertrag vnd bestem tractiret Vnndertenigister zuuorsicht Es werden solche vnnsere gethreue Dinstliche wolmainung, Die K°: Mait. In genedigistem willen vormercken auffnehmen vnd sich gefallen lassen,

Hir bei vnser wartung, vnd Dienst zugedencken ɔc

Doch das In der gheim gehalten, vnd keinem teutzen vertraut, sonnder eim frantzossen der mit der teutzer sprach erfarn befollen werden,

Das vorletzte Alinea ist von anderer Hand, als das übrige Schriftstück. Von einer dritten Hand, welche auch an mehreren andern Stelln Ergänzungen zugeschrieben, ist das letzte Alinea. Die Bemerkung in dorso ist von einer Hand aus der Kanzlei oder Umgebung des Königs zu Dänemark.

7. (1558) — Justus Klot an König Christian.

Orig. Autogr.

Bittet, da Harrien und Wierland nunmehr an den K° abgetreten werden, um Belehnung mit dem Dorfe Wallkull zur Belohnung treuer dem K° und dem Reiche Dänemark geleisteter Dienste.

Durchleuchtigster Grossmechtiger koninck genedigster her meyne vnderdenige geringe doch trewe dienste der ich mich

ie vnd allewegen kegen ewer ko: mt: vnd derselbige reich
Da es myr ahn ehren vnvorweyslich, ahm hogesten bevlissen,
will ich hyrmit nach eweren ko: maiesteten als ein vnwirdiger
doch vnderdeniger vnd williger offerirt vnd angepoten haben,
Vnd mag vnderdenigst eweren maiesteten nicht vorhalten, wie ich
nu eine lange zeit vnd vil Jar diser loblichen kron vnd reich
Denmarken zuy ehr, rhvm auffnam vnd gutem, vnd dem armen
Lifflant zuy trost errettinge vnd hulff kegen alle widderigen,
mit ssonderem vleiss vnd ernst yn alle meynen hendelen Da
es myr ahn ehren vnvorweislich hat sein wollen. Dahin getrachtet, sorgfelticklich gearbeitet, vnd geraten, wie ewere
ko: mt. derselbigen löbliche reich einsmals mit vnserem genedigen heren Meisteren zui lifflant allen prelaten vnd gantzer
landtschafft zui der bestendigen einigung mochten gekomen
seyn Dardurch yn dissem loblichen kunnichreich vnd den landen
zui lifflant ruhe, fridt, vnd alle gotselige erbare policey mocht
erhalten seyn wurden wye verhoffentlich dess myr meyne
genedige heren In lifflant prelaten vnd her Meister gemeyne
lantschafft sampt vilen achtbaren auffachtigen leuten Zeugniss
geben konen, vnd ob woll meyn vleiss dem guten lande ehr
man nach entfangenem schaden gewithiget nicht zui gutem
hat komen mugen, byn ich doch nu hochlich erfrewett das
ich den tag erleben mugen das durch de itztverfassete einigung
auss gotlichem verhengniss vnd ewer ko: Mt hulfflichen hant-
reichung de arme lande zui lifflant bey der Christenheitt
mugen erhalten pleiben, Daran ich gar keinen zweifell machen
will. Deweill dan genedigster her vnd koninck ich ym gebiet
vnd Compterie zui Reuell vor meyn bares geld eine mull mit
wennich landes gekaufft vnd darbey ein dorff walkull mit iij
odder vier vischeren zui Sunnymi (?) genant, liggen meynem
gut gelegen, vnde dar zwischen yn gantzen funff meilen keine
dorffer mehr de Compterie vnd hauss Reuell ligent hatt, Das
also de armen einen weiten hoff Dinst haben, Vnd

vertrostinge vnd lurstliche zusage auff gemeltes Dorff vnd fischer gedan, Vnd nu durch dise bewilligete abtrettung der lande harrien vnd wirlant gemeltes dorff vnd fischer an ewer ko: mt mit gelangen werden, vnd ich daran wegen meyner trewen denst nu weinich forteils zuvermuten hett wenner ewer ko: Mt hyrin myr keyne kunnichliche mildichheit vnd gute beweisen wolten, Als bitt ich hyrmit vnderdeniges denstliches vleisses ewer ko: mt mich mit gemeltem Dorff vnd fischeren yn genedigster belenung sich yn allen genaden wolle befolen seyn lassen, Damit ich armer gesell den meynen zui trost vnd gut, der ich mit allen trewen vnd ehren disser nott gedienet, etwa meyner trew muge entgeltniss spuren vnd fynden, wor an vnd mit ich ssolchen kunicklichen willen genadt vnd mildichcheit kegen ewer ko: Mt. vnd das lobliche koningliche Hauss vnd reich wuste zuuorschulden, erpiete ich mich henwiderum aller vnderdenigen trewen willigen denst nach meynem geringen vermugen, Vnd deweill de ampt leutt vnd vorwesser des Dorffs ewer ko: mt geschworen, vnd dem erentfesten Christofferen von Munchausen kuntlich, Da nu nach erlangeten genaden ewer ko: mt. de eynweisinge myr konychlich verhengen wolten, zweifell ich nicht zun ehrn gedahter Christoff von Munchausen Da er dess von ewer ko: Mt befelch erlangen wurde, myr odder yn meynem abwesen meyner liben hausfrawen de vberliberinge gern wurt vort stellen, helffen, Vnd alss ich mich dan negst gott aller genaden trostes vnd konniglicher beforderunge zuy eweren ko: mt vorsehe vnd yn vnderdanicheit getroste So bit ich bey gemeltem hern von Munchausen ein genedigk kunnichlich antwort, Mit hertzlichem wunsch der almechtige gott ewer ko: mt. oren reichen dem armen lifflant vnd gantzen Christenheit zuy gutem yn langer leibs gesuntheit vnd fridtlicher regirung, erhalten wolle Amen

Ewer konincklichen Maiesteten vnwirdiger doch williger Diener Justus Claudius, der Stadt Reuell yn diessen werben

(1558). — Verzeichniss besitzlicher Edelleute in Harrien und Wierland.

Note.

Namen der Edelleute, so In den Landen Harryen vnd Wyrlandtt gesessenn,

In Harrienn.

Brun Wettborch ⎫
Hermann Anrep ⎪
Reynolt von Rosen ⎬ Rethe
Claus Mekes ⎪
Thonies Meydell ⎭
Herman Soye
Olde Fabian von Tysenhusenn,
Selige Fabian von Tysenhusen Haubtman,
Ewertt Wrangell
Herman Nyrath tho Koddell,
Johan Meydell tho Kotz,
Herman Vertzenn,
Symon Vettinghoff,
Dirick Vettinghoff,
Herman Nyrath tho Kappell,
Johan Brehmen,
Ewertt Mekes,
Jorgen Reszbyther,
Jorgen von Vngern,
Moritz Wrangell,
Conradt Vxsell,
Seligen Johan Loden Eruen,

Johan Ducker tho Attell,
Arndt Thuue tho Machters,
Berntt Thuue,
Andres Dekenn,
Robertt Thuue,
Ewertt Delwich,
Johan Riszbyther,
Robertt von Rosenn,
Johan Ducker tho Kow,
Johan Dueker tho Nouicks,
Ditloff Trolszhagenn,
Andres Thuue,
Jorgenn Treydenn,
Reynoldt von Tysenhusenn
Conradt Varnszbeck,
Claus Thuue tho March,
Bartholomeus Thuue,
Seligen Conradt Meyborchs Eruenn,
Johann Scherenbeck,
Summa der Harrischen Edelleuth xlj

In Wyrlandt,

Peter von Tysenhusenn ⎫
Otto Thuue tho Vynn ⎬ Rethe
Robertt von Gylsenn, ⎭

Johan Ducker tho Wartz ⎫
Lorentz Ermiss ⎬ Rethe
Marx Methstakenn,

Kersten Brakell,
Johann Assery,
Arntt Assery,
Seligen Dirick Stricken Eruen,
Jacob Thuue,
Thonies Lode,
Johan Lode tho Teyls,
Johan Mekes,
Johan Lode tho Vndell,
Hinrick Hastuer tho Kondes
Arndt Todtwenn,
Claus Polle,
Johan Gylssen,
Seligen Johan Wedwes Eruen,
Berntt Berchen,
Johan Kudlen,
Thuue Vremens Eruen,
Johan Vremens Eruenn,
Reynoldt Kudlen,
Wolmar Brommer,
Claus Rosenhagen,
Johann Kauer,
Jorgen Staelbyther,
Johann Treydenn,
Reinhardt Treydenn,
Helmolth Tueker,
Ditloff Dueker,
Reinoltt Lode,
Hinrick Mor,
Herman Moren Eruen,
Dirick Nyrath,
Junge Peter Tysenhausenn,
Johan Thuue tho Ruholl,
Engelbrecht Kudlewenn,

Fridrich Swarthoff,
Der Hoff tho Poll,
Dirick Brakell,
Wolmar Brakels Eruen,
Iorgen Poythkull
Hinrick Knofflock
Helmolt Lode,
Claus Hastuer,
Roberth Tolckes,
Jorgen Assery,
Jaspar Tysenhusen,
Otto Berch
Johan Wekenbroth,
Johan Meidell,
Reinolt Wrangell,
Otto Wrangell von Karoll,
Jorgen Hastuer,
Johann Doenhoff,
Otto Wrangell tho Tatters,
Jorgenn Wrangell tho Jesse,
Johan Wrangell tho Addinall,
Helmoth Tödwenn,
Jacob von Lewenwolde,
Hinrick von Gylsenn,
Jaspar von Gylsen,
Herman Lode tho Assery,
Seeligen Robertt Loden Eruen,
Ottho Thuue thor Isen,
Ewartt Ortthen,
Johan Brehmen,
Jorgen Bremock,
Dirich Lode
Johan Paytkull,
Jorgen Wrangell,

Johan Lode, Hinrick Dödwen,
Berndt Thuue tho Etz Johan Moller
Andres Lode, Johan Korff.
Johan Wrakell, Sindt In Whirland lxxxix
Rothker Lode, In alles aus beiden Landen
Johan Hastuer, 1ᶜ vnd xxx
Johan Thuue von Etz,

19. 1558. (7066.) Febr. 15. Livland. — Schigaley's und zarischer Bojaren Ermahnung an Livland.

Cop. Transl.

Den Grossfürst nochmals, und zwar mit dem Zins, zu besenden.

Darunter: Entpfangen zur Narue denn XXI Februarij Anno ɔc. lviij ɔc.

Vonn denn Keyser Segeley vnndt vonn den Bojarenn vnndt Heuptluthenn vnndt vonn Kness Michal Glinsski, vnndt vonn allen Boiarenn vndt Heuptleuthen des grosfurstenn vnndt Keysers aller Reussenn, Wilhelm Meister zu Lifflandtt, Ertzb: zu Riga, Bischoffe zu Dorptt, vnnd alle Bischoffe vnndt allen leuthenn Inn Lifflandtt, So Ihr nhu geneiget sein, das ewere lande nicht, mogenn Im grunde verherett, vnndt verdorben werdenn, so mogenn Ihr nhun zur stundt nach vns ann vnsernn Grosf. vndt Keyser aller Reussen schickenn ewere grosse Badtschaftenn, die dar mogenn dem Grosfurstenn vndt Keyser aller Reussen seinen Zornn abbittenn vndt Ihm zufrieden stellenn In seinem Zorn, vnndt das sie Ihme das Haupt schlahen vonn ewerent wegenn, vnndt zuschickenn denn Zins auss dem gantzen lande zu Lifflandt, So uiell Ihr Immer aufbringenn vndt vorsamlen konnenn, vnndt so dann ewere

Badenn ann vnseren Grosf. vnndt Keyser aller Reussenn
mit dem aller ersten werdenn ankommen, vndt vonn euch
dass Haupt schlahenn Alss dann wolleun wir Hernn Semptlichenn eine vorbitt thun dem Grosf. vnndt Keyser aller
Reussenn, souiel vns Immer muglichen Ist, auff das weither
kein Christlich blutt moge vergossenn werdenn, Vnndt ess
ist vnss woll bewust, dass solch vnnschuldig bluth das dar
vergossenn ist, vonn euch herkommen, vmb ewer vnnrechtfertigkeitt willen, vnndt durch ewere vbertrettung der Creutzkussung, vnndt vnser Herr so ehr ist ein Cristlicher Keyser,
vndt hat nie werle gerne geschenn vnnschuldig blut zuuergiessenn, besonder dem alle wegenn entJegenn gewesen, vndt
des hatt ehr euch offte vnd vackenn vermhanung gethan, Das
Ihr euch soldenn rechtfertigenn Inn allen eweren Sachenn
nach laut dem frede brieffe vndt der Creutzkussunge, Auch
habenn Ihr des Grossf. vnndt Keyser aller Reussenn begnadigung gar vor nicht geachtett, vnndt alle das vnnschuldige
bluth ist auff ewere sehl vergossenn wordenn, vndt wirdt vonn
euch gefoddertt werdenn, Geschriebenn Inn Lifflandt Im Jhar
vij^M vnndt LXVj den XV Februarij oc

10. 1558. (7066.) (Febr. 15.) — Schigaley's Er-mahnung an Livland.

Cop. Transl.

Den Grossfürst nochmals, und zwar mit dem Zins, zu besenden

Darunter: Entpfangenn zur Narue den XIX Februarij Anno oc. lviij vonn Peter
Tisenhauseus pauhr, welcher von den Reussenn gefangenn gewesenn oc.

Zersegaley, Nach beuehl des Keysers, Wilhelm dem Meister
zu Lifflandt, dem Ertzbischoff zu Rige, Bischoffe zu Dorpt
vnndt andere Bischoffe vnndt alle leuthe Inn Lifflandtt

Vnnser wortt ist das, Ihr habenn gelogenn Gott vnndt vnserem hernn dem Keyser vndt Grosfurstenn vndt dess haben Ihr vbertretten nach eweren gelofftenn di Creutzkussung vnndt die rede dar di frede brieffe auff gemachet seint, vnndt des habenn Ihr Inn allenn den Sachenn gelogenn, dess haben Ihr nicht auss der Dorptischenn beholdung vonn einem Itzlichen Heupt dem Grosf. nicht geschicktt, vnndt seinen gestenn vnndt kauffleuthenn habenn Ihr Gross vnnrecht gethan, vnndt haben auch Inn allem eweren handell euch vnrechtfertig findenn lassenn, Derhalbenn vmb ewer vnnrechtfertigkeitt willen, habenn Ihr auff ewer landt gebracht das schwerdt vnndt das feuer, vnndt das vielfetige vnnschuldige blutt ewerer vnderthanen belangendt habenn Ihr gethann zuuergiessen, vndt haben darbenebenn eweren Landenn gross vngeluck zugetriebenn, vndt nichts guts vndt ist Sach das Ihr gedenckenn dass des Hernn Zornn mochte gestillett werdenn, vndt eweren gantzen Landenn vnndt auch allen ewren leuthenn ein ruhe vndt ein frede zu machen, Derhalbenn schonet nhu ewren Schatz nicht, vnndt das mit dem ersten zuschicken dem Grosf. vnndt Keys. aller Reussenn, vnndt das Ihr nhu wollen schickenn mit dem aller erstenn ewere Badenn vndt guthe leuthe mit all des Hernn Zins, dar Ihr ewere sehell auff gegebenn haben, Vnndt so vor vnsern augenn ewere Botenn vndt fromme leuth dem loffwirdigenn Keyser der Reussen hastigen ankommen werden, vnndt wollenn ewerer wolthatt ein helffer wesen, vnndt wollen die Sachenn woll bedenckenn, vnndt mit vleiss fur vns nhemen, auff das man möge den todt, vnndt das vnnschuldige blutth vorthann noch nach vnuergossenn bleibenn vndt moge gestillett werdenn, Vnndt so versehenn wir vns Im Nhamen Gottes das der Gottlouige Keyser vnndt Grosf Iwann Wassilowitz aller Reussenn, vndt wirdt vnser begernn nicht abschlagenn, vnndt wanehr Ihr werden kriegenn diesenn vnsernn brieff, so mogenn Ihr ewere Badenn schickenn mith dem aller hastigstenn, dess will ich di vorgewissung auff

mich nhemen, dass ewere Badenn mogenn kommen, vndt
widderumb zuruck ziehenn, ohne Innigerley beschedigung nach
diesem brieff, vnndt vnser wortt wirdt nicht anders sein, Des
mögen Ihr woll wissenn; Dass sage ich euch vndt schreibe
es euch, das mir ewer vnglugk leidt Ist, Hier schickenn wir
euch vnnserenn brieff Im Jhar vij ^M vndt Lxvj des Monats
Februarij ɔc

11. 1558. Mai 1. Moskau. — Privilegium des Grossfürsten für Narva.

Cop.

In dorso: Vorgebene Privilegia so der Muszchowieter, nach eroberung der
Stadt Nerue, den burgern gegebenn, geschehenn den 1. Maij A⁰ ɔc 58.
Haec non sunt accepta a Naruiensibus, sed extraordinarie acquisita.

Vonn gottes gnaden keyser vnndt Grosfurste Iwann Wassilowitz aller Reussenn, zu Woldimer, zur Musskaw, zu Naugartenn, keyser zu Cassann vnndt keyser zw Asterkann, herr zu Plesskaw, Grosfurst zu Schmolentzki, vnd Graffenn zu Thwerszki, Jugarski, Peremski, waski, Bolgarschi vnndt noch anderer, Herr vnndt Graff zu Naugartenn, Im Niderlande, Cernygofschye, Resanski, veleski, Beloserski, Udorski, Odorski, Serosloff, vnndt anderer also Schmirschenn Lande vnndt grentzenn, Ich habe beuohlenn vnndt begnediget meine leute der Stadt Narue, Burgermeister vndt Rhatmanne, Jochim Krumbhuesen, Hermann, Arnntt vndt Hans, Hulshorst, Heinrich Koene, Antonius pfeffersack, Bestien von werdenn, Hanns farenheide, Reinolt vonn bucken, Euertt Boese, Jorge Muller, Jasiper Bleck, Lamprechtt farenheide Lambrechtt kemerlingk, Heinrich herttwig, vnndt Marcus Schmidt, vnndt alle leute In der stadt Nerue, vndt alle Inwoenher, Es hatt sich zugetragen,

4

mit der stat Nerue, vndt allen Neruischenn landenn, Vnndt
wir wollen vor vns behaltenn, das Schlos, vnndt dasselbige
mit vnserm Hauptman, vnndt volcke besetzenn, Sampt des
hauses landen, macht vndt gerechtickeit, gleich als das der
Hermeister vndt der vogtt, mit aller gerechtigkeit, Innegehabt,
nach dem alten, Vnndt es sollenn Burgermeister vnndt Rhatmanne, Ire macht, gerechtikeit vnnd gerichte, zuhandlen vnndt
zu kauffschlahen, Inn allen Dingen nach dem alten behaltenn,
vnndt vonn vnserm Hauptman, daran mit nichte verkurtzt
werden, hier zu sollen Sieh auch von Ihren alten kauffmanschafftt, gericht vnndt gerechtigkeit, nach vom Meister zu
Lifflandt, noch vonn Ertzbischoff zu Riga, noch vom Bischoff
zu Dorptt, noch von allen andern leuten, Inn Lifflanndt, noch
sonst von Jenigen andern Hern, noch vonn allen Ihren feinden
gedrungen werden, dafur wir sie mit vnser gewalt wollen
beschutzenn, wollen sie auch beschirmen, vor alle erstrowing,
vberfall vnndt Reuberei vnndt wo sich das sonst begeben
mag, Anhe alle arge list, Inn allen Dingenn, wollen sie auch
nicht von Ihrem glauben, nicht abfuerenn, auch keine beschwerunge aufflegenn, Des sollen sie vnns, vndt vnsernn
kindernn vnderthenig sein, Sonder arge list, vnndt keine
frembde Herschafft Suchenn ohne vns, Sie sollen vnndt
mugen frei Inn aller vnserer Herschafftenn Handlen vnndt
wandlenn, mit allerley warhe, Jegen wahre, vnndt wollen Sie
mit keiner beschwerunge, noch Zollen, oder andernn Dingen
beladen, Sie mogen auch vber die Sehe reisenn, mit allerley
wahre, vnndt die vber Sehische mogen mit Ihren Schiffenn
vnd allerley wahr wider zu Ihnen kommen vnndt kauffschlagenn
mit den Neruischenn vnndt vnnsernn leuthen, nach Ihrem willen,
mit allerlei wahre, Jegen allerley wahre, Die mit Ihnen wollen
kauffschlagen, Desgleichen mogen auch die Neruischen mit
vnsern leuten, nach Ihrem willen wie Sie wollen, handelnn, vnndt
die burgermeister vnndt Rhattmanne, zu Nerue, Sollen erhalten
aller kauffmanschafit gerechtikeit, nach dem alten, vnndt vnser

Hauptman vom Schlos, soll sie in diesen nicht hindernn, vndt so schiff oder schuten mit Neruischen guternn, ann vnsere seite strandetten, so sollen die Neruischenn Ihre gueter frey widernehmen, sondern berckgeltt vnndt vnser hauptman sol sie in dem nicht hindern, vnndt die Neruischen sollen Sich auch mit keinen frembden gueternn bekummern in dem falle, Die Neruischenn Sollen auch freiheit haben Inn vnsernn Stetten zu kauffenn, Fische, Flachs, Roggenn, vnndt allerley korn, Sampt allem notturfftigen vorrath, sonder einicherlei verhinderung, frey, vnndt der Hauptman zu Iwanegrot, noch zu Schlosse, Sollen von diesem allen keine gerechtikeit fordern, noch nehmen, So auch etzliche von den Neruischen Inn der Neruischen Beecke fische fangen wurden, dauon sollen die Iwanegrotische, noch die Hauptleute zu Iwanegrott, noch der Hauptmann zu Schlos, keinen zehenden haben, sondernn gantz frey lassen, vnndt welche vberSehische leute zu Nerue ankommen, sollen freiheit habenn, bei Ider zu wohnen, wo es Ihnen geliebtt, nach dem alten, Auch soll den daselbst frei sein, sich dar zuuerandernn Oder So die Neruischenn Inn Teutzschlandt woltenn freyenn, vnndt Ihre toechter darhin gebenn, Inn alle dem sollen sie Ihrenn willen habenn, Vnndt so sichs zutruege, das der her Meister zu Lifflandt, der Ertzbischoff zu Riga, Bischoff zu Dorptt, oder Imandt anders, wer der sein mochte, sie mit gewalt vberfellenn wolltte, so sollen wir vor sie stehenn, vnndt sie mit nichte verlassen, vnndt nicht von Ihnen tretten Inn keinerley weis, des soll vnser kriegsvolck Ihre meuren, pfortenn, vnndt terme wachtenn, vnnd Ihre eigne kost essenn, Auch sollenn die Neruischenn von vnserm kriegsvolck keine vhciden noch Ihnen Ihre Heuser einnehmen, Sondernn sollenn Ihre eigne wonunge haben zu Schlosse, vnndt so Jenig vnnser kriegsvolck denn Neruischenn vberfall thet, denn wollen wir straffen nach gewirckter thath, vnnd allen schaden vollenkommen widder erstatten, Sie auch keins wegs von Jenigen alten gerechtikeytenn dringen, Sondernn vielmehr bey demselbigenn Inn dem altenn erhalten, gleich wie In diesem brieff geschriebenn stehett, Vnndt Soll widder diese vnsere begnadunge gar nichts gehandelt nach gethann werdenn. Dis alles zubefestigen haben wir beuohlen, vnser grosse Siegill hierann diesen brieff zu hangenn. Gegebenn in vnser Herligkeit der Stadt Muszkaw Im Jhare siebentausent (*add:* 66) den. 1. Maj.

12. 1558. Juli. 5. Odensee. — König Christian an Christoph von Münchhausen.

Cop.

An Christoff von Munchhausen in Liefflandt, Soll Konig. Matt. Schreiben, die beschwerliche Kriegsrustung betreffen, an den Grossfursten in der Muschaw bestellen vnd vberschicken, Act. Odensee den. 5. Julij Anno ɔc 58,

Christian ɔc

Wir schicken dir vf dein schreibenn zwen gleich lautendt brief, an vnnrern besondern freundt, Brudern, vnnd Nachbarn den Grossfursten von der Muschow, derselbigen eins vnnser schreibenn soltu dem Grosfursten bey gewisser Bottschafft behendigen vnd anthwortfurdern lassenn Du hast auch so es erfurdert, vnnser Wappenn zu Salua Guardia in vnnser Lehen vnnd gutter zubrauchen vnnd anschlagen zulassenn, Vnnd so dz Kriegsvolck an die ortt nach dem Kolck wollt verruckenn, so las denn einen Brief zeittlich vnnd Ilichst an die obersten veldtherrn des Russischen Kriegsvolcks inn Lifflanndt zu empfahen vnnd zuerbrechen schreiben lassen, vnndt wirdt derselbig vnnser verhoffens darauff In vnsern Lehenn vnnd gutter friden verschaffen zu halttenn, Du willt aber In allwege es werde der Brief den Veldtherrn oder nit, oder dz fridt gehandelt, oder nit, vnnsern brieff an den grosf. gelangen lassen bey gewissen Bottenn, vnnd anthwort befurdern, vnnd vnns zuschicken,

So der Brief an den Russischen veldtherrn, nicht zugebrauchen nöttig, wiltu denselbigen vnerbrochenn widerumb in vnnser Cantzley vberanthworten lassenn, vnd den andern brief an den grosf. vnuerzuglich befurdern,

Vnd ist vnns aus christlichem vnnd nachbarlichem bewegen die beschwerlich handlung der Russen schmertzlich zuuernehmen gewesenn, Wir haben auch an den Grossfursten vorbittlich vnnd freuntlichen gelangt, den Stenden zu Lifflanndt fridtshandlung vf billich weg zuzulassenn, Vnnd verner christlich blut zuuergiessenn, verschonenn, Wir verhoffenn es solle solchs denn sachenn nach gelegenheit nicht vndienlich sein, So habenn wir auch An den grosf. gelangt, dz die Narue vnns vnnd vnnserm Reich Dennemarcken zugehörig, dz vnns auch die hoch vnd obrigkheitt Im Hertzogthumb Estonien, vnd denn Lannden Harrien vnnd Wuhrlandt, sampt dem Stifft vnnd der Stadt Reuel zustendig. Daruf gesucht vnnd gefurdert derselbigen lannde vnd vnderthan zuuerschonen, vnnd möcht solchs villeicht, so der fridt gegenn zuuersicht nicht erhaltenn, den sachen dienlich sein, Wir sinndt auch anhero nicht grundtlich bericht wordenn, wes die vrsach des Kriegs, vnnd aus was bewegenn, nicht zeitlich zu widerstandt getracht wordenn, vnnd habenn sich leider die beschwer vf ein Zeit erheufft, Der allmechtig wolle zum frieden gnaden verleyhenn, vnnd wir sinndt dir mit gnaden geneigt, Du wirst vnns auch furderlich allen zustandt, vnnd gelegenheit vnderschiedlich zuschreibenn Datum

Zettel: Du wilt einen verstendigen gewissen Botten mit vnnserm brief an den grosf. abfertigen, vnnd die Zerung vorstreckenn, Die wollenn wir dir gnedigst widerumb erlegen lassenn, Du wilt auch den Bottenn, der mit vnserm schreibenn In Russlandt abgefertigt wirdt, wen er mit gots hilf zuruck gelangt, an vnns khomen lassen, Dz er vnns alle gelegenheitt zuberichten Du wirst auch dem Botten beuelhen, dz er bey hoff der gelegenheit vleissig erfahrung habe, Vnnd so er gefragt wurde nach vnnserm vnnd vnser Reiche zustande, Das er bericht dz gott lob alles in guttem vnnd fridlichem wesenn, So nach den Frantzosischenn Kriegshendeln wurde gefragt, Dann hett der Bott antzuzeigen, das beyde Potentaten mit grosser gewaldt zu Ros vnnd fus Im veldt, Es sein aber vor des Bottenn abreysenn weitter kein Zeittung von den kriegshendeln angelangt, dann das gesagt wordenn, die stadt Diedenhofenn Inn Lutzelburg solt vom Frantzosenn erobrigt sein, Sonnst wer In Deutschlannd gott lob allenthalbenn fridt Du wirst einen verstendigen abfertigenn, der nach gelegenheitt sich wisse zuuerhaltten vnnd anthwort geben konnen Dat.

---

13. 1558. Juli. 5. Dorpat. — B. Hermann von Dorpat postulirt, unter Entsagung von Amt und Würden, des Königs Christian von Dänemark Sohn, Herzog Magnus, zu seinem Nachfolger.

Cop.

In dorso: Abschrifft der Dorbtischen Postulation.

Vonn Gottes gnadenn wir Hermann Bischoff vnndt Herr des Stiffts Dorptt Inn Liefflanndtt sampt vnserm wirdigenn Capittel, achtbarn Rethen vnndt gemeiner Ritterschafftt gemeltes Stiffts, Thuen kundt, vor allenn vnndt Jedermenniglichen, so diesenn vnserm vorsiegeltenn Gewalth sehenn hören Oder zuuorlesenn vorkumptt offennbar bekennende Nach dem verflossenen Winter Itziges acht vnndt funftzigstenn Jars, der Erbfeindt Christlichs namens der Muscowiter oder Grosfurst aus Reuslanndtt

Tyrannischer plutdurstiger weyse, one vorgehende entsag
vnndt einige Fuge oder vrsach Inn diese Landt zu Liefflanndt,
auch Sonnderlich vnnser Stifftt Dorptt, mit grosser macht
eingeuallenn, die Lannde vnuorschulter Sachenn vnuorsehens
vberzogenn, gemordtt gebrant vnndt geraubett, auch noch
volgendts ettliche heuser vnndt festenn, belegertt beschossenn
vnndt eröbertt, wie er er dann noch nicht gestillett oder durch
vielfeltiges billiches Christlichs erbietenn, zu Rhue vnndt friede
mag gesinnet werdenn, Darzu seiner tyrannischenn grausamenn
gewaltt, Inn dem er die Lande vnuorsehens vbereiltt, ohne
Sonderliche hulff vnndt beystanndtt, des allmechtigenn guttigenn
Gottes vnndt etzlicher benachbarten Christlichenn Kunigenn
vnndt Potentatenn, nicht mag gewehrett oder widderstandt
geschehenn, Als habenn wir nebenn vnsernn Semptlichenn
Stiffts Stenndenn, denn Sachenn fast allenthalbenn nachgedacht,
das Stifftt dem heyligen Romischen Reich, abhenndig machenn,
vnndt Inn dieses vnnchristen Bluetdurstigenn veindts hannde
gerathen, zu lassen aller beschwerliches vnndt vnnbilliches er-
achtett, auch endtlich bey vns erwogenn vndt befundenn, Das
der durchleuchtigst Grossmechtigst vnndt Hochgeborne Furst
vnndt herr, Herr Christiann der dritte vonn gottes gnaden
zu Dennemargkenn, Norwegen, der Wennden vnndtt Göttenn
Kunig, Hertzog zu Schlesswig, Holstein, Stormarnn vndt der
Dittmarschenn, Graff zu Oldenburgk vnndt Delmenhorst ꝛc
vnnser gnedigster Kuningk vnndt Herr solchem feind zuwieder-
strebenn, sein tyrannische gewaltt zu brechen, vns vnndt
das arme Stifftt zu rettenn vnndt zubeschutzenn, mechtig
genug, habenn wir vnuermugenheith halbenn, der admini-
strationn vnndt Regiments abzutrettenn, Das Stifftt denn
stendenn vonn Denenn wir solchs entpfanngenn, widderumb
zuzustellenn entschlossen, Vnndt derwegenn an Ihre Kon:
Maitt: vnsere vollmechtige Legatenn vnndt Gesanntenn, die
wirdigenn Achtbarnn vnndt Ehrnuestenn, vnsere liebe ann-
dechtige Reth, Getreuenn vnndt besondernn, Hernn Wilhelm

Tedögen (*l.* Tödwen), Johann Szoyen zu Erbeffer, Christoff Munnichusenn Inn der Wicke Stiffts voigtt, vnndt Wolmar Wrangel zu Rogell, abgefertigett, Ihrer Kon: Maitt: Hernn Szönn, denn durchleuchtigenn Hochgebornen Furstenn vnndt Hernn Hernn Magnum, vnnsernn geliebtenn auch gnedigstenn Furstenn vnndt Hernn, Weilnn Ihre liebe vnndtt Furstliche durchleuchtigkeitt vonn einem wirdigen Capittel vnnsers vorgerurtenn Stifftes, vermuge Habennder Freyenn Chur vnndt wahl, zu einem kunfftigenn Bisschoff einhellig Eligiertt, vonn gemeinen Rethenn vnndt Ritterschafftt, Ire. liebe vnndt Furstliche durchleuchtigkeitt willig auff vndt angenommen, Inn das Stifftt zu postuliren, vnndt fortt mith der Kunigliche Maitt:, vnndt Irer Maitt: Hernn Szönn Handlung zupflegenn, Worauff Ihre Liebe vnndt Furstliche durchlauchtigkeitt das Stifftt annhemen, vnser Successor vnndt der stende Bischoff vnndt Herr, werdenn vndt sein Solle, wes auch also gedachte semptliche Legatenn vnndtt gesantenn verhandlenn willigenn vndt schliessenn werdenn, Dasselbe alles vnndt ein Jedes Inn sonderheitt, Lobenn vndt versprechenn wir Herman Bischoff vnndt Herr obbeschriebenn, neben einen wirdigenn Capittel, Achtbarnn Rethenn vnndtt Ritterschafftt, Inn allwegenn, Stet, fest, vnndt vnuerbrochenn zuhaltenn, gepflogene Handlung vnndt abscheidtt, Inn nichtenn zuwidderruffenn oder zu widderfechtenn, vielmehr Inn allenn Punctenn articulen vnndt Clausenn trewlich vnndt gehorsam gleiches die Inn aigener Personen Jegenwertigkeitt verhandlett wordenn, nachsetzenn vnndt dem zu gelebenn.

Desselbenn zu vrkunt der bestendigenn warheitt habenn wir Hermann Bischoff vor vns ein wirdig Thumb Capittel vor sich, Fabiann Tysennhusenn der elter wegenn der Rethe, Otto Vxkull Haupttmann, Inn nahmen gemeiner Ritterschafftt, vnnsere des Stiffts auch wirdigen Capittels vnndt Angebornn Insiegell ann diesenn gewaltt vnndt volmachts brieff rechtes wissens hangenn lassen, Der gegebenn auff vnserm Schloss zu Dorptt Inn Liefflandtt denn funftenn Julii, Anno ɔc achtvndtfunftzig.

14. 1558. Juli 5. Dorpat. — B. Hermann zu Dorpat an König Christian.
Orig.

Credenz für seine Gesandten, um Hilfe gegen den Russen zu erbitten und des Königs Sohn zum B. von Dorpat zu postuliren.

Durchlauchtigster. Grosmechtigster Konig gnedigster Her, E. Ko: Mt. seindt vnsere bereithwillige freuntliche dienste zuuor Gnedigster Her E: Ko: Mt: konnen wir nicht verhalten, wie leider der Musskowiter gemeiner Christenheit Erbfeindt, Negst vorlauffen Lichtmissen, vns vnser Stiffts vnd stiffts verwanten vngewarnneter sachen Auch ahne alle vorgehende ab vnd entsag brieff vberfallen, bestreifft vberzogenn vnd mit seinem vnschristlichem morth, Tirannischem Rauben vnd brennen, Wie auch dieser Lande orther, mher vffs hogste verletzt, In vnwidderbringlichen nachtheil vnd verderb freuentlichen gesetzt, Dieweil wir Dan gedachts Tirannen muthwilligem grausamen furnhemen, sobald mit der Jegenwher nicht beJegnen vnd gnugsamen Widderstant thun konnen, Vnnd aber vnser Stifft, Von Romischenn keisernn vnd kunigen Hochlobligster gedechtnuss biss auf diesen Itzt Regierenden Romischen Keyser vnsern aller gnedigsten Hern Vnnss Hir vber mitgeteilten Priuilegien klerlichen vnd Austrucklichen, erlernet vnd befunden Das E Ko: Mt. vnnss vnserm Stifft vnd verwanthen Als ein Oberster Schutz vnd Schirmher, von alters anhero verordnet, Wie Dan dieselbige E Ko: Mt: auch ahne Das, etlicher dieser Lande, orter fundator, vnnd Gruntherr sein, Habenn Demnach Wir Nebenn vnserm Erw: Capittel, Rethen, vnd gemeiner Ritterschafft, Jegenwertige Die Wirdig Achtbarn, Ernuesten Vnsere liebe andechtige Reth vnd getrewen auch besundern, Hern Wilhelm Todwen Johan Szoy zu Erbstfern Christoffer Monnichausen Stiffts Vogten In der Wyke, vnnd Wolmar Wrangel, vnsere Volmechtige Legaten vnd gesanthen abgefertigt, E. Ko: Mt. Hulff Rath vnnd beistant, vf das dem erschrecklichem des Blutdurstigen Wutterichs tobenn vnd vnmenschlichen Blutsturtzen mochte stewhr vnd widderstant werden Demutigst vnd vnderthenigst zuersuchen vnd anzuruffen Auch E Ko: Mt. Hern vnnd Szonn, Den Durchleuchtigen Hochgepornnen fursten vnd Hernn ɔc Diesem Stifft zu einem Bisschoffen Vnd Regierenden Hernn zu Postulirn vnd zufordernn, E. Ko: Mt: freuntlich bittende, vnsern gesanthen Ires Inn Vnserm nhamen anbringen gleichs vns selbst volnkhomen glauben zugeben, Mit koniglicher trostlicher anthwort, Widrumb ahn vnnss komen lassen, Wollenn wir vnnss zu E Ko: Mt: seufftzende verhoffen vnd thun derselben Der heiligen Hohen Trinitet In Langwirigen glucklichen Regiment, vnd guter leibs gesuntheit zuerhaltende trewlich befolenn Dat. vf vnserm Schloss zu Derbt Den funften Julij a^u ɔc 58

    Vonn Gots gnaden Herman Bischoff
     vnnd Her des Stiffts Derbt,

Dem Durchleuchtigsten Grosmechtigsten Hochgebornen Fursten vnd Hernn, Hern Christian der dritte von gots gnadenn, zu Denmarck Norwegen, der Wenden vnd Gothen Konig Hertzog zu Schlesschwig Holstein Stormarn, vnd der Ditmarschen Grafen zu Altenburg vnd Dulmenhorst, vnserm gnedigsten Konig Vnnd Hernn.

15. 1558. Juli. 5. Kolck. — Christoff von Munchhausen an König Christian.

Orig.

Klage über den Einfall des Moskowiters und Ankündigung baldigen persönlichen Eintreffens beim König, dessen Hilfe und Schutz angerufen wird.

In dorso: Munchhausen bericht wie der Muschouitter am tag Petri & pauli, dz haus Newenhaus im Stifft Dorpt gelegen mit mechtiger handt vnd gewalt erobert ɔc Prod. Kragslundt den letzsten Julij. aº ɔc 58.

Durchleuchtigster grossmechtiger Konig gnedigster Herr e. Ko. Mat. sein mein vnterthenigst verpflichte ganntz willigste vnuertrossenn dinst vngesparts fleiss in alleweg zuuorn Gnedigster Konnig vnnd Herr Nachdem seit meinnes Jungsten vnderthenigstenn Schreibenns so ich an E. Ko. Mat. gethann der Muscouiter vnnd erbfeind gegen dissze landt mit aller macht Je lenger Je mehr mit morden rauben brennen verwustung vnnd innemung Schlosser vnd Heuser land vnd leuth procedirt vnnd forthferth wie er dan am tag petri et pauli Jungstuerschienen das Schloss Newenhauss im Stifft Dorpt, mit mechtiger Hanndt vnnd gewallt erobert, vnnd zubesorgen (.der allmechtig woll solchem tirrannen weren vnd sturen.) dz in kurtz der Stifft Dorpt Ingenommen vnd disse gantze Lannd durch streifft verwust vereret vnnd enthlich bekrefftiget vnd erobert werden Dieweiln dann die eusserste noth e. ko: mat. vmb Hulff vnnd trost antzulangen vorhanden, wie ich dann in kurtz vermittelst gotlicher hullff, auch, selbs personlich mich zu E. Ko. Mat. verfugen vnd derselben allen fernern vnderthenichsten guten bericht beid muntlich vnd schrifftlich antzeigen will, So hab ich solchs (.in bedenckung das one e. k. Mat: gnedigst hulff vnd trost disse land schwerlich vonn des Muscouiters gewalt tirranei vnd macht mogenn errettet werden, vnd was villeicht e. k. Mat. hieran gelegen sein will.)

e k: Mat. nicht sollen verhallten. Den derselbigen vber
schuldige pflicht viel vnderthenigst gnedigst gefellige dinst
zuertzeigen, bin ich vngesparts leibs vnnd guts mit allem
fleiss Idertzeit willigst bereit vnd geneigt. Dat. zum Kolck
Dinstags nach Petri et Pauli, Anno ɔc Lviij
E. Ko. Mat.
vnderthenigster
verpflicht dinstwilliger
Christoff von Munchhausen ɔc.

Dem durchleuchtigsten Grossmechtigen Hochgebornen Fursten vnd Herrn Herrn Christian
zu Denmarcken Norwegen der Wenden vnd
Goten Konig Hertzog zu Schleswick Holstein
Stormarn vnd der Ditmarschen Graue zu Altenburg vnd Delmenhorst. Meinem gnedigsten
Konig vnnd Herrnn.

16. 1558. Juli. 11. Im Feldlager. — OM. Wilhelm
von Fürstenberg und Coadjutor Gothart Ketler an
König Christian.

Perg. Orig. mit 2 Sigg.

Credenz für ihren Abgesandten, Geo. Sieberg von Wischeling, Comthur zu
Dünaburg, um Schutz gegen den Russen zu werben.

Von Gottes gnaden Wir Wilhelm Fürstenbergk Meister vnd
Goddertt Ketteler Coadiutor des Ritterlichem Teutzschen
Ordens zu Lifflandt, Thuen khundt, bekennen, vnd betzeugen,
vor vns, vnsere nachkomlinge Gebietiger Semptliche ordens
Stende, zu Lifflandt, Das wir In Jegenwertiger kriegsemporung,
hochster gefhar. vnnd beschwerniss. Auch sonst In vnsers
gantzen Ordens obliegen vnd gescheften, An den Durchleuchtigsten Hochgebornen Fursten vnd Grossmechtigen Hern,

Hern Christian zu Denmarcken, Norwegen der Gotten vnd Wenden, Konigk ɔc Im nhamen vnd von wegen vnser vnd obgesatztes vnsers gantzen Ordenss, den Ehrwirdigen vnd Ehrnvesten hern Georgen Sieberch von Wischeling, bemeltes Ordens Cumpthur zu Duneburgk, mit etzlichen werbungen anliegendt, beschwerung, vnd volkomlichen macht Vnd beuhelich, Hochstgedachte Konnigkliche D^t· zu Denmarck, Jegen vnnd wider gemeinen feindt, der Christenheitt, den Muschowieter, vmb gnedigen schutz vnnd schirm, Inhalt seines Ingebundenen vnd vfterlechten beuhelichs, zuersuchen, zu bitten vnnd antzuruffen, Wie wir dann gedachtem vnserm gesantenn desfalss volkomlichen macht vnd beuhelich, dasselbige allenthalben, zuhandeln vnd zu schliessen Alss ob wir selbst Jegenwertig wehren, hiermit Volnkomlichen onhe Jenige Exception, ausflucht oder menschen fundt wollen zugestalt vnd geben haben, Thun dasselbige auch Inhalt, dieser vnsers brieffs bestendigklich, Vnnd was also obgedachter vnser gesanter, diesen landen, Vnss vnd vnserm Orden, zu nutz, fromen vnnd ghuett bey mher hochstgedachter Konn: D^t· Ingehen, Vorrichten vnd schliessen wirtt, Dass alless wollen wir Statt, Vast, bey Christlichem glauben, Furstlichen ehren vnnd trawen, vnuorbrochen halten, Dar auch offtgedachten Vnserm gesantem mher beuhelchs, Dann hier Specificirtt vnd ausgedruckt ist notig sein wirtt, Denselbigen wollen wir Ime hiemitt, anhe Jenige zurucksehen, Als were derselbige hiemit Inserirtt, volnkomlichen gegeben vnd zugestaltt haben, Inn Vhrkundt vnd befestigung der warheitt, haben Wir Wilhelm Meister vnd Godertt Coadiutor obgemelt, Diese Vnsere Volmacht mit eigner Handt vnderschrieben, vnd zubefestigung derselbigen vnser Maiestett Siegill, hierunden hangen lassen, Der gegeben vnd geschrieben Inn Vnserm Feltleger den Eilfften Julij Anno ɔc Lviij.

    Wyllem meyster ssrs.

        Goddert Ketteller coadiutor sss.

17. 1558. Juli. 16. Arensburg. — Instruction des B. Johann von Oesel an König Christian.

Untersig. Orig.

Hilfe- und Schutzgesuch.

Instruction oder Memorial. Was an den Durchleuchtigsten Grossmechtigen vnd Hochgebornen Fursten vnd Hern, Hern Christian den dritten zu Dennemarcken, Norwegen, der Wenden vnd Gotten Kunig, Hertzogen zu Schlesswig, Holstein, Stormarn vnd der Ditmarschen, Grauen zu Oldenburg, vnnd Delmanhorst ɔc vnsern gnedigsten besondern lieben Hern Freund. vnd Nachbarn. von wegen vnser Johansen Bischoffen der Stiffte Osel vnnd Churlandt durch den Erenuesten vnd Erbarn vnsern Stiftsvogt in der Wiecke, Rath vnd lieben getrewen. Christoff von Munnichausen zu Haddenhausen vnd Kolck. muntlich sol getragen. vnd geworben werden.

Anfengelich soll hochstgedachter Kho: M. zu Dennemarcken ɔc bemelter vnser Stifftsvogt vnsere Freundtlich. vnd willig dinste, Vnd was wir sonst viel mehr liebs vnnd guts zuthun vormugen, Auch neben dem vormelden, wo es S. Kho: Mt. an leibes gesundtheit. vnd sonst in Irer Kho: regirung glucklich. vnnd woll nach Irem eigen willen. vnnd geuallen erginge, vnd vmb dieselb recht zustunde, das wir solchs von Irer Kho: M. zuerfaren zum höchsten begirig. vnnd erfrewet weren,

Zum andern so machen wir vns keinen zweifel, die Kho: M. werden durch die Gestrengen. Erenuesten, vnnd Hochgelarten Irer Kho: M. vor zweien Jaren in Liefflant statliche abgefertigte Legaten. vnd gesandten vnsere liebe besondere. hern Otto Krumpen Ritter, Ern Erich Krabben vnnd

Ern Johan Strubben beider Rechte Doctorn vnderthenigst
bericht worden sein, was wir mit Ine Personlich zu Wenden
vff domals gehaltenem Landestage vnserer Stifte halber beredt.
vnd mit Ine auch hernachmals. durch die Erenuesten vnsere
Stifftsvogte zu der Arenspurg. vnnd in der Wieke Rethe,
vnnd liebe getrewen. Dieterich Behren. vnd Christoff von
Munnichausen haben bereden. vnd an Ire Kho: M. vnsernt-
halben zugelangen, begern lassen, Darauff dan gedachter vnser
Vogt in der Wieke von Ern Erich Krabben disse antwort
bekommen, das er neben seinen Hern mitgesandten die be-
uolne werbung in Irer wider anheimkunft der Kho: M. zu
Dennemarcken ɔc vnderthenigst angebracht, vnd weren Ire M.
vns vnd vnsern Stiften mit aller freund: vnd Nachbarschafft
gewogen, mit gnedigstem begern, das sich gemelter vnser
Stifts Vogt in der Wieke. Christoff von Munnichausen zum
furderlichsten eigner person an Ire Kho: M. begeben solt,
alsdan wolten Ire Kho: M. sich mit demselben ferner vnder-
reden, vnnd sich gegen Ime an vnser stat vff die angebrachte
werbung Ires gemutes ercleren, darfur wir I. Kho: M. freundt:
vnnd dienslich danckbar, Wan dan wir Je vnd allewege zu
Irer. M. als vnserm besonder gnedigsten hern Kunig. freund
vnd Nachbarn vns viel genade. ehre. vnd guts vorsehen, vnnd
daran nie getzweifelt, das wir an I. Kho: M. in nöten ein
besonder gnedigsten Kunig. hern. freund. guten Nachbarn
vnd Vatter haben wurden. Beuorab, dieweil vnser Stifft Churlant von der Chron zu Dennemarcken fundirt. vnnd gestifftet,
auch dasselb sambt vnserm Stifte Osel mit sonderlichen Do-
nation vnnd Priuilegiis begabt. vnd vorsehen. vnd alletzeit
die Kho: M. zu Dennemarcken ɔc der beiden vnser Stift
Osel vnd Churlant Protectores. vnd Conseruatores gewesen,
So seint wir auch itzt noch der vngetzweifelten freundt: vnnd
Nachbarlichen zuuorsicht. vnd vortrawens. Ire Kho: M. werde
vnns in disen vnsern eussersten nöten, darinne wir vnnd vnser
beide Stifte Sambt vnsern Capitteln vnd getrewen Lantschafften

von wegen des Erbfeinds diser lande zu Lifflant des Muscowiters stehen, mit troste, hulffe, rade vnnd thate nit vorlassen, besondern sich vnser, vnd vnserer Stiffte Imfal der noth, da wir von dem Erbfeind diser lande zu Liefflant, oder andern die sich zn vnns wider recht nötigen wolten, vbertzogen wurden, als ein Protector vnnd Schutzher vnserer Stifte, wie derselben hochlobliche Vorfahrn, die könige zu Dennemarcken bei disen vnsern beiden Stiften Osel, vnnd Churlant alletzeit gethan, gnedigst annemen, vns entsetzen, vnd vor vnrechtmessigem gewalt beschutzen vnd vortheidigen, damit die armen Stifte vnd vnderthanen nicht so Jemmerlich, verheret, vorbrant, vnd mit morden, rauben, vnd hinwegschleipfung der armen leute die lenge gar vorwustet, oder vnder des Reussen gewalt vnd Tirannei kommen muchten, Wie bereit in dem Stifte zu Derbt, vnnd in Whierlant geschehen, wie solchs Irer Kho: M. bemelter vnser Stifftsvogt ferner nach der lenge wol mit allen vmbstenden wirt Wissen zuberichten, Vnd was also bemelter vnser Stiftsvogt I. Kho: M. hieneben vnserthalben anbrengen wirdet, Bitten wir gantz Freundt vnnd dinstlich Ire. M. wollen demselben vollnkomen glauben geben, als wan es in diser Instruction oder Memorial mit austrucklichen worten gesatzt vnnd begriffen were, Vnnd sich darauff gegen vns, vnd vnser Stifte, als vnser gnedigster Kunig. her. freundt, vnnd Nachbar gnedigst. freunt vnd Nachbarlich ertzeigen, Dagegen sein wir widerumb erböttig Irer Kho: M. als vnserm vnd bemelter vnser Stifte Protectorn. Conseruatorn. vnnd Schutzhern. vf den nothfall mit vnsern landen vnd leuten nach vnserer Stifte gelegenheit vnd vormugen widerumb zudienen vnd der Khron zu Dennemarcken ɔc gedei. vfnemen. vnd wolphart zubefurdern vnnd vortzustellen helffen, Vnd neben dem solchs vmb Ire Kho: M. als vnserm gnedigsten Kunig. hern. freund vnd Nachbarn vor vnser person in alwege nach vnserm eussersten vornugen freundt: vnd nachbarlich zuuordienen gantz willig, Des zur vrkundt haben wir vns mit eigner hant vnterschrieben vnd vnser Secret hie unten wissentlich vordrucken lassen, Datum vff vnserm Schloss ArnsPurg am Freitag den Sechstzehenden Julii. Anno ɔc Achtvnndfunftzig,

loes epus oziliensis ac
Curoniensis manu popria
subscr.

18. 7066 (1558). Juli. 20. Dorpat. — Der Bojar, Statthalter zu Pleskau, Fürst Peter Iwanowicz Szuiski fordert den B. von Reval auf, sich dem Grossfürsten zu ergeben.

Cop.

In dorso: Des Reussen entsag an Reual.

Von gots gnaden Keiser vnd herr Grossfurst Johan Wasiliwitz aller Reussen der Wolodimerschen Muscouischen Naugarden Cassan vnd der Astraganschen der Plesskauer vnd der Dorptischen behaltung vnd viel ander Land grosser Herschopei ɔc von den Beiarn vnd Haubtman der Stathalter zu Plesskow von den Fursten Peter Iwanouitz Zutzki vnd von allen Haubtleuthen ɔc In Reuel Bischoff Moritz Wrangel durch gots verhencknus vnd durch vnsers Herrn gerechtigkeith haben wir die Stat Dorpt gekregen, den 18 Julii vnd denn Bischoff vnnd leud von Dorpt Vogt Burgermeister vnd Rathleuth vnnd die Inwoner vnd die obersten gehuerten oder besolds leuth die haben Ir Haubt geschlagen, vnd haben sich ergeben vnder den Willen des Herrn. vnd du bischoff Moritz Wrangel schlag dem Kaiser der gerechtigkeit dein Haubt dz sich die Stat Reuel ergeb vnd leb In ruhe vnder der keiserlichen festen hanndt vnnd thust du solchs nicht vnd schlegst vnserm herrn

Dein haubt nicht vnd die stat nicht ergibst vnd gibst dich
nicht vnder den Willen vnsers Herrn So werden wir vnuer-
zogert zu Dir kommen mit aller kriegsmacht vnnd mit dem
aller grosten geschutz vnnd so du Dich hierin bedenckst so
thu es vns zuwissen, mit dissem vnsern gesantenn Geschriben
zu Dorpt. Ins Jar. vij ^{M} lxvj Im Julio den 20. an dissen brifl
hefft de beiar haubtman vnd Furst Peter Iwanuwitz ɔc sein
sigel angelegt.

19. 1558. Juli. 24. und 25. Reval. — Notariats-
Instrument über die Thatsache und die Gründe der
Uebergabe des Hauses und Gebiets Reval durch
den Comthur Franz Segenhagen genannt Amsel
an Christoph von Münchhausen auf den Namen
des Königs von Dänemark.

Cop.

In dorso: Commenthurs zu Reual Instrument.

Inn dem Namenn der Heiligen vntzertheilbarnn dreifaltigkeit,
Gottes des Vatters, des Sons, vnndt wirdigenn Heiligen Geysts
Amen. kundt vnndt offenbar, Sey allen vnndt Jeden was
wirdens standts oder wesens die Sein, denen diss gegenwertig
offen Instrument sehend lesendt oder Hoeren lesenn vorkompt,
Das Inn dem Jar alls man zaltt nach Christi vnnsers Seligmachers geburtt Funfftzehen hundertt vnndt Im acht vnndt-
funfftzigstenn, in der erstenn Rhomer Zins Zall Indictio genant
zu Latin, vff den Sontag nach Marie Magdalene welcher was
der viervndttzwantigst tag des Monats Julii, Regierung des
aller durchlauchtigstenn grossmechtigstenn Furstenn vnndt
Hernn Hernn Ferdinandt Romischenn keysers zu allen zeiten

mherer des reichs zu Germanien Infans zu Hispanien, Hungernn
Behmen, Dalmatien Croacienn ɔc Konig, Ertzhertzog zu osterreich Hertzog zu Burgundt ɔc graue zu Habspurg Flandernn
vnnd Tiroll ɔc vor mir Steffan vettern aus keyserlicher macht
offenbaren Notarien erschienen Ist, der Erbar vnndt Ehrnuhest
Cristoff vonn Munchausen ɔc Zeigt ann wie Ime das Haus
vnndt gebiethe zu Reuell von dem Ehrwirdigen Hernn
Frantzenn von Segenhauen genant Amtzell Commenthurn
doselbst, in namen vnndt vonn wegenn der ko: M: zu Dennemarkenn ɔc Seines gnedigstenn Hernns, an vnndt zu nehmen
vnnd dasselbig vor des Muskowiters macht der allgereit die
vfforderung beide thums Schloss vnndt Stadt gethonn, zubeschutzenn vndt zuuertheidingenn presentieret vnnd angebottenn,
aus nachfolgenden Vrsachenn, welche der Herr Commenthur
obgemelt angezeigt. Dann erstlichen was der grausam vnndt
bluetdurstige Feiendt der Muskowiter Inn den Landen zu
Lifflandt, vnuerschulter Sache vergangenn winter angefangenn
zu vben wehre leider mehr als offenbar, vnndt ob wol gemeine
Stende zu Lifflandt zu erhaltung vnndt vfrichtung des lieben
Friedens, eine statliche boethschafft, mit einer treffenlichenn
Summa geldes, den Frieden damit zuerkauffen, seinen eignen
bothenn nach abgefertiget, vnndt er durch sein kriegsvolck
also einen stilstandt bis so lang der Friede, erhalten, versprochen, gelobet vndt zugesagt. So hat er doch widder
Solche Zusage, bewilligtenn anstandt vnndt gegeben Frei
Sicher gleit, das Schlos vnndt Statt Narue hinderlistigenn,
gantz betrieglicher weis angefallenn, Eröbertt, vnnd ander
vmbliegende Schlösser vnnd Lande, wie ehr dann kurtzlich
den achtzehenden Julii gleichsfals, die Statt vnndt Stifft Dörptt
auch eröbertt, vnndt vnder seine tirannische gewalt gepracht,
vnnd bezwungenn. Dieweil dan gedachter Muskowiter öberster
Felthauptman Peter Zuanuwitz Zurschki genandt den einzock
oder vfforderunge Brieff an den Hernn Bischoff zu Reuell seine
Erwirde vnndt die gantze Stadt, abgefertiget vberantwurtenn,

vnnd darauff ein vnuorzuckliche antwortt begeren vnndt furdernn
Lassen vnndt Sein ehrwirdt des Feindes macht, welche Je
lenger Je stercker, vnnd aber dar Jegenn Je vnndt Ihres ordens,
auch des Hernn Meisters vnuormugenn, vndt Das sie dem
Feinde vff Sein ankunfft oder Belegerung nicht widderstandt
thuen können oder mogenn allenthalben erwogenn, vnndt
Sicherlich erInnert, Das von alters hero die durchlauchtigstenn
grosmechtigen koning zu Dennemarcken die erbschafft des
gebiets Schlos vnndt Stadt Reuel gehabt, also werenn Ihre
Ehrwird: bedacht, aus obangeregtenn ehehafftenn vnndt wich-
tichenn vrsachenn, vnndt sonderlichen Diweil nhun zum Dritten-
mahl, ann denn Hernn Meister, welcher aber selbst aus dem
felde dem Feinde, nicht mit geringen Schaden vndt nachteyl
vorruckenn vndt entweichen mussen, als seinen Oberstenn vmb
Hulff vnndt tröst geschriebenn, aber vnnbeantwortet vnndt
trostloss bliebenn, Sich lenger der vorwaltung des gebiets
vnndt Schlos zu Reuell nicht anzunehmen, Sondernn aus Freiem
Redlichem gemuht vnnd gutenn gewissen, Damit die Statt
vnndt das gebiet auch der orth landes, nicht gar vorwustet
oder vonn der Freyheit des Cristlichenn Namens eröbertt,
vnnd der Christenheit, oder dem Rechtenn Erbhernn hochstgemelt, entzogenn werden möcht, Solch gebieth vnndt Schlos
Reuel dem Erbarnn vndt Ehrnnvhestenn Cristoffern von
Munichausen, vonn wegenn der ko: Mt: zu Dennemarckenn,
zu vbergebenn vnnd vffzutragenn, vnndt habenn Ihre ehrwirdigen Inn gegenwertigkeit, der erbarnn, Ehrnuhestenn,
Achtbarnn wolgelartenn Ersamen vndt weisenn Hern Brun
Wethberg Otte Tuue van Vin, Herman Anrep Robrecht vonn
gilsenn Junge Fabian von tisenhusen Jost Clodtt, Her Johann
Smedman, Her Jasper kappenberch Sindicus Stadt Vögt, vnndt
Rahtman der Statt Reuell, Solche beschwerung bedruck ehehaft
vnndt eusserste noth, vnndt was In dem zuthuen vnndt vorzunehmen, berahtfraget geschehenn In meiner Notari Jegenwertig-
keit Montags nach Marie Magdalene den funfvnndtzwentzigstenn

obgemeltes Monats, vff der Gilstouen bey der thum kirchenn
zu Reuel gelegenn, zwischenn acht vnndt neun Schlegenn
vngeferlich, vnnd nach dem von mehr gemelten Herrn
Commenthur, Cristoffernn vonn Munichausen allerley Conditiones vnndt mittel berurtt, das Haus vnndt gebiethe von
wegen der ko: Mt: anzunehmen vorgeschlagenn, als nemlichen
das mehrgedacht Schlos vnndt gebiete vnbenohmmen des
Ordens Herligkeit vnder ko: Mt: Schutz vnndt Schirm Sein
soltt. Item das der Hauscommenthur vfm Schlos vnndt Haus
bleibenn vnnd die vorwaltung bis so lang man den Schutz
vonn Hochgedachter ko: Mat: erlanget, inhabenn mit vielen
andernn mehr vorschlegenn vnndt wechselredenn, So nach
der leng angezeiget vndt gehalten, So hat aber Jedoch Cristoff
vonn Munichausen darin nicht consentiren oder bewilligenn
wollenn, Sondernn enthlich kurtz Sein gemuth, dermassen
erkleret, vnndt angezeigt das er anderer gestalt, nicht dann
wi er Solchs gegenn der ko: Mat. Seinen gnedigstenn Hernn
vorantwurthen könte, berurtt Haus vnndt gebieth annemen
wolte. Dan zu bedencken das ko. Mat. alleinn den Schutz-
vnkosten vnndt die muhe tragen vnndt darJegenn nichts oder
Je wenig habenn, das kondt er alles der ko: Mat. verpflichtet
vnderthann nicht Rathen, viell weniger vff solche meinung
vor seine personn darin willigen. Es hat aber der Herr
Commenthur beynebenn dem wirdigenn erbarn vndt Ernuhesten
Götertt von Bockholtt, Hauskommenthurn sich zum vleissig-
stenn bewaret vndt angezeigt, Das die vbergebung vndt abtrettung das Haus zu Reuel von Ihnen nicht aus freuell,
muthwillen hinderlist, vntrow oder ander dergleichenn gestalt,
wie nun das gedencken möchte geschehenn, besondernn aus
obgeregtenn ehehafftenn wichtigenn Vrsachenn, eusserster
vnndt hoechster noth die Ine darzu gedrungenn vnndt deshalbenn einen Schein vndt beweis gebetten, Daruff der her
Sindicus Jost Clodt geantwurtt Es wurde solchs die Handelung
wol mitbringenn, vnnd Must Ihm das zeugnus, das Solchs

nicht ans woltagenn geschehenn, Sondernn die hochste vnnd eusserste nodt, erfordertt, wie Sie dan derhalben auch An die ko: Mat: Sich begebenn vnndt ist vonn dem hernn Commenthur Cristoffer von Munchausen das Schlos zu Reuel Ingereumet, vndt was darauff an allerlei vorradt, befunden dorch mich Notarien vnnd den Erbarnn gelertenn Balthasar Frisnerhen dazu mit Deputyrtt vnndt vorordnet, Inuentieret vnndt vffgezeignet, vnndt Solch vorzeuchnus vnndt Inuentarium Cristoffer von Munchausen vberantwortt worden alles vff Condition vnderscheitt vnndt gestalt einer Sonderlichenn bekentnus, So Christoff vonn Munichausen vnder Seinen Pitzschir mehr gedachtenn Hernn Commenthurnn gegebenn vnndt zugestelt. Es Sein diese dinge alle geschehenn Inn meiner vndt obgedachter hierin vormelten personen gegenwerdigkeit, im Namen Jhar Zeit, Regierung, tag, Stundt, end vnd orth wie obgemeltt. ɔc

20. (1558. c. Juli. 25) — (Der Vogt zu Wesenberg) an den Comthur zu Reval.

Vid. Cop.

Bittet, seines Amtes enthoben zu werden.

In dorso: Copei ɔc der briff so an Comenthur zu Reuel geschriben Darin befunden wie ethliche die Heuser verlassen vnd verlassen wollen.

Insonderheit Erwerdiger leuer Her Cumptur wieln I. A. E. denn achtbaren reden daruor ich vpt hogeste danckbar, bolaueth ahn minen g. h. vnnd auerstenn gehorsamste gelangenn tho latende sin h. f. g. in gnediger erweginge Dar ich vast swack vnd kranck my disses amptes In gnaden erheuenn, vnd dasuluige minenn Drostenn Committerenn vnnd beuelen wollenn, Demnach güttlich bittende, Dar solichs nicht gescheen,

I A E. derenthaluenn seine h. f. g. nachmals gehorsamste ersüeken wollen nicht weiniger bittendt I. A. E. my tho sonderem gefallen ein gonstig schrieuenth mith thotheunge der achtbaren rede ahn minen Drosten Dienere vnnd Boergere Im namen vnd van wegen Hochgedachten mynen g. f. vnd Hernn besonderlichst wolth ergan latenn, Der meininge se semptlich vp dessem Huse beth so lange de gewalth des Viendes andrengen wurde sich entholten angesehen dat se semptlich in lidigem alder vnd gerade, vndt dar idt de nodt erforderth lichtlich Daruann tehenn könenn, Dat ich my auerst alhir entholden solde sy ich der begnadigunge vngewiss, tho deme wenner der viendt my schon dat regementh gunnenn wurde ich jedoch vmb alle dat myne gebracht werden Dess sint in dato vast borgere alse peter vese vnd mher andere vann honnen gereiset, befrüchte my De andern vast volgenn werdenn, vnd my gantz trostloss vorlatenn, mith angehafftem guttlichen bitteu I. A. E. my ock thoschriuen wollen wo ichs mith minem geschuette Darumb ich ock in minem vorigen schrieuende gebeden Angripen sole ɔc Dat vt in Iris.

21. 1558. Juli. 25. Wesenberg. — Der Vogt zu Wesenberg an (den Comthur zu Reval).

Vid. Cop.

Warum er das Haus gegen einen Angriff der Russen nicht halten könne.

Minenn frundtlichn grudt vnd wess ich sonst velmeher leues vnd gudes vormach Jeder tidt beuoren, Erwerdiger Achtbar vnd Erenuester leue Her Cumptur inbesonder Her vnd guder frundt. I: A: E. gedane beantwortinge hebbe ick entfangen darinn vnder andern vormelth wie desuluige in geloffwerdige

erfaringe gekamen, dat in alles Inn de xl: personen vpt Huss
Wittenstein wiederumb sollen getreden, worop I: A. Er. ick
ingelachten des Hern Huisscumpters tho Wittenstein D: O:
breff ahn inen ock Derenthaluen schrifflich gelangen lathen
Thoschicken do, woruth I: A: Er thoerschende dat nicht
bouen : v: edder vj : gude gesellen vp deme Huse, vorhanden
tho deme de Borger thom merhem dele wech geflöeth, wath
vor eine vestinge auer Wittenstein kegen wesenberch Iss
I: A. Er. vnd ider mennichlich woll bewust Den dat Huss
gentzlich Im morass gelegen vnd nicht mher den ene strate
vor handenn dar der feiendt demselben schedtlich sin vnd
tho setten kan tho deme mith guten Dackpannen, Darentjegenn
Dith Huss mith bredern gedeckt vnd iss aldar ein Thorn
starcker vnd vester dann alhir Dath gantze Hus Bauen dath
wie die Hern vnd Junckerenn van dar affgegeuen sindt inn
De dusenth man beide an rutern vnd lantzknechten aldar
vorhanden gewesen, worentgegenn Dith Huss gar vnbemanneth,
vnd alhir niemantz mher vorhanden den mine geringen Diener
vnnd Etwan borgere, welche ock sembtlich vmme fristinge
lieues vnd leuendes de gewalth vnd ankumpst des viends
nicht erwarten willen Angesehen Dat ick gar trostloss vnd
elende von Jedermennichlich alhir vorlaten, wie woll ich offt-
mals by I: A. Er: Hern Voget thor sonnenborch D. O: Den
achtbaren reden vnd houetmannen selbst personlich sowoll
durch mynenn Drosten vnd schriever vmme Lantzknechte
anfurderinge gedan my ock in billichen wegen kegenn sie
Ingelathen auerst alles vnfruchtbar affgegann nicht weiger
(*l.* weiniger) hebbe ich minen Marschalck ahn minem gnedigen
Hern vnd gebiedenden obersten mith ix hengestenn welch
I. h. f: g: ick gehorsamste tho gestalth affgeferdigt hir by
Ire: Hoch: f: g: vmb Hulpe vnd trost gehorsamste ersuken
laten, auerst gelickesfals keine erlangen mögenn Darum Er-
werdige lieue Hef cumpter nicht twieuelende Dar ich umb
erreddinge lieues vnd leuendes notwendiglich my van Hennen

begeuen wurde I. A. Er my deshaluen entheuenn vnd vor
Jedermennichlichn entschuldigt nemenn, vorsehe my ock nicht
Dath solichs minem guden nhamen vnd gerichte schedelich
syn ader jennigerley flecken ahnhangen solle, wieln auerst
I: A: E. in derenn schrieuende vormeldeth wanner ich van
den viendt geenggesteth vnd de noth erfurdern wurde Dith
Huss in de Handt der vienth tho guende, dat desuluen gelicks-
fals wie tho Dorpt vnd andern örden gescheen my sampt
minen Dienern fristenn vnd dat leuendt gönnen wurdenn, So
Hebben sich I: A: Er. hir by thoerInnerende wieln gemelte
stadt Dorpt dorch vorreterye, gott beters eröuerth vnd Inn-
genomen Dat darumb der vyendt wegen erweckten vorrederye
angesehn dat ehr dar durch der statt mechtich geworden enen
nicht schedtlich besondern velmher gewagen sin wolde, wie
dan gelichs fals thor naruc geschen, wieln ock der viendt
derselbigen Stadt durch vorreterye mechtig geworden alles
volck vnbeschediget tehen laten wat Edtz belangende iss ock
nicht vientlichs fur die Handt genomen oder hennich schötze
dem viendt bejegeneth, wess nienhuss belangende, wieln
deselbigen so vp dem Huse belegenn, den Höuetman auer
de muren werpen vnd dat Huss in der vyendt Hand geuenn
woldenn Hebbenn se ock erer vorrederie genatenn vnd mith
liff vnd leuendt vnuorletzet dargegenn wath nhu allene dem
guden Hern thom nienslate belangende, wieln derselbige wie
rhuemlich moegliche kegenwere gedann, were ehr schwerlich
dar powicke nicht sin guder frundt de bruegge by enhe Dale
getredenn vnd dat beste gedan, mith den sinen im leuende
erholden worden, welchs my dan minen erachtens dar ick
my kegenn se vorgewalth struuenn vnd vpwerpenn, nicht
begegenen wurde Lestlich wieln ock I: A: E: vormelden by
deren Huse liff vnd leuendt vptosettende welchs dan rhomlich
vnd prislich wath vor ene vestynge auerst dat Huss kegenn
wesenberge, Insonderheit watt vor ene menge volcks beyde
ahn ruetern vnd Landtzknechtenn allenthaluenn vth Harryen

vnd wirlandt beide so vorhereth vnd vnuorheret vth stifften Dorpt Osell vnd wicke vnd sonst aldar vorhandenn, hebben sich I. A. E. nicht weiniger tho erinnerenth, dar entkegen dath Huss, wie berurth gar geringe vnd gantz bloth, vnd kener van den gudemannen diess ortes thor stede, nicht weiniger van den vienden wie ick gestern van dato ahn I. A. Er. Hochbeswerlich gelangen laten vpt Höchste mit vterster gewalth gröstem geschütte vnd vhuer bedrowet Darumb auermaln wie im vorigenn schrieuende gescheenn guttlich bittenth My durch dach vnnd nacht deren truwen radt vnd gude wolmenunge wie Ichs vmmer Anfangen sole vnbeschwereth thostellenn woldenn Sodans vmb I. A. Er: widerumb tho beschuldenn bin ich Jeder tidt mher Dan willich geneigt, De ick hirmith dem leuenn Gott lange gesonth thofristende do beuelen Dat. Ilich Wesenberge Dags Jacobi Anno ɔc Lviij

Voiget tho wesenberg

22. 1558. Juli. 26. (Reval.) — **Christoph von Münchhausen, des König Christian von Dänemark Statthalter im Herzogthum Esten, weist die auf Unterwerfung an Reval gerichtete Aufforderung des Fürsten Peter Iwanowicz Szuiski zurück.**

Cop.

In dorso: Antwurth vff des Reussen entsag

Des durchleuchtigsten grossmechtigen Hochgebornen konigs Fursten vnd Herrn Herrn Christian zu Denmarck Norwegen der Wenden vnnd Goten König Hertzog zu Schlesswick Holstein Stormarn Dittmarssen Esten Harien vnd Wirland Graue zu Aldenburg vnd Delmenhorst Ich Christoff von Munchhaussen Hochstgedachter ko. Mat. meines gnedigsten Konig vnd Herrns der Herzogthum Essen Harien vnd Wirlandt Ossel vnd Wick mit Iren, zugehorigen Schlossern Stet vnd Heusser Bernow Fellin Habssel Wittenstein vnd aller ander schlosser Stedt vnd heusser mehr in berurtem Hertzogthumb belegen ein Stathalter, zuentbieth euch Peter Iwanowitz Czutzki des grossmechtigen keisers aller Reussen, meinen gruss vnnd fug hiemit demselben zu wissen Dz in kurtzuerschienen tagen euer geschickter anhero in Hochstgedachts meines gnedigsten Herrn Statt Reuel ankommen, mit vberanthwurtung eines briffs vnder andern des Inhallts dz sich der Bischoff vnd die Stat Reuel dem keiser aller Reussen ergeben, vnd wie die Stat Dorpt gethan. Ir Haubt schlahen sollen, Dieweil dan mein gunst. konig vnd herr mit euerm keiser in vngutem nichts zuthun hat, auch sich an euerm keiser noch an euch oder derselben vnderthan nicht vergriffen, vil weniger an leib oder guth beschedigt will ich mich verhoften Ir werdet von euerm keiser des keinen beuelch haben Hochstgedacht meines gndst. konig vnd herrn Stat Bischoff Heusser vnnd Schlosser auch sonst aller ander Irer kon Mat vnderthan zu vbertziehen oder dieselbigen an Irem hab vnnd gutern zubeschedigen vil weniger versehen dz ir vor euch selbs euch dessen vnderstenn. vnnd allso ein vneinigkeith darauss euerm keiser vnd euch mercklichen Schad erfolgen kann etwecken vnd anrichten Dann ich allssbald euer brieff ankommen wie mir dz eigent vnnd geburth solch euer furhaben meinem gnedigsten konig vnd Herrn vff eilender post in vnderthenigstkeit vermeldter vngetzweiffelten zuuersicht Ire Ko. Mat. Die werden mit euerm. g. keisser die mittel vnd Weg treffen vnd finden dass sein Zorn gegen die Land zu Liffland gestillet vnnd allso hinfurth gut frid vnd nachpurschafft erhallten werd Da Ir aber forthfarn vnd diss mein schreiben vnnd getrauw warnung nicht bedenckenn sonder meinem gnedigsten konig vnd Herrn ferrer vnruig machen So wirth Hochstgedachter mein konig vnd Herr widerumb mit zusamensetzung aller Irer ko. Mat. vorwanthen, theutschen Churfursten Fursten vnd Herrn, auch aller christlichen theutschen Ritterschafft Hochsten macht euern keiser vnd euch zu Wasser vnd zu Lannd zu besuchen verursacht werden, vnd dz furnemen welchs sie lieber vmb vermeidung willen vill vnschuldigen pluts vergissen vmb geen wollten, Das allso ich Cristoff von Munchhaussen der ko. Mat. Stathalter derorther wie obgemelt, Euch Peter Iwanowitz Cutschki im besten zur Warnung darnach zurichten vnnd von euerm vnpillichen furhaben abzusteen nicht wollen verhallten Dat. den 26 Julij nach Christi vnsers seligmachers geburth. 1558.

Diss schreiben hoben die Stend Harien Wirland Bischoff Statt Comenthur zu Reuel vor rathsam angesehen Dem obersten Des Reussen zur anthwurth zuschreiben.

23. 1558. Juli. 26. (Reval.) — **Christoph von Münchhausen fordert die Gebietiger auf, dem Beispiele der Stadt ꝛc Reval zu folgen und sich dem König von Dänemark zu untergeben.**

Cop.

In dorso: Schreiben an die gebietiger vnd trawe vermanung Dass sie die heusser fast halten.

ꝛc Ich kan e. erw: allss meinem gunstigen Hernn vnnd freundt nicht verhallten. Dass die Stat Reuel der Herr Bischoff Comenthur vnnd Irer f. g. vnd erw. vnnderthan vnnd verwanten sich mir von wegen des durchleuchtigsten grossmechtigsten konig vnd Herrn Herrn Christian zu Dennemarck Norwegen der Wennden vnd Gotten konig ꝛc eigens bewogs gutwillig selbs presentirt vnnd erblich ergeben, Wie dan

Ir er: in eigner person sampt der Stat Reuel Herrn vnd
Wirlandt geschickten, sich aller ding fertig gemacht, vnnd
noch dissen tag vermittelst gotlicher Hullff weter vnd winds
an Ir ko. Mat. verfugenn, vnd In vnderthenigstkeit presentiren
vnnd vnderwerffen wollen, Weil dan alle Hullff vnd (?) von
denen die pillich disse lannd beschutzen sollen hinweg ist
vnd die eusserst hochste noth. Damit disse betruckte vnd
beangstigte Stat Reuel auch die gantz land gebieth vnd prouintz Itziger Zeit von dem blutdurstigen tirannen vmbgeben,
vnnd in hochster geuar, verlierung Ires christlichen namens
schendung vnd verletzung Irer ehern Weib vnd kindern gut
pluth vnd allerwolfarth ɔc schweben, So ist mein getraw gut
Rath vnd wolmeinung Dz euer erw: zu erhalltung vnd errettung des vberigen armen elenden betrucktenn vnd verlassen
christlichen Heuffleins disser landt, vff Ir stat vnd gebieth N.
wie einem frommen christlichen herrn getzimbt vnd geburth
gut vffsicht vnd acht gebenn vnnd gleichsfalls in allermassen
wie Reuel gethan auss angeregten vnd Itzt augenncheinlichen
vrsachen sich der ko. Mat. Schutz vnnd Schirm vndergeben,
allss dann sonder zweiffell ander Herrn vnd gebietiger mehr
disser Lanndt in Itziger Hochster noth vnd gefar. auch thun
werden, vnnd Ich mich auch gentzlich vnd vngetzweiffelt der
ko. Mat. entsetzung disser lannd vnd armen betruckten christlichen folcks verhoff getrost vnd versehe, e. e. wollen disser
Lannd der gantzen gemein mit Iren leib Weib Hab vnd
kindern frommen vnd bestes bedencken vnd sich in dem
vnbeschwerth ertzeigen. Dz gelangt derselbenn one zweiffell
selbs mit zum besten. vnd Ich hab es e. e. allss meinen
gunstigenn Herrn vnd freunden dinstlicher freuntlicher guter
meinung nicht sollen verhallten, Dat. denn 26 Julii Anno ɔc Lviij
      Christoff vonn
      Munchhausen ɔc.

 Diss schreiben ist vor Rathsam angesehen worden,
von den stenden harien Wirlandt Reuel ɔc Dieweil man

glaubwirdig teglich erfarung bekomen dz ettliche ordensherrn allss Wittenstein Wessenberg Item die stat Dorpt ɔc abgetzogen vnd dem Reussen ergeben.

---

24. 1558. Juli. 28. Weissenstein. — **Hermann von Schapshusen Hauscomthur zu Weissenstein an einen Ungenannten.**

Vid. Copie.

Von dem Abzuge des Vogts von Jerwen u. a. m.

Minenn gantz frundtlichn grudt vnd wess ich sonst velmher leues vnd gudes nach minem vormogen tho donde vormach stetz beuorenn, werdige Achtbar vnd Erenueste grotgonstige Her vnnd guder frundt I A W Breff hebbe ich Inn dato entfangen Den suluigen Inholth woll vorstan kan I. A. W. fruntlich nicht vorentholdenn, wie min erwerdiger Her vnd oberster, alse vorgangen Dinstage affgetagen, vnd de Hupe Iss emhe gefolget, worhenn iss my vnbewust, vnnd ich sy allene mith deme Cumpane vnd mith v. oder. vj gude gesellenn vp deme Huse gebleuenn, so lange alse gott will, de Borger sinth meisteparth wech geflöeth, de Stadt Dorpte Hefft de moscowitter leider mith vorrederye eroeuerth, de lantzknechte so Inn Dorpte waren ock deselbigen Ruters vnd knechte de hir weren sindt nach reuall getagenn De moscowitter deit sich noch Inn Dorpte vnd valckena erholden, vnd moth desuluigen hir alle Dage vormodenn sin, wor sich auerst der Hoch werdiger mynn gnediger Furste vnnd Here entholdenn deith ɔc my vnbewust sonder de lestenn breue de hir durch wittenstein gegangen ahn den Hern Cumpthurn tho reuall vnd ahn I A werde de sinth thom waleke affgegangenn Ock anders noch nicht ehnn weth sonder das sich sine H. f. g. der molth entholden deyth, Suss weth ich I. A. E. sonderinges nicht thoschrieuen sonder do I A e gott dem almechtigen in sinenn schutz trewlich beuelen Dat. Wittenstein Donnerdages nach Magdalena Anno ɔc 58.

25. 1558. Aug. 1. Silkenburg. — König Christian an Christoph von Münchhausen.

Cop.

An Christoff von Münchausen die Russische Kriegshandlung wider Lifflanndt, vnnd sein ankunfft belangen Actum Silckenburg den. 1. Augusti.

Christian ɔc

Vnnsern gst. grus zuuorn Ehrnuester lieber getrewer Wir habenn dein Schreibenn Dinstags nach Petri Pauli (*Jul. 5.*) nechst zum Kolck datirt, empfangen, vnd daraus des Russen beschwerliche Kriegshandlunge wider dz Stifft Dorpt, vnnd dz er nach eroberter stadt Narue, auch des Stiffts Dorpt haus Nienhaus mit gewalt eingenohmen, vnd verner mit Rauben, brennen, vnd mordenn, vortfaren solle, verstanden, vnnd horen solch des Russen furhaben wider die lannde mitleidig vnnd gantz vngern vnnd ist ohn Zweiffel ein straff gottes vber die Lande vorhengt, wir hoffen aber der allmechtig werde gnedige mittel dagegen verleyhenn, dz Ime widerstandt zuthun, wo nicht fridtshandlunge zu treffenn, Wir hören auch dz der Meister vnnd orden In gegen Rüstung sei, wz wir In der sachen diser zeit furwenden lassen, dauor haben wir dir nechst bey deinem Diener aus odensee meldunge gethan vnnd brief an den Russen ergehen lassen, die Du bestellen soltest, vnnd versehenn vnns nuhnmere, dz dein bott bey dir angelangt sey, vnnd will dir anthwort geben, ob fridtshandlung zuuerhoffenn, oder mit dem Krieg vortgefaren wolle werden Wan du vff vnnsere schreibenn an den Russen vnd sein Kriegsvolck wideranthwort wirst erlangen, wiltu die selbe bey dem Botten, so du dohin geschickt, an vnns Ilichst vberschickenn, Weil du auch von deiner ankunfft anhero meldest, wollen wir derselben gewertig sein, vnnd wirst zu Ruck alle ding bestellenn, das deins abwesenns wol zugeschehenn, vnnd gutt vfacht gehabt werde Das wir dir hinwider g. nicht wollen vnangezeigt lassen Sinndt dir mith gnaden geneigt Datum

Zettell. — Du wilt vnns auch Jeder Zeit wes sich weitter zutragen wirdt, Ilichst vnnd vnuerzuglich allweg bey eigner Bottschafft vf vnnser Bottenlohn verwissigen vnnd zuschreibenn, die gelegenheit darnach zurichtenn, So du dich auch vf den Zug anhero begeben wurdest wöllestu nichts desto weniger zu ruck verschaffung thun, vnns Jeder Zeit was sich zutragen wirdt, Ilichst vf vnnsern Kosten nach zuuerstendigen, Darin thustu vnsern gefelligen willen Dat.

---

26. 1558. Aug. 1. Arensburg. — B. Johannes von Oesel an die Räthe von Harrien und Wierland und an Bürgermeister und Rath zu Reval.

Cop.

Auf ihren Vorschlag, ihnen die Seinen nach Weissenstein zuzusenden, um gemeinsam das noch unverheerte Land zu wahren, bemerkt er, dass gleichzeitig der OM den Adel seines Stifts zur Besatzung nach Pernau verschrieben und dass er allein nichts verfügen könne, daher ihnen Antwort von seinen Räthen zugehen werde. Dietrich Behr vermöge er in dieser Zeit nicht wohl zu entbehren.

Johannes ꝛc

Vnser gunst vnnd genedigen willen zuuorn Erenueste erbare ersame vnnd wolweise liebe besondere Wir haben ewr schreiben empfangen vnnd dz Ir einhellich entschlossen mit einmutiger hulffe vnnd biestandt reisygem zeuge fussvolcke vnnd auss Iderm gesynde einen gewapenthen Pauren, die vnuordorbene örther in der Wicke Pernow Harien vnnd Wirlandt zu beschutzen vnnd zu der behuff vnsen Wickischen vnnd Oselischen Adell sampt einer gutten Antzall Pauren euch nach Wittenstein zu zuschicken bitten thut Alles fernern Inhalts gnediglich vormerckt, vnnd wehren euch in solchen nothwendigen vorhaben dem gemeinen Vatterlandt vnnd vnns selbst zu rettung vnnd guthe genediglich zu wilfharen vnnd ewren suchen Stadt zu geben nicht vngeneigt, Wir mugen euch aber genediger meinung nicht bergen, Dz vnns gleich diese stundt als wir ewr schreiben empfangen, von dem Hochwirdig ꝛc heren Meister zu Lieffandt vnserm besondern lieben Hern vnnd freunde auch ein schreiben zu Handen khummen dar Inne S. L. vnsern Wickischen vnnd Oselischen Adell sampt einer guthen Antzall Fuss volck vnnd Pauren nach der Pernow zu besetzung der Festen zu schicken auch freundtlichen bitten thun Dieweil wir nun hir Inne one Radt mit wissen vnnd Consendt vnsers Erwirdigen Thumbcapittels vnnd Erenuesten Redte vnnd gemeiner Ritterschafft die wir in der eile nicht alle bei vnns haben konnen, nichts entlichs zu schliessen wissen So haben wir denselben dess Hern Meisters vnnd ewr schreiben zu geschickt vnnd Inen vnser bedencken zu geschrieben vnnd solchs alles in Ihren Radt gestellet, die euch daruff furderlichst ferner beantworten vnnd vngezweiffelt euch so ferne Ir Inss feldt rugcken vnnd dem feinde sein vorhaben zu wehren vorhabens mit hulffe vnnd trost nicht vorlassen werden der Almechtige Godt wolle euch Inn Solchen ewren Christlichen vnnd Rhumlichen vornhemen stercken dz dadurch dem Feindt mit seiner Almechtigkeit biestandt hulffe vnnd zu that sein Tirranisch furnhemen muge gewehret werden Darumb wir den Almechtigen Godt mit Andacht vnnd Innigem hertzen trewlich bitten wollen, Vnserm Stiffts vogt zu der Arenspurg Radt vnnd lieben getrewen

Ditterich Behren konnen wir itziger zeit vnnd gelegenheit nach wie Ir selbst zu erachten vonn vnns nicht entbheren WorInne wir euch sonsten genad guts vnnd Nachparlichen willen ertzeigen vnnd beweisen konnen sein wir genediglich geneigt, wolten wir euch hin wider genediger meinung nicht vorhalten, Dat. vff vnserm Hause Arenspurgk Am tage Vincula Petri Anno ɔc Lviij

    Ann die Rethe der lande Haryen vnnd Wirlandt, vnnd Burgermeister vnd Rath der Stadt Reuel

27. 1558. Aug. 7. Hald. — König Christian an den OM.

Cop.

An den Herren meister In Lifflandt des Russen Kriegs Rustung, vnnd beystandt vnd hilff belangen Act. Hall den 7. Augusti. 58.

Christian der dritt ɔc

Wir habenn E. L. schreibenn den 27 Junii Im veldtlager vor dem Kirgenpeh datirt, empfangen vnnd wz E. L. zu bericht des abbruchs, so E. L. vnnd den gemeinen Landen zu Lifflandt vnuersehener weis, durch den mechtigen Veindt den Muschowitter zugefugt, auch deshalben weitter vorstehender gefahr furgebracht, mit vernerm freuntlichen sinnen, wir wolten zufur der prouiandt vf die eroberten stadt Narue vnnd andere ensetzung, welche zu beschwer gemelter Lannd vnd vorschub des Veindts gereichen mochten, bey denn vnnsern abschaffen, auch E. l. mit kriegsvolck furderung erzeigen, freuntlichen vernohmen,

Woltten daruff E. l. zu begerter freuntlicher anthwort nicht verhalten, dz wir E. L. vnnd gemeiner lande Inn Lifflandt obligende beschwerung weitter feindtlichs furnehmen des Muschouitters aus freuntlicher nachbarlicher zuneigung, vnnd sonst trewem christlichen mitleidenn vngern vermergt, Vnd sehen gantz vngern, dz es beiderseitz zu solcher gewalt weither zu viles christlichen Bluts vorgiessung, vorderb land vnnd leuth, vnnd zu anreitzung weitters göttlichen zorns gerathen vnnd gelangt, Wolten auch nicht liebers, dan dz die sachen durch. g. gnad befridet vnnd kunfftigem vnrath vorkhommen,

Wir haben aber vnlangst, als wir gemelter Kriegshandlung vnnd eroberung der Stadt Narue anzeig vnnd bericht erlangt, deshalben auch an den Muschouitter, auch dessen veldthern zu furderung fridens, freuntlich schreiben gelangen lassen, do wir vnns bey denselbigen diser geschwinden handlungen, beschwerdt, vund weitter vmb fridliche entscheidung zu gemeiner lannd bestenn, ac furderung gethan, vnnd angehalten Vnnd wirdt sich vf solches gemelter Muschouitter gegen vnns mit anthwort ohne Zweiffel In Kurtzem vernehmen lassen, vnnd demnach Im Jhenigen, was zu vorschub fridens, vnnd gemeinem bestenn dienen mag, gegen E. l. als der freuntlich Nachbar wie bisshieher gern erzeigen vnd befinden lassen

Was aber die begertte hilf belangt, wolten wir E. l. weis gott freuntlichen vnd nachbarlichen gern wilfahren, Es ist aber an dem, dz wir In dissen vnnsern Reichen disser Zeit mit vbrigem Kriegsvolck weitter, als wir selber notturfftig, nicht versehenn, Wir werden auch selber etzlich villerhanden practicken, so gegen vns vnd vnser Reiche furgenohmen werden solten, verwarhnt, vnnd seindt auch ohne das, dem Muschouitter In vnnsern Reich Norwegen benachbart, vnd mit fridlicher beschworner Einigung vf etzlich Zeit verwandt, Des halbenn wir gegen denselbigen ettwas vnfreundtlichs vortzunehmen, nicht vnbillich bedencken, Do wir auch vnnsers theils zu solchem von demselbigen nicht geursacht. Es werden E. l. vnns hierInn In allem besten bedenckenn, vnnd aus angeregten vrsachenn freuntlichen entschuldigt halten

Inn Zufuhr der prouiandt, so von den vnnsern dem Muschouitter geschehen zusein, vnnd abzuschaffen gebetten, wissen wir nicht, dz von Jemandt aus vnnsern Reichen der gestalt zufuhr zu furderung gemeltes Viandts vnnd E. l. abbruch Je furgenohmen worden, Mugen aber doch villeicht etzliche gewonliche Reise vnnd schiffung auf die Narue, wie zuuor alzeit, gebreuchlich gewesen, handlung halbenn geschehen sein, Wir wollenn aber der gelegenheit nachforschen, vnnd zu freuntlicher nachbarlicher furderung, souil muglich In dem an notturfftigen einsehen vnnd verschaffung nicht erwinden lassen vnd seindt E. l. ɔc Dat.

28. 1558. Aug. 9. Kokenhusen. — EB. Wilhelm an den B. Johannes von Curland und Oesel.

Cop.

In dorso: Auckummen durch die Wicke vff Ozell im hoffe Caries den 21 Augusti. Anno ɔc Lviij.

Von Gottes genaden Wilhelm Ertzbischoff zu Riga, Marggraf zu Brandenburg ɔc

Vnser freundlich Dinst, vnnd wess wir liebs vnnd guts vormogen zuuor, Hochwirdiger in Got Furst, besonder geliebter freundt vnd bruder, Wir haben e. l. Schreiben, darin sie vns vermelden, aus was vrsachen sie Iren Cantzler, so sie mit etzlichen schriftlichen vnnd muntlichen gewerben, an vns vmb rath zusuchen abgefertigt, widerumb zuruck vorschreiben lassen mussen, Ingleichem wess sie freundlich bitten thun, Inen zuraten, wie sie es mit Iren Reutern halten solten, auch zuberichten, Ob wir nicht Irgents woher hulffe, vnnd trost wusten. Dadurch dise arme lande entsetzet werden mochten. Auch wess sich e. l. allernthalben in disen geschwinden vnnd gantz geferlichen Zeiten zuuorhalten ɔc empfangen, vnd ferners

Inhalts freundlich vormerckt, Nhu hetten wir erstlichen woll dulden vnnd leiden mugen, das E. l Iren Cantzler an vns vorreisen, vnnd Ir anligen eroffnen lassen, Wolten auch souiel wir vormocht, E. l. freundlichen rath darin mitgetheilt haben. Weil vnns aber solchs vorborgen, vnnd wir nicht wissen, was e. l. meinung, oder anliegen sei, konnen wir e. l. auch darin weder rath noch trost leisten, Wurde es vns aber nochmals offenbart, wollen wir vns abermals wie vor, hiemit freundlich erbotten haben, E. l. Reuter aber belangende, werden e. l. vngetzweifelt numehr vnser vorig schreiben empfangen vnd daraus ersehen haben, was wir wegen e. l. Reuter freundlich gebeten. Vnnd wiewol wir vns nun, nicht zu kegen sein liessen, das sie sich an die orter, wie e. l. schreiben melden thut, begeben theten, So mogen wir doch e. l. freundlich vneröffnet nicht lassen, das vngeferlich vor achte tagen der feind vnser Grentzhauss Marienhauss fast hart belagert, vnd vmbher mit brennen, Rauben vnd morden trefflichen tyrannisirt, Darumb wir dan vorursacht, die vnsern abzufertigen, den feindt mit Gotlicher hulf, vnnd beistant von vnserm Hauss abzutreiben, Auch Ime zufolgen, vnd in seinem lande widerumb gleichen schaden zutzufugen, So haben wir auch allerlei warschawung, das der feind mit einem mechtigen hauffen kriegsfolck vnser Ertzstift zuubertzihen, Dasselbe sowol den gantzen Dhune Strom eintzunemen, Folgents seine macht an die vbrigen lande vornemblichen an vnser Stat Riga zuwenden, vnnd vnder seine gewalt zubringen, vorhabens sein soll, Derwegen wir dan den Hochwirdigen ꝛc Hern Meister ꝛc freuntlich erInnern, vnnd bitten lassen, Sie wolten die Irigen vngesaumbt widerumb aufgebieten, vnd vmb Adsel, Trikaten, vnnd an die Orter so sie vnd die vnsern in einen tag zuhauf rucken konten, legen, Das S. l. In gefallen lassen, vnd fur gut angesehen worden, E. l. reuter der orter auch zuuorschreiben, deme wir dan auch, wie obberurt, nachgesetzt, vnnd an e. l. geschrieben vnnd gebeten, Ire Reuter furderlichst an einen gelegnen orth, da sie in einem tage bei den vnsern sein, vnd nach dem alten vnder vnser Bannier rucken konten, abtzufertigen, Wan wir dan eigentliche kuntschaft haben, das der feindt noch des vorhabens sein soll. Bitten wir e. l. nochmals freundtlich, Sie wolten vorigem, auch Itzigem vnserm Schreiben nach, die Irigen abzufertigen nicht seumen, Damit dem feind lenger seinen willen, an disen armen landen zubegehen, nicht gestattet werden moge, Vnd souiel den letzten punct e. l. schreiben belangend, hetten wir lengst nichts liebers gesehen, dan das man vilfaltigen vnserm trewen Raten vnd vormanen gefolgt, vnd mit den benachbarten Potentaten die mittel vnd wege gesucht, vnd getroffen, damit man Irer hulf Itzo gewiss gewesen, vnd dem grossen Schaden vorkomen mogen, Wie aber dem allem, weil wir vormerckt, das Itzo erst, vnnd gar vnlangst, der Hochwirdige her Meister ꝛc Key: Mat. ꝛc vnsern allergnedigsten Hern, vnnd etzliche Furten des Reichs vmb Hulf ꝛc ersucht, Welchs doch auch dem alten zu wider, vnnd von sembtlichen diser lande Stenden geschehen sollen, vnnd aber zubesorgen, ehe man der orter hero hulf, vnd entsetzung bekumbt, der feind diser gantzen lande mechtig werden mochte, Derwegen wir am gerathsambsten sein erachtet, die nechstgesessenen Potentaten vmb hulf vnd entsetzung antzulangen, vnnd zubitten, Wie wir dan auch albereit vnsere statliche botschaft an Khö: Mt. zu Polen ꝛc als den Protectorn derwegen abgefertigt, vnnd nu bedacht Khö: W. zu Dennemarcken ꝛc die nicht weiniger protector vnsers Ertzstifts sein, auch vmb Hulf vnd entsetzung antzulangen, vnd zu bitten. Der trostlichen zuuorsicht, Ire Khö: Mt. vnnd W. werden die noth vnnd fahr, so disen landen nicht allein, Sondern auch Iren Konigreichen, Ja gantzer Christennheit nahen thut, behertzigen, vnd vns hulf vnnd trostloss nicht lassen, Auff das aber auch noch vmb souiel desto ehr vnnd mehr die arme lande entsetzt, vnnd aus Itziger gefahr vnnd noth errettet werden mochten, Bitten wir freundlich E. l, wolten gleichsfals, wo es nicht albereit geschehen, die benachbarten, vnd nechstgesessenen vmb hulf vnd entsetzung zum fleissigsten anlangen, vnd bitten, Vns auch hinwider was e. l. fur trost wissen, oder hoffen, durch Ir schreiben freundlich vormelden, Das seint wir hinwider vmb e. l (: die wir hicmit dem gewaltigen schutz des Almechtigen, zu aller wolphart treulichen empfelen:) freundlichen zuuordinen geneigt, Datum Kokenhausen den 9 Augusti, Anno ɔc Lviij

> Dem Hochwirdigen in Got Fursten vnserm besondern geliebten Freund, vnnd bruder, Hern Johansen Bischoffen zu Churlandt vnnd Administratorn des Stifts Osel,

29. 1558. Aug. 12. Kokenhusen. — EB. Wilhelm an den B. Johann von Oesel.

Cop.

In dorso: Anckummen arnssburpurgck *(sic)* durch Churlandt den 20 Augusti aͦ ɔc Lviij.

Von Gottes genaden Wilhelm Ertzbischoff zu Riga, Marggraf zu Brandenburg ɔc.

Vnser freundlich dinst, vnd was wir liebs vnd guts vormogen zuuorn, hochwirdiger in Got Furst Inbesondergelibter freundt vnnd bruder, Wir haben von e. l. zwei schreiben vnlangst nacheinander, doch eins lauts empfangen, vnd weiln wir daruf vnsers gemutes meinung antworts weise e. l. hiebeuorn freundlich entdeckt, Als thun wir auch nochmals bei solcher vnser gegebnen Antwort vnd erclerung beruhen, Was Zeitung nun in disen tagen vnsere Stat Riga vns vndertenigst zugeschickt, vnnd wie es mit Reuel, Harrien, Wirlant, sowol

Esslant gelegen, werden e. l. aus ein gelegter Copei nach nottorft befinden ɔc Imgleichen wess der Hochwirdig ɔc her Meister ɔc an vnns schriftlich gelangen lassen, vnd wes sich S. l. allenthalben vnderstanden, dasselbe haben e. l. aus inuorschlossenen Copeien freuntlich nach der lenge zuersehen, Ob wir nun wol hochgemelten Hern Meister ɔc derwegen, Nachdem solch S. l. vornemen ausserhalb vnser vnnd gemeiner hern Prelaten, vnnd Stende diser lande vorwissen, vortgestellet, wie pillich zubeschuldigen bedacht gewesen, haben wir aber doch, in betrachtung, das vieleicht e. l. disfals mochte ersucht worden sein, damit angehalten, Wan man aber befindet, das zu abwendung der grossen vnd schweren noth, so diesen armen landen vf dem nacken, mit kleinem ernste getrachtet; Auch vil dings, so gemeine hern, Prelaten, vnnd Stende, diser lande zugleich angehet, one mitwissen derselben vorgenommen wirt, Als ist hiemit an e. l. vnser freundlich bitt, dieselben wollen vnns Indem Iren treuhertzigen rath allenthalben freundlichen mittheilen, vnnd nebenst vns zu den wegen vnnd mitteln trachten, dardurch die guten lande von dem grewlichen feinde errettet, bei der Christenheit erhalten, vnnd von der vntreglichen seruitut des Feinds erloset werden mogen ɔc Vnnd nachdem wir es fur gantz geraten achten in disen itzigen Zeiten auch hoch vonnöten sein will, Das e. l. vf der nehe sein mochten, damit wir e. l. rath Jedertzeit vnns zugebrauchen, So bitten wir freundlich e. l. wolle sich in Irem Stift vf die nehe begeben, vf damit wir vf den fahl in der eile e. l. nicht allein alle gelegenheit vormelden, Sondern auch derselben wolmeinenden rath Jederzeit haben vnnd brauchen konnen, Wie wir dan nicht zweifeln. e. l. werden neben vnns, die hohe vnnd eusserste noth diser armen lande mit gantzen treuen betrachten, vnnd was zu errettung vnnd hulf derselben reichen, vnnd erspriesslich sein mag, an Ir gar nichts erwinden lassen, Welchs alles wir e. l. dero wir freundliche dinst zuertzeigen geneigt, freuntlicher meinung nicht wolten vorhalten, Vnnd thun e. l. hiemit dem Almechtigen in seinen gnadenreichen schutz beuelen, Datum Kokenhausen den 12 Augusti, Anno ɔc Lviij.

Dem Hochwirdigen in Got Fursten, vnsern, besondern gelibten freunde vnnd brudern, Herrn Johansen Bischoffen zu Churlandt, vnnd Administratorn des Stifts Osel,

30. 1558 (7066). Aug. 13. Dorpat. — Fürst Peter Iwanowicz Szuiski, Boiar und Statthalter zu Dorpat, sendet dem König Christian zwei Schreiben als unstatthaft zurück.

Cop.

In dorso. Anthworth der Mosscowischen Veltherrn, auff der kon. Mait erste lateynische schreiben ɔc

Vonn gots gnadenn keyser, vnnd grosfurste knese Iuann Basilowitz aller russenn vnnd Woldimerschenn Musschoweschenn, Nougardischenn, Kassanschenn Astaraganschenn der Pleschower vnnd Dörpttischenn in liuonischenn lande vnnd mher ander lender des grossenn herrn des rechtfertigenn, lofflichenn, enigenn Christlichenn herrn von denn Boiarenn vnnd houettludenn knese Peter juanowitz tzuskaij vnnd vonn allenn Boiarenn vnnd houettludenn, deme Christianus tho Dennemarekenn hefft gesendett, mitt dinem manne ann vns twe brieue einenn brieff ann denn keyser vnnd grosfurstenn, den andernn brieff ann vns Boiarenn vnnd houettluden des furstenn, vnnd wy hebbenn dine brieue gelesen, vnnd du schrifft inn dinem brieue ann solck einenn rechtferdigenn lofflichenn keyser, hernn vnnd grosfurstenn knese Iwann Wasilowitz aller ruszenn, darsuluest erholdenn alse ann dinem broder, vnnd thouornhe heffstu vnses hernn keine kentnusse gehabtt, vnnd wy hörenn von di sodane wordenn, willenn derhaluenn keinn antwortt vp dine brieue geuenn vnnd hernegst mitt solckenn wordenn keine brieue schriuenn, geschreuenn in Dorptt im jare 7066 13 augusti

31. 1558. Nach Aug. 17. — Aussage zweier gefangener Russen über die Stärke der russischen Besatzungen in livländischen Städten und Festungen, nebst andern Zeitungen.

Cop.

Bekentenisse wess die beiden gefangen Reussen bekandt Donnertages nach Lorentii *(Aug. 17.)* auff Wittenstein

Antoni geheissen beckandt, dz zu Dorbt vngeferlich noch bei Anderthalb Tausent Russen sein sollen,

Zur Narue soll gar kein volck sein zu Wesenberg sollen vngeferlich kein hundert sein, Dan sie sollen hin vnnd her vorstrowet sin

Kassan hatt der Russe vnnd Tatter dorch ein Ander Inne,

Der Reusse hat dem Tattern ein Stadt Astra genant genomen, Dar liggen sie Itzunder kegen ein ander zu felde.

Laiss darauff sollen gar keine Reussen sein Pawick sol widder in Reusslandt sein alle heuser vff der grentz dar sol weinig volck vf sein

Item der Ander genant Peter bekent, Dz zu Darpt noch volck an Reussen vnnd Tattern sein soll

Zur Naruc sol gar keine Volck sein, Auff laiss sollen hundertt Person sein, Der Obriste vff laiss heist Petro tollowitz

Nach Reuell soll gar kein Volck sein auch bekennet diese Peter, dz ehr von keinem Volcke weiss, dz noch khomen soll, viellichte moge noch ein vorsamlung nachuogen oder vorhanden sein, aber Ihm vnbewust Powick ist wieder zu rugk getzogen ob derselbe mher Volck vorsammelth oder nicht Ist Ime vnbewust

Duth iss dem Vogde tho Sonnenborch vnder andern von Reuel aff tho geschreuen

Sus ist hir nichts Tidung vorhanden sunder hir sindt dussen dag angeckhomen van Dantzke bosslude, de andern alse bi 300 khumen balt nach, die Tidunge wass zu Dantzke gewesen wo die Russe Reuel solde Inne hebben, Auerst Reuel iss itzundt also bewharet, wen Idt moeglick wehre Idt Russen schniede, solde he Idt doch nicht erlangen Ock iss hir gistern den tag eigentliche Tidunge geckhomen vth Finlandt als bi Wiborch in Schweden dat de Russe Anfengt dar tho Rouen vnnd tho brennen vnnd dat landt ock tho uorheren Auerst mi Ist sehr lede, he idt mit dem halse moeth bethalen Vth Denmarcken iss noch nene Tidunge her khumen Auerst hopen In kort eigentlicken bescheidt tho erlangen ɔc

32. 1558. Aug. 22. Reval. — Heinrich Uexküll an den B. Johann von Münchhausen zu Oesel und Curland.

Cop.

Von den aus Schweden drohenden Gefahren.

In dorso: B.

Hochwirdiger in Got Furst gnedigster Her, E. h. f. g sein mein Idertzeit vnderdenig willig Dinst mit hochstem Fleiss

zuuorn ᴐc gnedigster Furst vnnd Her, Wiewol ich e. h. f. g.
vor dissmal, och das der Ko: M. aus Denmarcken, an den
Gross Fursten Schreiben, gleich des andern Dages, wie sy
durch Herman Donhoff vber antwortet, nach ein helliger berat-
schlagung mit einem guten vorstendigen Man, vnnd tolcken,
och einer Vorschrift wie solchs e. h. f. g. hirbei eingelegt
gnedigst zuersehen, nach Derbt geschicket, vnd abfertiget
worden, och wess ferner sider der zeit anhero vorlauffen,
werden e. h. f. g. aus eingelegter Zetteln gnedigst zuuornemen
haben, ᴐc Wie dem allen, von wegen vorfallender gelegenheit
e. h. f. g. abermals zuschreiben, vnnd in vndertenigkeit nicht
vorhalten konnen, wie die Kho: W. zu Schweden, sowoll als
Hertzog Hans von Abaou, die Stat Reuel, das sie kein trost
zum Reich Schweden gesucht, vnnd die Khö: Mt aus Dennemarcken angeruffen, zum hochsten beschuldigen lassen, Mit vormeldung, das Im Reich Schweden och hilff vnnd gelt, vnd
dissem ort belegener, mit Allem, zu steur vnd Hilf, kommen
konte, vnd das solchs geschehen sich mit nichten gefallen
lassen, Derhalben ein Erbar Rath der Stat Reuel, Im schein
Ires Handels belangen, Jedoch alle gelegenheit, vnnd wess
men sich zuuorsehen, einem ehrlichen vorschwigenen, vnnd
solcher sachen vorstendigen Man, der sie vil vortrawen, an
die Khö: W. zu Schweden, sowoll an Hertzog Hansen von
Abaou geschicket, der den 21 sten Augusti, widerumb alhir
zu Reuel ankommen, Vnd in geheim beschlossens rades bericht,
das der König aus Schweden alle seine Schiff vnnd Galleihen,
sowoll auch Hertzog Hans von Abaou, in der acht oder neun
Schiff, mit geschutz vnnd aller nottorft woll stafirt, vnnd
vorsehen, fertig haben soll, welche Schifrustung auff e. h. f. g.
Stift Osel vnnd die Wicke, wie bemelter burger bericht, vnnd
och zubesorgen, gerichtet sein solle ᴐc Darkegen e. h. f. g.
in gnediger vorsorge dem armen orth zum besten, wess darkegen vortzunemen, gnedigst zubedencken haben ᴐc Dan
ich och von den Hochsten, vnnd vornembsten disser syt,

warhaftiglich bericht, das Hertzog Hans von Abaou, von wegen das sich I. f. g. etwan vnmechtig entfunden, an einem Rath von Reuel vmb Iren Doctor, denselbigen hinuber zugestatten, geschriben, welchs geschehen vnnd wie bemelter Doctor von Reuel ken Abaou ankommen, einen Koninckschen Doctor auss Schweden daselbst vor sich gefunden, der vnder andern, das er von der Ko. W. aus Schweden selbst gehoret, ehe die Kho: M. aus Denmarck in Eiflant herschen wolt er sich mit dem Reussen vorbinden, vnnd sein gantz vormogen daran setzen, meldung gedan daraus nit vil guts zuuormuten, Got wende ess zum besten, Welchs ich e. h. f. g. aus Zulass eins Erbarn Raths in vnderteniger wernung zuuorhalten nicht gewist ɔc Vnnd thu e. h. f. g. zu lanckweriger gluckseliger Regierung, dem liben Got gnedyg zuerhalten in vndertenigkeit beuelen, Datum Reuel den zweivnndzwantzigsten Augusti, Im Jar 1558.

E. H. F. G.

Pflichtwilliger.

Heinrich Vxkull,

Dem Hochwirdigen In Got fursten vnd Hern, Hern Johansen von Munnichausen Bischoffen der Stifft Osel vnnd Churlant, Meinem gnedigsten Hern in aller vndertenigkeit

33. 1558. Aug. 22. Wenden. — OM. Wilhelm an den Comthur zu Pernau und Vogt zur Soneburg.

Cop.

Unter Mittheilnng von Aussagen gefangener Russen und Bestätigung eines Sieges des Chans der Krim über den Grossfürsten von Moskau werden sie zur Heerfahrt an das Feldlager des OM. beschieden, während gleichzeitig grosse Schaaren von Knechten zur See im Anzuge sind.

In dorso: C.

Von Gotts genaden Wilhelm
Meister TO zu Liefflandt

Heilsame liebe in Godt beuorn, lieber gepietiger Dieser nachbeschriebenen Empter Pernow vnnd Soneborch, Ob wir euch vor etzlichen tagen Der gefangenen Reussen bekentenisse so der Herr Vogt zu Jeruen, In Jungst abtreibung der losen buben, bekhomen woll woltten zugeschicket haben So haben wir Idoch bedenckens bie vnnss gehapt vnnd derselben bisshero keinen gelauben beimessen wollen wie Ir dan die bekentenisse Inliggendt zuersehen hapt, Nhun kumpt vnnss aber diese glaubwirdige Zeitung von denen die ess selbst geschen vnnd erfharen haben, Dz zum gantz Schmolentzko nicht vber Tausendt Menschen an Frowen vnnd Mennern gespuret, vnnd dz der Muschowiter alles, wass ehr dahero vnnd andern ortern vff brengen kan, widder den krimssken Keiser, solchens widderfharen, auch vnter seine gewaldt zubrengen Furhabens, da Jegen sich der Turck mit dem Krimssken eigentlich soll vorbunden haben vss der vrsachen Dass der turck befruchtet, dz Ime auch kunfftig Darauss schaden vnnd abbruch zuerwachten, vnnd sollen also der Turck vnnd der Krimsski dem Muschowiter die Schlacht abgenhomen haben, vnnd hefftig kegen einander zu Felde liggen, welchs gelegenheit Godt helffende nicht vorseumen willen, wie wir dan alle stunde der lande eintrachtiger zusammenkunfft erwarten, vnnd die ander woche Godt helffende vort zu ruckende geneigt sindt, darumb an euch vnser ernst begerendt Ir angesichts brieffs sampt ewern Reutern vnnd volck vnnd alle zubehorige Kriegs Rustung vnnd Prouiandt euch auffmachet, vnnd euch an vnser Heuser Karckhuss, Helmeth oder wo Ir des orths euch halten konnet, begebet, vnnd da Ir dan vnser Feldtlager vornhemen werden, stracks an vnnss vorrucken Diese Stunde kumpt vnnss durch Philips Oldenbockum vnnd durch den Hauss Cumptur zu Riga Zeitung dz Godt lob noch 300 knechte sich in Churlandt haben lassen ansetzen, an dem orth Juell genandt vnnd dz noch in die 5 oder 6 Tausendt vnns zukhomende In der Sehe sein sollen, wolten also durch gottes hilff Kriegsvolck genug beckhummen, Darumb Ir nur getrost sein, vnnd Im namen Gottes vnscumblich an vnss vortrugken Idoch ewre Heuser hinter euch in guter vorwharung vnnd bestellung bleiben lassen Daran thut Ir ewer selbst Pestes vnnd gereicht vnnss zu dancknhemig gefallen Dat. Wenden Dingstag nach Marien Himelffhart Anno ɔc Lviij

Den Wirdigen vnnd Achtparn vnsern lieben
Andechtigen hern Chumpthur zur Pernow vnd
Vogten zur Sonnenburg RTO

34. 1558. Aug. 23. Hapsal. — Wolmar Treidens Bericht über das von ihm entgegengenommene Bekenntniss des gefangenen Kanzlers von Dorpat, seine und des B. Einverständnisse mit dem Russen betreffend.

Cop.

In dorso: Des gefangenen Dorbtischen Cantzlers bekentnuss,

Anno ɔc lviij am auende Bartholomei *(Aug. 23.)* vmbtrent viij vnnd negen in der morgenstunde hebbe ich Wolmar Treden, den Cantzler van Derpte, In der vogedehe tho Hapsel, durch den Drosten darsuluest an my forderen lathen, vnnd ehm vorgeholdenn wie folget, Her Cantzler, gy hebben Jw tho erinnerende, do die Erwerd'ge vnnd hochachtbar Herr der Herr Voget tho Jerwen, seinen deiner Barthelt Sirps tho Hapsel hir tho my sande mith dem breue, den die Achtbaren Rede der lande Harrien vnnd Wirlanth van sich geschreuen hadden, da ich van Jw die hanth nham, vp den bref Jw tho voranthwordende, dath gy tho lode vorluden, gy hadden mith dem Lustner, Jwe lenelangk keine gemeinschoff gehath, noch rede edder worden mith ehm sonderlichs nicht geplagen, vnnd boeden Jw darup tho rechte, vor alle stende, sowol och vor dem heiligen Romischen rike, Ja och vnder den fanen tho entschuldigende, dath seinth da Juwe worthe gewesenn, Auerst nu befinde ich, dath gy leider so rein nicht en sein, als gy wol wesenn scholden, vnnd hadde Jw wol vor einen andern mhan angesehen, darup my der Cantzler geanthwordeth, Wo so, hebbe gy breue gekregenn, darup ich ehm gesecht, ich wuste mehr van ehm als my lef wehre, vnnd hadde my des ahn ehm nicht vorsehen, ich worde vorursaket ein anders myth ehm vorthonemende, Derwegen begerde ich van ehm, so he sich In Jennige sacke schuldig wuste, he scholde my die warheith bokennen, vnnde kunde ich ehm bei meinem g. h. mith dem besten gedencken, dath wil ich gerne dohn, Darup die Cantzler eine kurtzeweile geschwigen, vnnd my sterrende angesehen, angehouen, spreckende, Leue Wolmar Treiden, genhade meines liues, segge my guth vor ewige gefengknusse, ich wil Jw vormelden, wo die saken sthahen, darup ich geanth wordet, Her Cantzler, vor die gefengknusse wil ich an meinen g. h. schriuen. vnnd drage keinen thwifel ich werde Inwendig vif dagen ein bescheith bekommen, wes mein g. h. bei den saken dohn will, dath schal Jw, vnuorborgenn bliuen, Do heft die Cantzler gespaken, Ach leue Wolmar Treiden In desser saken hefft nemantts die schult den die Herr van Dorbt vnnd ich, do wy hebben ben, ... sost mehr vorhanden gewesen ist, vnd dath die Russe seine willen wurde begahn, so hebben wy beiden enthslathen als mein her vnnd ich, dath wi wolden ahn des grotforsten Cantzler schriuen, so wi muchten bliuen bei vnsem gelouen, priuilegien vnnd Religion, so wolde wy vns deme grotfurstenn ergeuen, darup hebbe ich den Cantzler gefraget, efft die brieff so ahn den Russischen Cantzler gegangen, sein hanth sei, darup he my geanthwordet, nhen, eth were des Hernn seine eigene hanth gewesen, auerst he hadde darnmith ingefulborderth. Do hebbe ich gesecht HerCantzler, sodane wichtige sake konnen thwe personen nich wol vthrichten, hebbe gy ock sustes wehm mehr in Juwer geselschop, darup he my geanthwordet, nhehen, als ehm goth help, vnnd sein hilliges lidenth, eth hedde nehmandes gewethen, als sein Herr vnnd he, vnnd heff my vmb gadess willen gebeden, vmb vorthihunge dath ich ehm vor pine beschutten scholde, vnnd ehm sein Leuenth geuen. he wolde sich ewig denstbarketh vorplichten. Do hebbe ich gesecht her Cantzler geueth Jw suluest thofreden, vnnd falleth in kein thwiuelmotigkeith, ich wil sodanes an meinen g. h. gelangen lathen, vnnd Jw bestes wethen, gy konnen gehulpen werden, so gy Jw nith suluest vmbringen, darmith so hebbe ich Jw ein gemack thorichten lathen, dath schal Jw die Droste wisen, Dar muge gy Jw inerholden, beth vp ein wider bescheith, vnnd hebbe ehm also mith dem Drosten lathen hen gehen in den thoren. Na middage, vmb seigers thwischenn ein vnnd thwen, so ist die Drost tho ehm gegangen, vnnd ehm die speise vp gebracht so heffth he my bidden lathen ich scholde tho em kamenn he hedde my noch wes tho seggende, als ich tho ehm vp gekamen sey, so hefft he my gesecht Leue Wolmar Treiden, wath ich dy vp der vogedei gesecht hebbe dath schaltu also vorstahenn, dath mein Her van Derbth tho Wolmar vp dem Dage gantz trurich gesethen hefft, vnnd die hanth thom ohre geholden, tho my gespraken leue Her Cantzler, wath schal ich nu dohn, darup ich geanthwordeth ich en wethes erkent goth nicht, vnnd hebben eth vnder vns enthslathen den Reussen vor vnsenn beschuttes hernn anthoropende so with wy bei vnsen gelouen priuilegien vnnd religion bliuen muchten, vnnd wider gesecht, he en wuste nicht gewiss, eft och die brieff an den Reusischen Cantzler wer vorthgegangen, vnnd tho den handen gekomen oder nicht. Leue Wolmar Treiden, du west wol, wo trulich ich die lande gedieneth, mit wath trewe ich dieser lande beste gewethen, mag ich des nith genethen dath dusse mishandlunge kegen die trewe muchte gesthattet werden, vnnd also dath ein kegen dath ander gerekenth muchte werden, Darup ich ehm geantwordeth, Leue Her Cantzler alles wes gy tho voren tho gude hebben gemaket, dath hebbe gy in dussem handel alles vordoruen vnnd sie also wedderumb van ehm gescheden, Ock so hefft he my wider bekanth, Die Duuell hebbe em vorlocket, die sinne berouet, dath he tho Derpte nith sei gebleuen, vnnd sie van dar gewekenn, Wehr he tho Derbt gebleuen, he hedde wol sein hof vnnd guth, vnnd all sein wolfarth beholden mogen sowol als sein her dath hus falkena beholden hefft, mith wideren weclagende, ach ich arme mahn, wath lathe ich meinem armen wiue vnnd kinderen ein bose geschrei nach gath erbarmes, ich wolde dath ich nhie geboren were.

35. (1558. Vor Sept.?) — Vortrag der Gesandten des OM. vor dem König von Dänemark, dessen Schutz gegen den Russen angerufen wird.

Cop.

Werbungen, an die ku. Mt: zu Dennemarcken ɔc von des Herrn Maisters zcu Licfflandt gesandten. Nach geburlicher erbittung ɔc

Als dan an E: ku: Mt: weilandt der hochwurdiger furst, vnd herr, herr Heinrich von Galen Maister des Ritterlichen

Teutschen Ordens zcu Liefflandt gotsehliger gedechtnuss, durch botschaffter verlauffener Zeit, dinstlich gelangen lassen, mit was vnfuegen, beswerlicher newerung, von gemeinem Erbfeinde der Christenheit, dem Grosfursten auss der Muscow, auff I. f. g. vnd gantze des. h. Romischen Reichs prouintz Liefflandt, getrungen wurden, Vnd hinwidderumb auff dinstlich fleissig ansuchen vnd pitten E. ku: Mt: Ires kuniglichen Christlichen wolmeinenden Radts Inn diesem Zustande, der armen Christenheit zcu Verhuttung mehr beswerlicher kriege ꝛc vnd was sie sich dan weiter vff einen nothfall erbotten, gantz kuniglich vnnd Nachparlich erkleret, Ire f. g., auch so wol Itzundt vnser gnediger herr Regirender Maister zcu Liefflandt, was Inen menschlich vnd muglich gewesen, mit eusserster getreuer vnd fleisiger sorgfeltigkeit, bei derselben sachen auffgesatzt vnd gethan, Dahmit kuniglichem Rahdt, vnd gnediger erInnerung zcu Volge, dem vnbefuegtem bluthgirigem fursatz des vnchristenen feindes, vergebawet, vnd beswerlicher vorterblicher krieg, mit gottis des allemechtigen beistendigkeit hette mugen eingestellet vnd abgeschaffet werden, In massen dan Ire f. g. vnd zcugehorige Stende, wegen eines auffgetrengten Tributs auss dem Stifft Dorbt, wellichen man Ihme zcu keinen zeiten schuldig wurden, Auch vor goth vnnd der welth nicht schuldig ist, Irem befuegtem Rechten, viel lieber etwas abnehmen, der zceit weichen, vnnd den Tyrannen durch mittel vnd wege, so vnuerweislich vnd Inen abzculangen, vnd zcu erswingen Immer muglich zcu frieden stellen, vnd mit stadtlichen Summen gelts abkauffen, alse Inn diesem betrubten zcustande der verwirreten bosen welt, mit kriegs beswerden sich beladen wollen,

Wie Christlich getraulich vnd sorgfeltiglich solchs aber von Inen gemeinet, vnd Im wercke gesucht, vnd getrieben wurden, hat es dennoch bei dem veinde, dar kein bescheidt odder erpitten, wie Erbar vnd Rechtmessich das auch sey angesehn, Sondern nur furgesatztem sinne vnd mutwillen verhenget vnd gefolget wirt, weinig frucht schaffen, viel weiniger zcu begertem ende, wirken mugen,

Vnd ob woll derselb Tyran vnd Veindt mit vortrösteder Sönlicher abhandlung, auff botschaffter zeugeschicketer vorgleitung, auch zcum teil angenomenem stille stande die sachen auffgezcogen, vnd dardurch vonn heilsamen entschlossenen wegen abgehalten, So hat er Idoch Im grunde mit sollichem allem nichts anders gesucht, Dan wie Er mitler weile In so viel stadtlicher anrustung sich stellen, mit sonderem seinem vortheil die Landtschafft, der male eins angreiffen, eröbern, vnd seiner vnruhigen Tyrannei vnterwerfflich machen kondte, Wor Innen Ime dan sein tuckische, vnerbare, vnd vnredtliche anschlege zcum teile nicht missradten,

Dann Er vnlengst, dah die Eifflendischen gesandten vff zeugeschickete vorgleitung, vnd versprochenen stille standt, mit einer Stadtlichen Summen geldes seinem eigenen begeren nach, an In verreiset, vnd so frue Er dieselben vber die gränitzen, Inn seine Lande kriegt, vnuerhoffentlich ohne alle zuuorsicht widder das Volcker Recht, die prouintz Liefflandt, mit heeres krafft angefallen, etliche Stedter, Schlosser, gepitte, Lande vnnd Leute zcum teil gewaltsamlich, zcum teil auch durch lauter vntrew, abfall, verreterei, vnd vffgeben, eröbert vnd vnterzogen,

Es lasset sich aber mit weinig worten nicht fassen, viel weiniger aussreden, was erschrecklicher Tyrannei grawsamer vnmenschlicheit, auch lesterung widder goth, Er, solicher maess geubet, so wol mit Nahme, Raub, vnnd brande, mit hinfuehrung vnzcehlich viel armer Leuthe, alse sunst mit begangener abschewlicher vnzcucht vnd vnmenschlicheit, an Menlichen vnd weiblichen personen, alten, Jungen, kleinen, Ja, vngebornen kindtlin, Deren gleichen grawsamkeit In alten vnd Neuen geschichten sich swerlich finden lasset, vnd die vnmilden Turken In solcher vbermaess, wan sie gleich widder die armen Christen auffs peinlichste gewuttet, nicht begangen, welliche auch glaublich mehr zuerbarmung vnd mitleiden beweget wurden, vnnd mit truckenen augen diesen Jamer nicht hetten ansehn noch vortragen mugen,

Der bluthundt vnd wutterich, hat sich auch nicht allein ersettigen lassen, an dem das den lebendigen vnd noch vngebornen zcugefugt, Sondern auch Derer nicht verschonet, so lengest nach willen gottis, dis Erdisch leben verlassen, vnd Inn godt ruheten, Welcherer vorwesene leich vnd beine an etlichen orthern, so Er zcu abfal, vntrew, vnd vftgebung der Vehsten bewegt, Er, vffgraben, Inn's Veldt werffen, Die greber mit erde verfullen, die kirchen, altar, vnd kirchoue, gots lesterlich, entheiligen, vnd zcu gebrauch seiner abgotterei von newen widderumb weihen zcufertigen vnd bereiten lassenn,

Entlichen hat, Er, bei Itzt gemelten nehester vnsers g. h. botschafft alle hoffnung des friedens abgesnitten, vnd sich schliesslich erkleret, Das Er zcu friedens ersatzung, vnd einstellung des krieges, keine mittel wege zcu lassen noch annehmen wolle, allein diesen, Das der her Meister, Ertz Bischoff, Bischoffe vnnd gemeine Stende sich Ime ergeben, vnd also zcu frieden stellen solten, Dargegen wolt, Er, sie, mit seiner grossen macht fur menniglich zcu schutzen wissen, Welliche seine macht, Er, so frecher, stoltzer, vbermuttiger weise ruhmet, Das Er dadurch Die grosmechtigen Tartarischen kaiser zcu gehorsam gepracht, auch sunst andere potentaten, Dermassen gezcuchtiget, das sie friede von Ime suchen vnd pitten musten, wie, Er, sunst noch etzliche ferner zcuchtigen wolte

Wiewol nuhn solche Lesterung gottes, Tyrannei vnd geubete abschewliche vnmenschlicheit, hochgemeltem vnserm g. h. hertz sin vnd gemutte, nicht vnpillich durchdringen, Ire f. g. sich auch, der gebuer erInnerendt, zcur Defension Rach vnd errettung, Der vnschuldigen widder goth, ehr, vnd redlicheit, vnuorsehntlich angefochtener, vberzcogener, vnd zcum hohesten betrubter prouintz vnd Leute Ins veldt mit allem vermugen Irer Landt vnd Manschafft begeben, auch Ir nichts liebers sein lassenn wollen, dan also mit ernst dem blutdurstigen Tyrannen zcu zcusetzen, vnd goth dem herrn alle geferligkeit befelendt, Ire gluck an Ime zcuuorsuchen, So haben sie gleichwol doch bei allerlei sich erInnern sollen, wie sie, Menschlicher vnd vernunfftiger weise dauon zcu vrteiln, mit Irem vermugenn dem feinde zcu leicht vnd zcu geringe, Vnd auch nicht so viel die vngleiche menge vnd vielheit beiderseits kriegs volcks sich abschrecken, alse dis bedencken bewegen lassenn sollen, Wan sie vom feinde, dah fur sie der aller hohester goth behutte, ein mahel nidder legt vnd einer Veldtschlacht verlustig wurden, wie sie In den, der Christenheit vnd dem Reich Teutscher Nation weit entlegenen Landen swerlich Inn eile an Volcke sich widderumb wecken, bestanndt fassen, vnd volgents dem feinde wehren vnd Inn widder treiben kondten, Wordurch nicht allein Das herliche propugnaculum Der örther der Christenheit verlohren, dem bluth durstigen Veinde Inn die hant geradten, Sondern auch weiter widder die benachparten Christliche potentaten, vnnd Landtschaflten Inn dem Er, des Schlussels vnd der Ohest Sehe mechtig, zcu grassirn, vnd seiner Tyrannei zcugebrauchen Thuer vnd fenster geoffnet, vnd ein schedtlicher hoch geferlicher eingang gemacht vnd zcubereitet wurde,

 Wie konndte Ime aber besser furteil vnd bequemicheit, widder die hochberumpte Christenheit geradten, Dann so Er, also von derselben, alse einem herlichen Corpor, Itzt dis baldt ein anders gliedt abreissenn vnnd vorschlungen thete, bis auch das mutilirte Corpus volgig fallenn, zcu trumeren gehnn vnnd vorterben muste, Inn massen die tegliche erfahrung viel exempel, fur die augen stellet, wie leider der Christen zcael weiniger wirt, vnd die vnchristen Immer zcunehmen wachsenn vnd grosser werden,

 Sintemal Dan der Veindt Christlichs glaubens vnd Nahmens angezcogener, Jah, viel grausamer weise widder goth vnnd die

liebe Christenheit tobet vnd wuttet, vnnd von seinem Vn-
sinnigen, vnbefuegtem, bluthdurstigenn fursatz, abzcustehen
mit nichte gemeinet, Hochgemelter vnser gnediger herr Maister
vnd Ritter Ord. aber zcu dem allmechtigen godt, trostlich
hoffet, Darumb auch Demutigs hertzens flehlich bittet, Der
werde widder seine arme Christen, die Ine zwahr durch swere
sunde vnd vnbusfertigs Lebenn, bis here zcu zcornn vnd straff
vielfaltiglich gereitzet vnd bewogenn, nicht ewiglich zcornen,
viel mehr sie Inn gnaden zcuuorkomen, vnnd von diesem vnd
allem vbel veterlich zcu ehren vnd preiss seines herlichen
Nahmens, retten vnd erlosenn, Ire f. g. sich auch nicht weniger
vorsehen, es werden durch desselben eingeistung, die haupter
vnd potentaten der Christenheit vnd alle Stende derselben,
sich dieser zcum hohesten betrangeten, vnd zcu vnpilligkeit
beswereten prouintz vnd Leuthe alse der angehorigen, vnd
glaubens genossenn, gnedigst, veterlich, vnd getreulich annehmen, zcu derer hulff vnnd errettung gedenckenn vnd mit
nichte gestadten, Das der Veindt, In massen Er thut, vnd
weiter furhabens, Deren bluth so Jemerlich vorgisse, vmb
welcher willen, der Sohnn gottis sein teurbar bluth, miltiglich
vorsturtzt vnd ausgossen. hatt,

Es sein aber solche Christliche heupter vnd potentaten
zcu dieser geferlichen betrubten zceit, zcum teil mit gleichmessigen nottigen kriegen, widder die vngleubigen, zcum teil
auch mit aigen vorhinderungen dermassen vmbgeben, eins
teils auch weit entsessen, Das wan sie gleich auch gerne
wolten, sie Ire hulff Reiche hanndt Inn eile nicht darbitten
odder hinstrecken kondten

Nach dem dan von vndencklichen Jaren die numer
genug gelobte vnd gothsehliger gedechtnuss konige, E. ku. Mt.
vorsessen vnd Cron zu Dennemarken mit denn Landen zcu
Liefflandt vnd beuorab dem Ritterlichen Teutschen Orden,
Inn sondern vortregen, verstant vnd verwantnuss gestanden,
den hernn Maistern vnd Orden, auch sondern schutz, trost,

vnd errettung, Inn anliegenden nötten erzcegt, vnnd bewiesen, wie solchs auss allerlei nachachtungen alter Monumenten vnd geschichten sich ausfuerich machet, Vnd Itzundt Regirender vnser g. h. sonderlich vormercket, Das In diesen vorschienen leufften, Eifflendischer emporung E: ku: Mt. nicht ohn grossen vnstadten, Inn abfertigung Irer ansehnlichen botschafften, vnd sonst nicht geringer alse Ire hoch preistliche vorfahren, sich alse der furnembster Christlicher potentat, gunstiger kunig, herre, freundt vnd Nachpar erzcegt, vnd auss kuniglichem gnedigem bewegenn nichts vnter wegen lassen, Das sie zcu der örther ersetzung des heiligen friedens, Ruhe, einigkeit vnd zuuorsicht, Jumer erspriesslich vnnd furtreglich, bedencken vnd erachten konnen, Wor entgegen Ire f. g. sampt Irem Ritter Orden vnnd gantzen Landtschafft, sich zcu vnsterblicher Danckparkeit vorpflichtet wissen, Aber bis anhero swerlich gnugsam sich beweisen konnen, hoffen dennoch E. ku: Mt. Das hochberumpts kuniglich hauss vnnd Cron zu Dennemarcken sollen an Inen Inn der tadt zcu aller Zceit, danckbare Dinstliche neigungen vnnd willen spueren vnd aigentlich befinden,

Ire f. g. wollen auch hinferner der vnwandelbaren trostlichen zcuuorsicht vnd hoffnung leben, E ku: Mt: vnd Cron zcu Dennemarcken werden zcu dissen Zceiten, vnd In Itzigen obliegenden notten, Ire Christlich, kuniglich, gnedigs vnd Nachparlich gemuth, von Irenn f. g. Irem Ritter Orden vnd Landtschafft nicht wenden Sondern Christlich, kuniglich, gunstig vnd Nachparlich vff Deren Itziges Dinstlichs fleisigs auch vnterteniges suchen, bitten, vermahnen, vnd anruffen, sich bezceigen,

Vnnd wie sie mit gnedigsten Ohren dis obliegen angehoret, Dasselb allenthalben Christlich vnd kuniglich zcu gemutte fuehren, erwegen, vnnd bedencken, Was der vngehewre feindt, Durch sein Tyrannisch grosse gewalt, die, Er, ohn zweiffel auss Durst Christlich bluth zcuuorgiessen, vnd mehr Lande vnd Leute zcu bezwingen, weiter strecken wurde, gegen allgemeine Christenheit aussrichten kondte, wen Er, vor erst Liefflandt zcu seinem vorteil, vnd dan der Ohest Sehe gewalt vnd macht hette, Welchem vbel vnnd dem darauss besorglichem volgenden vnheil, ehe Dan es weiter schleiche, vnd ehe dan des Nachparn hauss Inn grundt verprenne, mit hulffe gotlicher gnaden vorzcukommen,

Demnach thut hochgemelter vnser gnediger herr Maister vor sich selbst, vnd seines Ritter Ordens wegenn, gantz Dinstlich, Instendig vnd vnterteniglich bitten, E. ku. Mt. alse der hochberumpster kunig vnnd beschutzer der waren kirchenn gottes, wolten Ire f. g. vnd Iren Ritter Ordenn neben Iren Stedtenn Landtschafften vnd Leuten, Inn Christlichen vnnd kuniglichen gnedigen schutz schirm vnnd vortredtung, beuohlen nehmen, vnd Ire kuniglichs von goth dem herrn, befolenes vnd Itzundt angeruffenes Ampt, Dahin gnediglich vnd mit sorgfeltigem ernst zcugebrauchen geruchen, wie durch zceitlichen Radt, einsehn, Schirm, vnd vortredtung, Iren f. g. vnnd Irem Ritter Orden, welliche alles wes Inn Irem eussersten vermugen guts vnd pluts ist, Dah bei ohnn schew getreulich auffzcusetzenn, entschlossen, vnd gentzlich gemeint, Inn diesen betrancknussen geferlickeiten vnd notten, entweder zcu verfahrung vngeferlichs anstandts vnd friedens, odder, woh das, wie zcubesorgen, nicht sein solte, zcu abtreibung des gotslesterlichen Tyrannischen feindes, trost, hulff, vnd beistandt, an Reisigem vnd fuesvolcke, an allerlei prouision, zcu vnterhaltung derselben, geschutz, krauth, loth, oc muge verschaffet, vnd ohnn langen verzcug, welcher hirInnen hoheste gefarlickeit auff Im het, Inn die Lande widder denn feindt vorfertigt werdenn, Damit durch gottes gnedige beiwohnung vnd hulff wellichs Ehr vnd kirch diese sach vornemlich, vnnd dan der allgemeinen Christenheit gedey vnnd wolfart, antrifft, durch zcusammen gesetzten gewalt Die gutte Landtschafft, auss des Bluthundes vnnd vnchristenen feindes Rachen gerissen, vnd bei dem Christen Tumb geschutzet, erhalten, vnd hanthabet werden muge,

Vnnd als nuhn hochgedachter vnser gnediger herr vnnd Ritter Ord. Inn gewisser trostlicher Zeuuorsicht hoffet, E. ku: Mt. vnd die lobliche Cron zeu Dennemarken werden Dis so auss hertrengender noth gebeten, Inn gnediger erwegung aller vmstende vnd gelegenheit, nicht abschlagen, odder vorlegenn, viele mehr sie vff diese beuehlunge vnnd anurffung In gnedige protection, schutz, vnd schirm, In dem. E. ku. Mt. furfarn exempel kuniglich volgendt, auffnehmen vnd erhalten,

Alss wollen Ire f. g. vnd gantzer Ritter Ord, sich hinwidderumb gegen E. ku. Mt. des koniglich Hauss vnd lobliche Cron zeu Dennemarken vff gnedige wilferige erzeegung, Resolution vnd erklerung, Inn allem was Inen zcu thun Jumer gebuerlich vnd vnuerweislich, sich dermassen, Inn stether Danckbarkeit vnd muglicher erstadtung verhalten, Das sie darob sollen haben gunstig auch gnedig gefallen. Inn massen Ire f. g. vnss dauon weitern beuehlich mit geben, Vnd wir zcum vnterenigsten gehorsamlich bitten, E. ku. Mt. wolten zcu Irer gelegenheit, furderlichst Ires gnedigsten gmuts meinung vnsern vnwirdigen personen, Darnach haben zcu richtenn, gnedigst vorstendigen lassenn,

Vnd thun vnzweiffentlich an solchem allem E. ku. Mt, was goth dem herrn, der es Reichlich vorgelten wirt, zcum hohesten gefellig, die noth vnd geferlicheit der armen Christenheit, die sich desselben erfrewen, vnd darob frolocken wirt, erfurdert, wes E. ku: Mt: vnd der loblichen Cron zcu Dennemarken zcu vnsterblichem Nhamen, vnd aller Wolfart erschiessen wirt, Wellichs vnser gnediger herr Maister, Ritter Ordt, vnd gantze Landtschafft zuuordinen gantz Dinstlich vnnd vnterteniglich sich erpittenn,

36. **1558. (Vor Sept. 3. Alborg?) — Dänischer Entwurf zu einem Schutzvertrage des O. mit Dänemark, wobei die dänische Oberhoheit über die Lande Estonien, Harrien und Wirland anerkannt und dieselben zu vollständigem Besitz abgetreten werden.**

Conc. Cop.

In dorso: Handlung ɔc so zu Alburg vnd Randerssen zwischen den lifflendischen gesandten gepflogen. 1558.

Auf dem Vorblatt: Empfangen Sonabentz den 3 Septemb. auf den Obent.

In nahmen der heiligen vnnd vnzertheilten Dreyfeltikheit Amen. Wir Christian der dritt von Gott gnaden zu Dennemarcken ɔc ɔc an Einem, vnnd von wegen des hochwirdigen ɔc vnnd des Ritterlichen Ordens zu Lifflandt wir N. N. vnnd N. vf habenden gewalt vnnd volmacht, Bekhennen vnd thun kundt vor beyder seitz nachkomen vnnd aller menniglich, Das wir vnns vf gepflogen gutlich handlung der langwirigen schwebenden gebrechen vnd Irsaln, die sich der hohen obrigkeitt halben des Hertzogthumb Estonien, vnnd der Lande Harryen vnd wirrlandt, die vns Christian Konig vnd vnserm Reich Dennemarken von alters her zustendig, vnd aber aus bewegen vnnd mangell gnugsames berichts von dem Hern Meister dargegen furwendung geschehenn, vnd anher gethan worden, durch göttlich gnad, in der gutte gentzlich vereinigt, vnd zu grundt vertragen haben, Nemblich vnd also, Das wir obgedachte vnseres gnedigen Fursten vnd Herrn des Hern Meisters vnd Ritterlichen Ordens verordneten, vnd abgeschickten zu disen sachen, alle Zuspruch vnnd furderung, die hochgedachter vnser g. furst vnnd her der her Meister vnd Ritterlich orden zu der hohen obrigkeitt der Lannde Estonien Harrien vnd Wirlandt gehabt, berechtigt, vnd befugt zusein vermeint, gentzlich abgestelt vnnd fallen lassen, vnnd darneben bestendiglich versprochen, zugesagt, vnd bewilligt, crafft vnnsers beuelchs. Das hochgedachten vnser. g. furst vnd herr vnd der Ritterlich orden, vnd Niemandts inn nahmen vnd von wegen Irer f. g. vnd derselben nachkommen, vf solch hoch, vnd obrigkeit, nicht soll furdern, clagen, oder sprechen, in keinem wege, Sondern hochstgedachte Ko: Matt. zu Dennemarcken vnsern gst hern vnd derselben nachkomen darmit vngeirret, gewehren vnd schaffen lassen, Es hatt sich auch aus dem handell vnd angezogen vertregen, brief, sigel vnd handtvhesten von wegen ob gemelter Lande in verruckten Jaren zwischen dem hochloblichen Konig zu Dennemarck vnd dem Hern Meister vnd R. orden zu Lifflandt, verhanndelt, vnd vfgericht, offentlich erzeigt vnd befinden lassen, das die gemelten Lande Estonien, Harrien vnd wirrlandt nicht von dem H. Reich, wie aus mangell grundtlichs berichts geacht vnd gehalten worden, Sondern von dem Reich Dennemarcken, hergerurt, vnd in den R. orden gelangt vnd komen, das auch dieselbigen Lande von hochgedachter konig. Matt. zu Dennemarcken hochloblichen vorfaren aus der vnchristen gewalt mit dem Schwerdt durch gottlich gnad erworben vnd erhalten worden.

Vnd hatt auch Hochgedachte Kon: Matt: zu Dennemarcken, mit guthem grunde vnd bestendiglich darthuen lassen, Das die hohe Obrigkeit mit Stadtlichen beeidten Reuersbriffen, Ihrer Kon: Matt: vnd dem Reich Dennemarcken, an den gemelten Landen, wie die an den Ritterlichen Orden gelangt, vorbehalten worden, Vnd hat demnach vns vorordenten vnd Beuhelhabern obgenant vff Beuhel hochgedachts vnsers g. f. vnd Hern, des hern Meisters vnd Ritterlichen Orden der Kon: Matt: befugter gerechtigkeitt vnd gebuhr zuwidder vnd entlegen zu sein, nicht gezimenn wollen vnd mugenn, Es soll vnd will auch Hochgedachter vnser g. f. vnd Herr, der Herr Meister zu Lifflandt, vnd desselben nachkommen, vnd der

Ritterlich Orden, sambt Bischoffen, Prelaten, Ritterschafft, Stedten, Einwhonern vnd Vnderthanen derselbigen Lande Estonienn, Harryen vnd Whirlandt, Hochgedachte Kon: Matt: vnsern gnedigsten Hern, vnd derselbigen nachkommen am Reich Dennemarcken ɔc vhor Ihre Rechte Ordentliche Hohe Obrigkeit des Hertzogthumbs Estonien, vnd der Lande Harryen vnd Whirlandtt, Iderzeit erkennen, Ehren vnd Wirden, Vnd so off die Vheile nach gotlichem gnedigem willen mit den Konigen zu Dennemargken, Auch den Hern Meistern zu Lifflandt sich zutragen, Soll Ihr Kon: Matt: Iderzeit In Jares frist gebuhrlich huldigung von s. f. g. derselben nachkommen, vnd dem Ritterlichen Orden, durch sich selbs, odder derselben Volmechtigen vff gnugsamen gewalt der obgemelten Lande halben geleist vnd gethan werden, Das alles wir die Gesandten N. N. vnd N. Im nhamen des Hochwurdigen ɔc In krafft habendes Beuhelichs vffs bestendigst vnd In guthem glauben Hochgedachter Kon: Matt: derselben nachkommen, vnd dem Reich Dennemarcken hirmitt vorsprechenn vnd zusagen, Soll auch Iderzeit mitt gotlicher Vorleyhung also vnweigerlich vorfolgt vnd gehalten werden, Wir vorzeihen vns auch wissentlich Im nhamenn Hochgedachts vnsers g. f. vnd Hern, vnd des Ritterlichen Ordens zu Lifflandt, aller behelff vnd hulfflichen mittell der Rechten, als hir Jegen bedacht vnd gebraucht werden konten vnd mochten, Vnd vorbehalten aber wir die vorordenten vnd Beuhelichhaber obgenant vnsernn gnedigen Fursten vnnd Herrn, vnd dem Ritterlichen Orden, den genisslichen vnd nutzlichen eigenthumb, Gericht, Recht vnd Bothmessigkeit an den gemelten Landen, Schlossern, Vogteyen, Houen vnd guthern die sein f. g. vnd der Ritter Orden In den bemelten Landen haben, Auch den Bischoffen, Prelaten, Ritterschafft, Stedten vnd Einwhonern derselbigen Lande, Ihr Althergebrachte Freyheitten, Priuilegia, Recht vnd gerechtigkeit, Das Ihnenn darann nichts benhommen vnd keinn vorkurtzung geschehenn soll vnnd muge. Wie dan Hochgedachte

Kon: Matt: zu Dennemarcken ɔc vnser gnedigster Herr vns den Vorordenten vnd Volmechtigen solchs Koniglich zugesagt, vnd vorsprochen, Auch die gebuhrlich vnd befugte Priuilegia vff ansuchen zu vormerenn vnnd zubestedtigenn, mit gnadenn vortrost, vnnd gnedigsten schutz vnd schirm zu leistenn, vnd menniglich bey gleich vnd Recht zuerhaltten, souill Gott gnadt vorleihet, Dorann auch kein Zweiffell gehabt, Vnd soll aber auch solchs alles der Konig: Matt: vnd derselben nachkommen, an der geburenden hohen Obrigkeit der mhergenantenn Lande Estonien, vnd was derselbigen anhengig, nicht abbruchig seinn,

Dis alles vnd Jedes habenn wir Christiann Konig vhor vns vnd vnnsere nachkommenn am Reich Dennemargken, Vnd wir die Gesandten N. N. vnd N. Im nhamenn vnnsers gnedigen Fursten vnd Hern, vnd des Ritterlichen Orden angenhommen, bewilligt, vnnd vnwiddersprechlich In guthem glauben zu halttenn zugesagt, Thuenn auch solchs sambt vnd besonder hirmit Inn Crafft ditz Briues, Vnnd sollenn hirmitt, die obgemeltte Spann vnnd gebrechenn gentzlich auffgehabenn, vnnd zugrundt vortragenn seinn, vnnd bleibenn, Sollenn auch ferner vnnd zu Ewigenn Zeiten mitt nicht besprochenn werdenn, In keinem wege, Vnnd soll auch vonn Hochgedachtenn vnnser der Vorordenttenn Vollmechtigenn gnedigenn Furstenn vnnd Herrn, dem Herrn Meister, vnd Ritterlichenn Ordenn sonnderlich Ratificationn zum vberfluss hirauff vorfertigt, vnnd schirst zu Hochstgedachter Konig: Matt: handenn gestalt vnd vberantwortt werdenn,

Vnd nach dem auch hochgedachter vnser der gesandten N. N. vnnd N. g. furst vnnd herr der her Meister vnnd Ritterlich Orden zu Lifflandt, in vnser abfertigung. g. auferlegt, weil die Launde zu Lifflandt, aus gottlicher verhengnus, in hoher beschwerung, von wegenn der vfgedrungen vnuersehenlichen kriegshendeln, die zu endtlichen vnnd ewigen verderb, so nicht von Gott aus sonndern gnaden rettung

verfugt wurde, zugereichen, die hochstgedachte Ko: Matt. zu
Dennemarcken, vnnsern gst herrn, in nhamen hochgedachts
vnnsers. g. fursten vnnd hern, vnd des Ritterlichen orden,
vlelich vnnd dienstlich die gelegenheitt, vnnd erbermblichen
Zustandt der Lannde zu Lifflanndt zuberichten, vnnd daruf
zusuchen, vnnd bittlich zubewegenn, aus christlicher Koniglicher neigung sich der armen hochbeschwerten vnd betrubten
lande zu Liffland, zu gottes ehr vnnd gemeinen besten, mit
gnaden antzunehmen, wie Ir Konig. Matt. hochlobliche vorfahrn am Reich Dennemarcken beuor gethan, vnd denn herrn
Meister vnd den Ritterlichen orden in der Konig. Matt. Schutz
vnnd Protection, auch vor die nachkomen freundtlich vnnd
mit gnaden aufzunehmen ɔc Wie wol aber die sach hoch beweglich eracht, vnnd von hochgedachter Konig. Matt. sonderliche vrsachen angezogen, warumb Ihr Konig. Matt. der
suchung stadt zugeben, billich hochbedencken. So haben
doch Ir Ko: Matt. mit in betrachtung, Das Ir Konig. Matt.
vnd dem Reich Dennemarcken die hohe obrigkeitt des Hertzogthumbs Estonien, harryen vnnd wirrlandt mit denn zugehörigen, vnnd dar Inn gelegen Bistumb, Stetten vnd Lannden
zustendig, vnnd derwegen dieselbigen mit muglicher hulff,
furderung vnnd beystandt, dz die in friedlichen wesenn zuerhaltten, fuglich nicht zulassenn, vnns denn gesandten vf
habende volmacht, gnedigste handlung zugelassen, Vnnd weil
von hochgedachter Kon: Matt: vnserm gst. herrn angezogen,
dz solche last vnnd burde, als der schutz in solchen hochwichtigen beschwerden vnnd hendeln mitbringt, mit einem
schutzgeldt, dz nach gelegenheit zugeben erbottenn, nicht
zuerstrecken, Habenn wir die gesandten, krafft vnnsers ge-
dachten habenden Beuelchs, nach allen versuchten mitteln,
hochgedachte Konig. Matt. vnsern gst hern bewogen, dz Ir
Ko: Matt. vor sich vnnd derselbigen nachkommen im Reich
Dennemarcken, vnsern g. herrn Meister vnd den Ritterlichen
ordenn, sampt derselbigern vnderthanen vnd Landen, in

gnedigsten schutz vnnd protection zu nehmen, vf volgenden bescheidt bewilligt,

Daruff wir die gesandten vnd volmechtigen im Namen vnd von wegen hochgedachtes vnsers gnedigen Fursten vnd hern des hern Meisters, vnnd des Ritterlichen Ordenns zu Lifflandt, hochgedachter Konnig. Mtt. zu Dennemarcken vnd derselbigen nachkommen vnd dem Reich zu ergetzung vnd erstadtung der schweren kosten, als diser schutz erfurdert, dz obgemelt Herzogthumb Estonien, Harrien vnd Wirlandt, vermuge brief, sigel vnnd vertrege, mit Kon. Matt. hochloblichen vorfahren, vfgericht, mit den zugehörigen Bistumb, Stifften, Clostern, Lannden, Stedten, Schlossern, Vogteyen, Höuen, einkhomen vnd nutzungen, mitt allen herligkheitten, vnd gerechtigkeitten bestendiglich vnnd vnwiderrufflich abgetrettenn, vnd eingereumbt, Daran hochgedachter Kon: Matt. vnd dem Reich Dennemarcken vermuge des vorgesatzten in diesen vertrag vnnd Recess abgehandelten articuls, die hohe obrigkheitt zuuor zustendig vnd gehörig, vbergeben, vberreichen auch solche obgemelte Lanndt, Stifft, Stedt, Schlosser N. N. vnd N. herligkeitten vnd gerechtigkeiten mit allen vnd jeden derselbigen zugehorungen nichts ausbescheiden, wie die hochgedachte vnser. g. furst vnd her der herr Meister vnd Ritterlich orden anhero gehabt, besessen, gebraucht, vnd genutzt, Vermuge vnnsers habenden Beuelchs hiermit vnd crafft dies briefs, Vnnd behalten hochgedachtenn vnserm g. hern Meister vnd orden in denselbigen Lannden, Stifften, vnd Herligkeiten nichts beuor. Sondern es soll alles der hochgedachten Ko: Matt. vnd derselbigen nachkhommen, vnd dem Reich Dennemarckenn, volgen vnd bleiben, vnnd weysen hiemit Im nahmen hochgedachts vnsers g. f. vnd hern, vnd des R. orden, Stifft, Prelaten, Ritterschafft Stedt, Radt, Stende, vnd eingesessen derselbigen vorberurten Lannde, vnd Hertzogthumb Estonien an hochstgedachte Ko: Matt. zu Dennemarcken, vnd derselbigen nachkomen, vnd dz Reich Dennemarcken, Erlassen dieselbigen auch aller pflicht vnnd Eide, domit sie vnserm g. f. vnd hern anhero verwandt gewesen. Vnd wirdt vnd soll hochgedachter vnser g. f. vnd Herr, der Herr Meister vnd Ritterlich Orden bey gemelter Landen Prelaten Ritterschafft, Stedt, Rath, Stende vnd Eingesessen mitt gnaden schaffen vnd vorfugen, Das sich diselbige Jegen der Kon. Matt. ɔc deren Nachkommen vnd Reich Dennemarcken mitt Eid vnd Pflichten In massen solchs hochgedachtem vnserm g. f. vnd Hern, dem Hern Meister vnd Orden allzeit zuuorn geleistet, erzeigen, Derselbigen Ihrer Kon: Matt. vnderworffig machen vnd halten, vnd mit aller gebuhr vnd gehorsam, als die Rechte Ordentliche Obrigkeitt chrenn vnd erkennenn, Vnnd sollen doch hirmit den Ingesessenen bemelter Lande geistlich vnd weltlich niemands ausgeschlossen, Ihre hergebrachte Priuilegia, Freyheitten vnd gerechtigkeitt vnuorruckt vorbehalten seinn, Das auch wir Christian Konig vhor vns vnd vnser nachkommen hirmit gnedigst vorsprechen vnd zu sagenn, Vnd soll dise handlung, vortrag, abtrettung vnd vberantwortung der gemelten Lande, die wir Konig Christian angenhommen, In guthenn glauben vnd trewen, stett, vhest, vnd vnuorruckt gehaltenn werden,

Vnd wir Christian Konig gereden vnd vorsprechen hirmit vhor vns vnd vnsere nachkommen am Reich Dennemarcken, bey vnsern Konig: Wirden vnd In guthenn glauben, Das wir obgemelter handlung zu Volge dem Hochwurdigen Fursten, vnserm gelibten Freundt vnd Nachbarn denn Hern Meister vnd Ritterlichen Orden zu Lifflanndt, sambt Ihren nachkommen, Auch Landen vnd Vnderthanen mit allenn muglichen vnd souill Gott gnad vorlehnt, In obliggenden vnd furfallenden belestigungen vnd Krigs beschwerden, vnsern Schutz, Freuntlich vnd mit gnadenn vorleihen wollen, Vnd S. L. vnd derselbigen Nachkommen sambt dem Ritterlichen Orden mitt hulff vnd beistandt nicht vorlassen,

Vnd wir die Gesandten vnsers g. F. vnd Hern, des Hern Meisters vnd Ordens zu Lifflandt, gereden vnd geloben Im nhamen Hochgedachtes vnsers gnedigen Fursten vnd Hern krafft vnsers habenden Beuhelichs, Das hochgedachter vnser gnediger Herr will vnd soll, wie auch die Nachkommen mit denn Ritterlichen Orden wollen vnd sollen vorpflicht sein mitt aller macht vnd vormugen, wenn schutz der Lande zu thun erfurdert, der Hochgedachten Kon: Mtt: zu Denmarcken vnd derselbigen Nachkommen getreulich vnd ohne weigerung helffen vnd zusatzen, Auch die Kon. Matt: vnd das Reich Dennemarcken vnd norwegen*) so widderung vnd Krigshendell vffgedrungen werden wollen, Das Gott gnediglich vorhutenn wolle, Mitt aller muglichen hulff, beistandt, vnd Rettung herwidderumb wie billich nicht zu lassen. Alles vnd Jedes wie obgemelt, mit allen Puncten vnd Artickeln, Gereden wir Christian Konig vhor vns vnd vnsere Nachkommen am Reich Dennemargken Vnd wir die gesandten N. N. vnd N Inn nhamen vnd von wegen vnsers g. f. vnd Hern, des Hern Meisters vnd Ritterlichen Ordens zu Lifflandt, stedt, vhest, vnabbruchig woll zu halten

Es soll auch Hochgedachter vnser g. f. vnd Herr, der Herr Meister vnd Orden, besonder Ratificationn zum vberflus auff dise Handlung vorfertigen, vnd Hochgedachter Kon. Matt: vnserm gst. hern, Auch alle Briff, Sigel vnd Vrkundt, die vnsere g. f. vnd Herr, vnd der Ritterlich Orden, auff die Lande Estonien, Harryen vnd Whirlandt haben, In Originalen vberantworten, vnd zu stellen lassen, Das wir die Gesanndten also zu geschehen wollenn befurdern, Alles getrewlich ɔc

*) *Diese beiden Worte sind übergeschrieben.*

37. (1558. nach Sept. 3.) -- Bedenken der Gesandten des OM. auf die königlich dänische Notel den Schutzhandel betreffend.

Note.

Bedenken auf den ersten Punkt, den dänischen Anspruch auf die Oberhoheit über Harrien und Wirland betreffend.

Die kunigliche verfasste vnd zcugeschickte Nottel finden wir furnemlich auff iiij haupt punct gerichtet.

Im ersten Ist begriffen die hohe Obrigkeit, deren sich die ku: Mt. zcu Dennemarken, vber Harrien vnd Wierlandt den Ducatum Estoniae anmasset, Das wir dar zcu mit beuehlich abgesandt, vnd die Langwirigen gebrechen vnd Irsaln vff gepflogene handlung, Inn der gutte voreiniget vnd zcu grundt vertragen haben, weiters Inhalts desselben,

Der ander sicht dahin, Das neben dem vorigen punct der als der furnemster gesetzt, Inn vnser abfertigung vnss vfferlegt, die Noth vnd betrangnuss, so die Lande Liefflandt vom Reussen leiden, der ku: Mt: zcu Dennemarken furzcutragen vnd zcu pitten In diesen notten der Lande sich anzcunehmen, wass massen daruff handlung vorstadtet, gepflogen, vnd die ku: Mat: durch abtrettung der Lande Harrien vnd Wierlandt sich bewegen lassen,

Im Dritten ist enthalten, wie weit die k: Mt. sich eingelassen,

Vnd Ist dan der Vierd ein vorpflichtung vnsers g. h. Meissters vnd R. Ordenss vff zwehn wege, Der defension Eifflandts, vnd dan der hulff, beistandt, Vnd Rettung der ku: Reiche, wan die mit kriegs beswerdenn beladen ɔc

Was nuhn den ersten anlangendt, hoffen wir sey auss vnser anwerbung, vnd aller handlung offenbar, Das wir von vnserm g. f vnd herrn, zcu dem ende nicht abgefertigt, denselben punct zcu disputiren, haben vnss auch dermassen, dah der punct von der ku: Mt. vorordenten Redten erregt worden,

8*

nicht eingelassen, Noch vnsers herrn habendts vnd gefreiets hohe Recht vnd gerechtigkeit In Zweifel gezcogen, hinwidderumb haben wir auch dem angezcogenen Rechten vnd gerechtigkeiten, So die ku: Mt: zcu den Landen zcu haben vormeinen, seinen orth anfenglich gelassen, In zcuuorsicht, Wie dan auch etwan vnsers g f vnd hern gesandten gegebener abscheidt, mit brengt, Es solt zcu anderer gelegenheit eines Jegen das ander gebracht vnd gebuerlich Dar Innen sein verfahren,

Doch aber die ku. Mt. vnauffhoerlich Ire angezcogen Recht vrgirt, vnd sich vornehmen lassen Es wurde alhie handlung gepflogen odder nicht, wolten sie Irer hohen herlickeit gebrauchen, vnd Ire vnterthanen woh darumb ansuchung geschehe zcu befriedung befurdern ɔc Auch von Reuerssen vnd verpflichtungen, so hiruff stimmendt, vorhanden sein solten, vormeldung thuen lassen, Vnd dan die Jegenwertige noth vnd geferligkeit der Lande schleunige errettung erfurderte, Wir auch vnsers gnedigen hern gemuth dahin nicht geachtet wusten, vnbefuegt, vber habendt siegel vnd brieff der ku: Mt. an dem was Ihr zcustehn muchte, etwes zcu entzcihen, vnd wir entlich vormerckt, das es dafur erachtet, die gesuchte hulff vnd errettung, auch darnach die general protection, wurde ein Jerlich gelts erlegung, nicht erheben, Als haben wir auss sollichen vnsers erachtens nicht weinigen vrsachen vnser Mandatum relaxirt vnd die angezcogene hohe Obrigkeit, die wir zcu disputirn nicht gemechtiget, an Iren orth gestellet, Auch also zu einer danckbaren ergetzung des krieges vnkostens In dieser hulff vnd errettung vnd fur den angenomen schutz, abgetredten die Lande Harrien vnd Wierlandt mit allem dem was dazcu gehorig vermuge des Jungst auffgerichteden Contracts Jars 1346. Nemlich das Landt Reuel, das Ist Schloss, gebiett, Stadt, Bistumb vnd was dem anhengig, Wesenberg Schloss Stadt vnd gebitt, Narua Schloss Stadt vnd gebiett, Neuen Schloss mit dem gebiet, Tolsburg Schloss vnd gebiett. Das gebiett Jeruen aber vnd was Im anhanget, welchs ein vast lange Zceit zcuuorn, von der Cron Dennemarken an Ritt: Orden kommen, vnd, das, etwahn zcu Harrien vnd Wierlandt dem Ducatu Estoniae gehorig gewesen, ausbescheiden, Dweiln den gemelte Lande Harrien vnd Wierlandt In sollicher massen der ku: Mt. gentzlich abgetreten vnd realiter sollen eingeantwurt werden, Wissen wir nicht worzcu dinstlich, die lange einfuehrung, die In sollichem ersten punct geschicht In diesen abscheidt vnd voreinigung zcu setzen, vnd hoffen trostlich, Bitten auch vntertenigst, die ku. Mt. wolten vnsere personen, auss angezcogenen vnd mehr anderen Vrsachen so sie, kuniglich vnd Christlich bei sich zcuerwegen hier Innen gnedigst bedencken, verschonen, Vnd also den ersten eingangk disser schrifftlichen verfassung, dahere gnedigst nehmen vnd setzen lassen, Darumb wir mit beuehlich abgefertigt vntertenigst gesucht, auch bishihere gehandelt, Vnd das dieser eingang vnd erster punct gar ausgelassen bleibe, dan sein sunst Im andern gedacht

So Dan die ku. Mt. wie wir nicht zweifelen hier Innen sich gnedigst bezceigen, vnd angezcogene beswerung hindan setzen werden, wollen wir wegen der andern punct, mit der ku: Mt. vnss vntertenigst zcuuorgleichen, vornehmen lassen,

38. (1558. nach Sept. 3.) — **Weiteres Bedenken der Gesandten des OM. auf die königlich dänische Notel den Schutzhandel betreffend.**

Note.

Weiter bedencken.

Im § vnd weiln von Hochgedachter ku: Mt. ɔc zcu endt desselben, zu den worten, In gnedigen schutz vnd protection zcu nehmen (vnd Itzundt erretten zu helffen) mit zcuzusetzen

Im §. Daruff wir ℈c zcu den worten alss dieser schutz erfordert zu setzen (alse diese errettung vnd schutz erfordertt) vnd dan den periodum durch auss vff diese meinung § Das obgemelts Hertzogthumb Estonien Harrien vnd Wierlandt, so viel des vermuge Jungst auffgerichtedes Contracts, von der Cronen zcu Dennemarken an den Ritter Orden gelangt, alse Reuel das Schloss, Stadt, vnd gepiett, zcu sampt dem Bistumb, so viel vnser gnediger her Meister vnd Ritt: Ord daran gerechtigkeit hat, Wesenberg Stadt, Schloss vnd gepieth Narua Stadt, Schloss vnd gepiet, Newen Schloss, vnd Tolsburg *(hierzu wohl von dänischer Seite ad marg:* sambt dem Schloss vnnd Flecken Wittenstein, vnnd gantzem gebieth Jeruen geheissen), mit allenn Vogteienn, höuen, einkomen vnd Nutzungen, Mit allen herligkeiten vnd gerechtigkeiten bestendiglich vnd vnwidderrufflich abgetredten vnd ein gereumpt Daran vnd was von der Cronen Dennemarken auss dem Ducatu Estoniae, sonst an den Ritt. Teutschen Orden von der Zceit mag gewendet, vnd vorendert sein, hochgedachte ku. Mt. wie obgehort der hohenn Obrigkeit sich angemasst vnd furbehalten

§ Vnd weisen hiermit ℈c Dieser punct. mag von vnss nicht disser gestalt gesatzt werdenn,

Dan die vberweisung vnd pflicht erlassung zcu thuen, Ist nicht dieses orths odder gelegenheit, vnd wirt wie bald die Clausel folget vnser gnediger herr, was darzcu gehort, zu thun wissen,

§ Vnd sollen doch hiemit denn eingesessen ℈c Bey den priuilegien der eingesessenen muste auch bedacht werden, der andern Eifflendischen Stedte, vnd dan der ausslendischen, so dar Innen alther geprachte priuilegien vnd Immuniteten haben muchten, Sonderlich der kayserlichen Stadt Lubeck, wellichs zur eroberung der Lande auss der heidenschaff auch das Irige gethann,

§ Vnd soll diese handlung ℈c vnuerruckt gehalten (vnd vollenstreckt) werdenn,

Wegen der ku: Mat. Obligation.

Weiln die abtrettung der Lande Harrien vnd Wierlandt welchs nicht ein geringes Sondern vnsers g. f. vnd herrn ann Landen Stedten, Schlossern, vnd Leuten, hochster schatz vnd furnemstes Cleinodt ist, vff beides, so wol die Itzige errettung alse kunfftigen schutz stehet, vnd die ku: Mt. sich wol gnedigst zcu beiden wegen erpotten, Daran nicht gezcweiffelt wurt, So erheischet die nottrofft, das die ku. Mt. vntertenigst zu pitten, wegen disser hulff vnd errettung, die warlich mit der tadt gescheen muss sich weiter Inn diesem vortrage erclere, vnd dauon auss trucklich setzen lasse,

Das vnsere personen alse die Diener von vnserm g. h. nachlessigkeit vnd vorseumnuss halben nicht mugen bedacht odder beschuldiget werden,

Die Jegen vorpflichtung vnsers g. f vnd herrn vnd Ritter Ordens, geschicht so viel Derselben Lande schutz anruhrendt pillich,

Das aber die vorpflichtung wegen der Reich Dennemarken Norwegen mit angehengt, Ist In der Lande vermugen vnd gelegenheit nicht, Ire f. g vnd Ritt Ord aber werden, daran nicht zcu zweifeln, vff den fall, vnd In der Zceit der noth, Die goth Je nicht vorhengen wolle, sich gegen Iren herrn protectorn gebuerlich zuuorhalten wissen,

39. (1558. nach Sept. 3.) — Erläuterung zum weitern Bedenken der Gesandten des OM.

Note.

Das heist hairien vnd wierlandt welchs der Ducatus Estonia genant. Das Landt Reuel, Das ist, das Schloss, gebieth vnd Stadt Reuel, Wesenberg ein Schloss gebiette vnd Stadt, Narua ein Schloss vnnd Stadt mit zcugehorigem gebiette, Neue Schloss mit dem gebiette, Tolsburg Schloss vnnd gebiett ɔc

Dis hat etwahn dar zcu gehoret vnd Ist ein gar lange Zceit zcuuorn, ehe Dan der Contract zwischen kunigen zcu Dennemarcken vnd Meistern Teu'schs Ordens, vffgerichtet A⁰ 1346, dauon kommen, Jeruen das Schloss mit dem Stedtlein vnd zcugehorigenn Lannden

40. (1558. nach Sept. 3.) — Nachtrag zum weiteren Bedenken der Gesandten des OM. auf die königlich dänische Notel den Schutzhandel betreffend.

Note.

Nach der Clausel, Soferrn ɔc

Idoch das sollichs zu keiner Jurisdiction vber den herrn Meister, Die Nachkommen vnd den Ritterlichen Teutschen Orden Inn Liefflandt soll gezcogen odder gemeinet, Sondern dieselben In Ihren Reputation hoheiten vnd wirden, bey Ihren habenden vberigen Furstentumben Steten, Landen, vnd Leutten, allen herligkeiten vnd gerechtigkeitten ɔc gelassen vnd von vnss vnd vnsern Nachkomen darann nicht sollen durch einigen eintrangk, abbruch odder schmelerung, verkurtzt noch besweret werden Inn einigerlei weise

Nach abtrettung der Lande vnd gebiette ɔc Wie solche Lande vnd gebiette alle In Iren grentzen gelegenn Itzundt allerseits Innegehabt, besessenn vnd gebraucht werden,

Das nicht vnfugsam eine Clausel mit Inserirt wurde, wegen vergleichung der kriegs Ordnung vnd mass, auch der Lande so man dem Veinde In diesem defensiue krieg, durch Gottes gnedige beistendigkeit durch zcusamen gesetzte hulff vnd gewalt abtrengen kondte, welche vorgleichung dan In Liefflandt mit vnserm gnedigen herrn, Durch der ku: Mt. beuehlich haber gescheen muste

Das auch weiter die ku. Mt. die vorsprechung vnd vorsehung thue, Damit derselben Inn die Lande abgefertigte KriegsLeuthe, hochgedachtem vnserm gnedigen herrn Deren vnterthanen Landen vnd Leuthen vber pilligkeit nicht beswerlichs zcufuegen,

---

41. 1558. Sept. 6. u. 15. 16. Alburg u. Randers. — Notariats-Instrument über die Aufgabe des Hauses Reval durch den Comthur, über dessen Ansprüche an den Orden und die Antwort der Abgeordneten des OM.

Cop.

In dorso: Commenthur zu Reual. Instrument.

In dem Namen der Heiligenn vntzertheilbarenn Dreifaltigkeit, gottes des Vaters, des Sonss vnndt werdigen Heiligen geistes Amen, Kundt vndt offenbar sein allen vndt Jedem was wirden standes oder wesens die sein, denen diss Jegenwertig offen Instrument, sehendt, lesend, oder horen lesend furkumpt, Das In dem Jar als man zaltt nach Christi vnnsers Seligmachers geburtt funftzehennhundert vnndt Im achtvnndt funftigsten, Inn der ersten Romer Zins zal, Indictio zu latin genant, Regierung des aller durchleuchtigsten Grossmechtigsten Furstenn vnndt Hernn, Hernn Ferdinandt Romischenn keysers, zcu allenn Zeitenn Mherer des Reichs zu Germanien Infans zu Hispanien, zu Hungernn, Bhemen, Dalmatien, Croatien ɔc konig, Ertz. hertzog zu Osterreich, Hertzog zu Burgundt ɔc Grauen zu

Hapspurg Flandernn vndt Tirol, den Dinstag nach Egidii welcher was der Sechste Septembris, zu Alburgk zwischenn Neun vndt zehen Schlegenn, vnngeferlich fur mir Steffano Vetternn aus keyserlicher machtt offenbaren Notarien, Erschienen sein die Ehrwirdigenn Hernn vnndt Achtbarnn Ernuesten Erbarnn vnndt wolgelartenn, Her Jorg von Siberg Commenthur zu Duneburgk Frantz von Stiten vnndt Michel Brunow Des Hochwirdigenn grossmechtigenn Hernn Meisters zu Lifflandt abgefertigte Legaten ahn einem, vnndt Cristoffer von Munnichausen vnndt Cristoffer Schiffer In nhamen vnndt von wegen des Ehrwirdigenn wirdigen Erbarnn vndt Ehrnuesten Hernn Frantzen vonn Szegenhagen genant Anstel, andertheils, vnndt zeigten gedachter Cristoff von Munchhausen ahn, beneben Cristoffern Schiffernn auch von wegen Godertt Bucholtz, als den Haus Commenthnr zu Reuel. Es hettenn Ire Erwirdigenn nichts liebers gewunschet, dann das Sie personlichen die gesanten anreden mochten, wie Sie sich dann auch deshalben In anzugk begebenn, Dieweil aber ko: Mt: zu Dennemarcken ɔc durch ein sunderlich Mandat, Sie bis auff weiternn bescheitt zugewarten anhalteu lassen, hetten Sie dem gehorsamen mussen, Darumb dan Ihre Ehrwird vnnd wirden Ihnen den gesantenn schrifftlich vferlegt, die vrsachenn Ihres ausbleibens vnnd was sie mit Inen zuberedenn zuuermelden vndt anzuzeigen. Nun erachten Sie aber vnnötig, nach der leng zuerholenn, was grosse vnnd vnuorbeygenklich noth die Hernn Commenthur vndt Haus Commenthur getrungenn Das sie das Schlos Reuel der ko: Mat: zu Dennemargken vberlassen mussen Idoch Soviel Inen dauon bewust, wolten sie kurtzlichenn vermeldenn Es hette hochgedachter her Meister zu Lifflandt dem Hernn Cumptor ein venlein Landsknecht, als einen velthernn zuuerwaltenn vferlegt, welche knecht der her Cumptor zu Ihrer gnaden besten In Eidt vfgenommen, Solche aber hetten In zweienn Monaten keinen Solt entpfangen, Das sie zusammen In die zehentausent Margk gemisset Als nuhn der

Feindt mit so gewaltiger macht angetrungen vndt ein Jeder von wegen des vnuormugens zu Haus In sein gewarsam zuruck gezogen, hette er auch nach dem Schlos gen Reue gerucket, vndt fur dem feinde sich zubeschutzenn mit aller macht befleissiget. Es hat aber der Reus durch einen Vhedbrieff das Schlos vnndt Staht Reuel abgefordert Darumb die Stat vnndt Ritterschafft bei dem Hernn Cumptor anngehaltenn, Das Schlos vndt thum dermassenn zuuorsorgenn, damit keine gefahr deshalben entsthehenn mochte, Diweil aber einem Idernn bewust das ehr als Junger ankomender gebietiger, nie In dermassen Vorrath kommen können, Das ehr die angenomen kriegsleuth ferrer damit das haus vnd thum nach notturfft vorsehenn wurde zubesolden vermocht, vnnd die besoldung nicht auff dreissig oder viertzig Sondernn vff etzliche hundertt person wolte nötig sein, Die Landtsknecht aber hetten von Ihme die Zehenn tausent Margk vordientes Solts gefordert, Vnndt mit solcher beangstigung getrungen, Das Ihrer etzliche vffs Schlos kommen, aus seiner Ehrwirdigen Chammer vndt gemach nicht weichenn, entweder gelt habenn oder Sein Erwird: zu stuckenn howen wollen, hettnn Sein Erwird: zu Errettung seines leibs vnndt lebens Den erbarnn vnndt Ehrnuesten Cristoffern von Munchausenn, welcher Solche hochste noth vnndt leibs gefahr Selbst gesehenn vnndt gehörtt, freuntlich angelanget vnndt gebetten vor berurte Summa gelts guth zusagen, vndt burg zu werdenn, Damit die kriegsknechte zufriden gesprochenn. Welchs dann Cristoffer Munchausen der Sachenn allenthalben zu guht vnndt damit das Haus auch der Herr Cumptor errettet bewilliget vnndt vff sich genommen Dan wo diese mittel nicht getroffenn, were anders nichten zubesorgen gewest, Dan das Solch Schlos vndt gebiet albereit In der feinde hende Sein wurde, Solche oberzelt vnndt andere viel mehr erhebliche vrsachenn, hettenn den Hernn Cumpter Sampt seinen haus Cumptor mehr dan gezwungenn obberurtt gebiet zuuerlassen vnd sich mit den andernn an die ko: Mi:

zu begebenn, Ob Sie etwas Fruchtbarliches zu errettung des armen betruckten landes mit beschaffen mochten, wie sie sich dann des Schuldig erkenthen, auch nochmals so fernn Sich Ihr vormugenn vndt eusserste verstandt erstrecket gerne thuen woltenn. Nach dem dan wie oben bemelt, Ihne vber ko: Mai: beuehl gegen Alburg an sie zuuerreisen nicht geburenn woltt, Vnndt aber Ihre Ehrwird: fast vornehmen, Das ko: Mai: die orth zu Reuel nicht allein als einen Schutz, Sondernn auch einen erbhernn anmassen, Darumb ehr ohne das so solchs schon nicht verhandenn, von gedachtenn gebieth hat abtrettenn mussen, So bethe Ihre Ehrwird: Sampt dem Haus Cumptor hiermit zu wissen, wes sich gegen Hochgedachtenn Hernn Meister vnndt dem Ordenn Soltenn zuuorsehenn habenn, Vnnd das Ihre gnaden Inen der zehen tausent marck halbenn enthebenn vnndt Schadlos haltenn, Stelt ehr der her Cumptor In keinen zweiffel. Hiervff ist durch Michel Brunow obgemelt geantwortett worden, Es were nicht ohne das Sie von dem Hernn Meister Irem g. h. volmechtig abgefertigt, So hetten aber Ihn Ihrer abfertigung, von des Hernn Cumptors zu Reuel nicht gewust, Darumb Sie auch Seiner Ehrwird: halbenn keinen beuehl, vnnd ob Sie woll vnder wegenn dauon horen Reden, So hetten sie aber Jedoch den bericht wie gemelt vndt obangezeigt nicht vernommen Sie woltenn aber nicht zweifflen, hochgedachter Herr Meister Ir gnediger herr, wurd Sich gegen dem Hernn Cumptor vnndt menniglichen dieses fals, aller gebur vndt Furstlichen tugent zuuerhaltenn wissen.

In obberurten Jhar Zeit vndt Regierung, Donnertags nach Exaltationis Crucis, welcher was der funfzehendt obgemelts Monats, Ist mehrbemelter her Cumptor zu Randershausen ankommen, vnndt des volgenden tages zwischenn Newenn vnndt zehenn schlegenn vngeferlich vor mir Notarienn erschienen vnndt selbst personlichenn gedachtenn Cristoffernn von Munchausenn vnnd Cristoffer Schiffern, freuntlich gebetten vnndt zu werbenn vfferlegt, wie oben nach der lenge erholtt des Hernn Meisters zu Lifflant Legaten anzutragen vndt antworht zu bitten, was ehr zu dem Hernn Meister, dem Orden vnndt Ihnen versehenn vnndt ob ehr auch Sich getrösten, das die Zehentausent mir mochten erlegt, vnnd ehr derhalbenn Sunder Schaden benommen werden, Dann Im fhall Solchs nicht geschehenn, wurde ehr vervrsacht werden, der ko. M. vnndt Menniglichem die euserste noth auch sonst die handlung die Ihne gezwungenn vnnd seine entschuldigung dermassen an tag zubringenn vnnd zuerkleren, das ehr nicht zweiffeltt, die ko: Mai. wurden Ime darzu er berechtiget, gnedigst verhulpfen Sein, Vnnd was dan daraus weiter entstehen wolten sie Ihnen als den verstendigenn zubedencken geben, Dann Jhe sein Ehrw: nicht aus muhtwillenn, has, neith oder anderer dergleichenn gestalt, Sunder aus lauter eusserstenn vndt hochsten noth, die Ine getrungenn vndt In Schriftenn, domit es zubeweisen, verfast vorgemelte handlungen furgenommen. Hierauff kurtzlich die anthwortt widerumb durch Michaelenn Brunow gegebenn, Sie hetten abermals die werbung von wegen des herrn Cumpthors zu Reuel angehorth, vnndt liessens bey der beantwortung Jungst zu Alburgk gegeben beruhenn, zweiffelten auch nicht, es wurde der herr Meister wie gemelt, gegen den Hernn Cumpthor vnndt sunst als wem aller Cristlichenn vndt Furstlichenn tugent Sich gehalten Das aber der Herr Cumptor anzeigen lassen, Das Sein Ehrw. alle handlung der ko: M: vnndt was sich sunsten allenthalbenn Inn diesen Sachenn verlauffen vnndt zugetragenn, zu entdeckenn, zweiffelten Sie nicht, es wurde sein Ehrw: sich erInnern, was Ime zuthuen des geburen wolte ɔc Solche werbung auch die handlung wie sich das zu Reuel zugetragenn, vnndt In dem anderrn Instrument, So durch mich Notarienn daruf verfertiget vnndt geschriebenn, hatt Cristoffer von Munchausen erholtt. Es ist auch dasselbig Instrument offentlich dem Hernn Sindico zu Reuel Jodoco Clodio vorgelesen worden die darauf angezeigt, Es solt der herr Cumptor bei der ehhafftenn noth, die Ine

allenthalben getrungen beruhenn, das sie Ime auch Zeugnus
geben musten vndt wolten Dann auch Sie aus angeregtenn
Vrsachenn, Sich anhero an die ko: M. sich begebenn mussen,
vnndt ob woll Jodocus Clodius Sindicus obgemeltt, allerley
beschwer furgewent vnnd nicht gerne gesehenn, Das sein
Name In beruertem Instrument Specificiert vnndt zur Zeugnus,
wie er sich doch selbst, hiebefornn erbotten, So erhr gefurdertt
oder wie sich geburtt vermahnet wurd, So hab Notarius ich
Steffanus Vetter doch gleichwol der warheit zu steur, wie
allenthalben Solche hendel sich zugetragenn, vnndt ich Selbst
Personlich gehörtt vnndt gesehen zum fleissigsten verzeichnet
vnndt auffgeschrieben Geschehen Im namen Jhar zeit Regierung,
tag stundt vndt ohrtt endt wie ob vnnd hierinne vormeldt,

42. (1558. c. Sept. 6.) — Die Gesandten der Lande Harrien und Wirland und der Stadt Reval an König und Räthe von Dänemark.

Orig.

Bitten, da, wie sie vernehmen, der OM. die Lande Harrien und Wirland und die Stadt Reval dem König von Dänemark abtrete, bei guter Polizei und allein seligmachender Lehre erhalten, ihres Eides förmlich entlassen, in ihren Privilegien und Gewohnheiten bestätigt zu werden.

Hochwirdiger Furst, Edle, gestrenge vnd Ernthueste gnediger
vnd grossgunstige Hern, Syntemall durch des Hochwirdigenn
vnsers gnedigen Hern Meysters ansehentliche gesanthen, vns
der armen Lande Harrien vnd Wyrlandt vnd Stadt Reuell
abgefertigten, angekundigett, wie das nach langer vnnd weytt-
leufftiger geplogner Handlung, wegen der Durchleuchtigsten
ko: Mat. zu Dennemarcken vnd Norwegenn ɔc mit e. g. vnd
gunsten gehalten, diesselbige In Irem beuelch hetten, die

Lande Harrien Wyrlandt Sampt der Stadt Reuell vnd wes den angehorich kegen die bogerte protectur hochstermelter ko: Mat: vnd dem Reych Dennemarcken, wie sie daher ahn vnsern g. hern Meyster vnd Ritter Orden gekommen, Nue wiederumb abzutreten, In ahnmerckunge der hogen gefhar, Noth vnd bedrangnus, domit der Barbarisch feyndt der Reusse dieselbigen Lande vndt Stadt sampt gantzem leyfflandt In disser zeyt vnuerschult, vorunrhueth, Wiewoll wir nue gnediger vnd gunstige Hern, das mit högstem wehmutt verstanden, als die Ja nicht liebers gewolt vnd vorhoffett, sunder das sie Ir leben vnther Irer lieben öbrikeyt, wie sie dorunder von Jugent gekommen, vnd schier alt geworden, solten mit Ihren öbern vnd eltesten landtschafft vnd stadt vollendett haben, als wir noch von gott dem almechtigen nicht liebers bitten vnd wunschen möchten, wan aber wir hierbey bedencken, das der sunde vnd anderer feyle halben got denn Regimenten auch Ire Zeyt verordnett, vnd derselbige rechtfertige gott, die Regiment setzett, vnd vorsetzett, vnd nue disse abtretung auch nicht one sunder nothwendich, wichtich bedencken geschecht, will es vnsers ermessens mit gemelter Landtschafft vnd Stadt, heyssen, das der der noth gedienett, der Zeyt weychett,

Vnd weyll dan durch den wueterigen feyndt, nicht alleyn Erbarer policey, zerstörung gesucht, sunder auch die ausrottunge der waren göthlichen alleyn selich machenden lehr, gemeynett, vnd aber die sunst lang In den landen vnnd örthen erhalten vnd trewlich gelernett, wollen wir zw gott dem almechtigen vnd der hochstermelten kon. Mat. vns vnderdenigst versehen das durch disse abtretung bey beyden die lande vndt Stadt erhalten werden können,

Zudem den weyther den Inwonern der Lande vnd Stadt eynes auffrichtigen ehrlichen Namens, des sie sich sampt aller erbarkeyt biss daher beflissen, vonnöten, vnd sie nun durch disse abtretung bey meniglich In nachrede nicht mugen gesetzt werden, seyn sie der hoffnung, man durch gnugsame kunthschafft vnd beweys, sie Irer eyde vnd pflicht, damit sie sunst langher vnserm g. hern Meister, vorwant, erlassen werde, Wie dan recht vnd auch gescheen, do von dem orden aus preussen die Lande ahn Irer f g vorfarn gekommen,

Vor das dritt Das auch eyn Ernthveste Ritterschafft der Lande Rath Burgermeyster vnd Inwoner der Stadt erhalten mugen bleyben, bey Iren Immuniteten, freyheytenn priuilegiis begnadungen, gericht, recht, In burgerlichen sowoll peynlichen sachen, die stadt bey gewonlicher appellation, auffrichtigen vordregen, statuten, löblichenn vnd Erbarlichen gewonheyten, In Zeyten von den höchlöblichen koningen zu Dennemarcken, Iren gnedigsten vnd nachmals von hochmeystern In preussen vnd Meystern In Leyfflandt Iren gnedigen Hern, dem adell vnd stadt gegeben,

Vnd dieweyll auch zwey Junckfrowen Clöster von dem adell In Leyfflandt der ört erbawett, darin Ire kynder so lust darzw haben, als eyne Zuchtschull, gegeben, Da die mit gottseligen predicanten versehen, erhaltenn bleyben, vnd die vom adell auch eynen Zutritt vnd befordering zu den Emptern als Landtsassen vor andern haben mugen,

Der Stadt Reuell auch, die alleyn auff die blosse kauffmanschafft erbawett, vnd wieder Landt noch ackerbaw haben, alleyn wasser vnd strandt, des sie sich erneren, Ire freye hantirung, zw wasser vnnd Lande durch die ost vnd westsehe möge vor meniglich gestatett werden, vnd das sie dann alls Irer vocation von andern mugen vnbehindert bleyben,

Die zw vnd abfhur auch von den Landtsasen vnnd freunthliche Communication Inen nach alter gewonheyt aus dem Lande vnd vmbligenden gebieten, ob schon der orth Landts von anderen durch disse abtretung gesundert, vorhengett werde, damit durch *(add.?)* vnd vngewonthliche hauen vnd kauffmanschafft die stadt nicht vorderbett werde,

Vnd wiewoll die stadt Reuell eyne vorwante stadt der ansehe vor vielen vndencklichen Jaren gewesen, mit denselbigen auch in diuersen landen vnd konigreichen mit priuilegiis der handlung vorsehen, das sie gleychs andern steten, die vnther den Hertzogk zu preussen, ko. zu poln, pomern, Mekelburgk vnd mher fursten gelegen, In dem von der gemeynschaft vnd zusamenkunfft der Ansehe steten nicht muge gehalten werden,

Auch den Erbarn ansehe steten mit der stadt Reuell Ire alte gebreuchliche handelinge, vorhengett, vnd sunderlich mit denen von Luebeck, dieselbige auch Irer freyheyt, wie sie die von olders dar gebrauchett vnd mit Documenten zu- beweysen, one beschwer noch muge Immer forth zugelassen werden, auch de schiff mit Inen zu bawen vnd redten

Die Stadt auch bey Irer eynkumpst, gefelle, wage, vnd achsise daruan alleyn vnd sunst keynen zufall die erhalten mus werden, In bawen vnd bessern, auch bouen den Rossdienst nach anzall eynes Jedenn guether die Ritterschafft mit beschatzinge vnd zolle nicht mugen beschwerett werden, sintemall nue sunderlich, In disser Zeit die Lande vnd stadt mit brandt, Raub vnd Nam In Darpt vnd Narue ahn vermugen mer als die helffte geschwechett,

Da nue dyss wie von alters loblich, auff die Lande vnnd stadt von den Durchleuchtigsten koningen zu Dennemarcken vnd hochwirdigen hern Meystern In preussen vnd leyfflandt gebracht, vnd Sie des alles In rowsam besatze biss daher geblieben, vnd also gott dem almechtigen zu eheren vnnd den Landen zu guth dieselbige Orther vnd Stadt verwaltett, vnnd wir nue wegen vnser obern, öltesten vnd gantzen gemeynheyt des adels vnnd stadt In keynen zweyffell stellen, sunder tröstlich des vns verhoffen, vnd vntherthenigk darumb gebeten haben wollen, disse Itzige ko. Ma^t: vnser gnedigster her nicht mit myndern gnaden, Inen bewogen, wenner sie des aber nue von e. g. gestrengicheyten vnd gunsten, In dissen vorfassinge, gepflogener handelinge versehen mugen werden, wollen wir vns vorhoffen, das vnsere öbirn vnd öldesten, weniger beschwer tragen werden, gott dem almechtigen zu eheren, zuerhaltung Ires armen vaterlandts, sich mit geneygtem willenn, wedderumb vnther der ko: Ma^t: Regiment begeben, allen gehorsam, vntherthenige trew vnd schuldige dinste, nach Itzigem vormögen doryn erzeygenn vnnd beweysenn, Das Ire Ma^t: vnd de löbliche kron Dennemarcken dorob eyn gnedigs vnnd gunstiges gefallenn, tragen werde, auch durch erhaltung der Lande Irer Ma^t: vnd Reych nicht eyne geringe ehr vnd vortheyll erwachsenn werde,

(Von J. Clodt's Hand:) Ewer f g gestrenglicheit vnd erentfesten gunsten denstwillige Gesanten der lande harrien wirlant vnd Stadt Reuell, (*ausgestrichen:* vnd Jeruen).

43. (1558. vor Sept. 16.) — Entwurf zu einem Schutzvertrage des Ordens mit Dänemark, ausgegangen von livländischer Seite.

Conc. Cop.*)

Im Nhamen der heiligenn vnnzertheilten dreifeltigkeitt Amen. Wir der Kuniglichenn Matt. zu Dennemarckenn vnndt Norwegenn ꝛc vnnsers gnedigstenn Herrn verordente Rethe vnndt gesantenn N. N. N. N. an einem, Vnd Wir Wilhelm Furstenbergk, Teutsches Ordenss Meister zu Liefflanndt Godhert Ketteler Coadiutor N Landtmarschalck vnnd andere Ritterlichs Ordenss Gebietiger daselbst, Thun kundt vnnd bekennen hiermitt vor allermenniglichenn ꝛc

---

*) *3 Exx., ein Ex. unterzeichnet:* Wyllem Forstenborch mester to lyflant, *ein anderes mit dän. Aenderungen, das dritte nur mit stilistischen Aenderungen.*

Nachdem auss Gottlichem verhengnuss die Lande zw Lieffl̈anndt leider mitt schwerer kriegshandlung belastigett, auch derwegenn Inn ferner befharung vnnd derselbenn auss eigener macht sich schwerlich zuerrettenn, sondernn frembde hulff schutz vnnd beistandt nothrenglich zusuchenn vnnd zubearbeiten geuhrsachett, So ferne die Lande nicht zu grunde vnnd vnwiederbrenglich verderbtt vnnd zunichtigett werden sollenn,

Derhalbenn Wir Wilhelm Furstenbergk Meister, Godthartt Ketteler Coadiutor ɔc Lanndtmarschalck ɔc vnsere stadtliche Bottschafft Nemblich N. N N. mitt Credentz, gewalt vnnd beuhelich abgefertigtt, Denn durchleuchtigstenn Grossmechtigsten Furstenn vnnd Hernn Hern Christiann ɔc zu Dennemarckenn Norwegenn ɔc Kunigk ɔc vnsern besondernn gunstigen lieben Hern, freundt vnd Nachbarnn zuersuchenn, Das Ihre Ku: Matt: sich zu Gottes ehre vnnd gemeinem besten vnsers des Hern Meisters vnnd Ritterlichenn Ordenss Auch deren beschwertenn Lande, Wie Ihrer Ku. Matt: vorfharnn gethonn Inn diesenn hohen belestigungenn wolten annhemen, Vnd denselbenn schutz hulff vnnd beistanndt vorleihenn, vnnd leistenn, Auff welches die Hochgedachte Ku Matt hinwiederumb erwogenn,*) Das Ihre Ku. Matt. vnnd dem Reich Dennemarckenn, die hohe Obrigkeitt der Lande Harrienn vnnd Wirlanndtt, mitt denn zugehorigen, vnd darIn gelegenenn Bisschthumb, Stettenn vnd Landen von alters her zustendigk, Vnnd derwegenn dieselbigen, mitt muglicher hulff, schutz, furderung vnnd beistandtt, Das die In friedtlichem wesen zuerhaltenn fuglichenn nicht zulassen Demnach dan die Ku. Matt. obgemelten vnsern des hern Meistern, vnnd Ritter Ordens Gesanten anfengklich handlung verstatten, vnd zu

---

*) *Dieser Satz ist von dänischer Seite so erweitert:* „Auff welches ob woll die Hochgedachte Ku. Matt. bedencken gehabt die beschwerung auff zu laden vnnd der suchung plotzlich stath zugeben haben doch dieselbig Ire Kon. Matt. hinwiederumb erwogen"

dessen furderung eines Zettels Inhaltt so mitt kuniglicher handtt vnterschriebenn vorschlag thun vnnd vberreichenn lassenn.

Weiln aber Wir Wilhelm Furstenbergk Meister Coadiutor Landtmarschalck ɔc auff gemelten zettels vorschlagk, viel weiniger auff einige andere wege ausserhalb der generall gesuchten protectur zuwilligenn ader zuhandlen nicht gehabtt, Vnnd sich daruff letzlich auch hochgemelter Ku. Matt gesanten, alhier Ihres habendenn beuhelichs ettwa erklerett Ist zwisschen denselben der Ku Matt gesanten vnd vnss dem Hern Meisternn, Coadiutorn Landtmarschalck ɔc folgender gestalt handlung furgenhommen auffgericht vnd geschlossen

Nachdem nicht zu zweiffelln, die hochgedachte Ku Matt zu Dennemarckenn vnnd Norwegen ɔc sey vnnss dem hernn Meister vnd Ritterlichen Ordenn, die wir Ihre Ku Matt desshalbenn wie obgemelt ersuchenn lassenn In diesen auch andern fur fallenden belastigungen freuntlichenn vnnd muglichenn schutz vnd rettung kegenn menniglich zuuorleihenn geneigtt Wie dan hierzu der Ku Matt neigung vnnd freuntlicher wille, auss fast vielem freuntlichem erbietenn vnd erzeigungen auch derselbigen kegenwertigen stadtlichen anhero geschicktenn Bottschafftt, welche auch desfhals folmacht vnnd beuhelich, darauff dan Jegenwertige handlung erfolgett abgenhomen vnnd vermerkett

Vnnd aber anfhengklich Im handell gemelten schutzes halben erwogenn, Das die last vnd burde alss die furderung, hulff, Rettung vnnd beistanndt, In solchenn hochwichtigenn beschwerden vnd handlenn mittbrengt, mitt einem Schutzgelde nach gelegenheitt nicht zuerstreckenn sein wurde Haben Wir Wilhelm Furstenbergk Meister Coadiutor Landtmarschalck ɔc vnnd Gebietiger, Teutschen Ordenss zu Liefflandtt, vff denn bescheitt, Da hochgedachte Ku. Matt vor sich vnnd derennselben nachkommen am Reich Dennemarckenn, vnnss hochgedachten Hernn Meister Coadiutorn, Lanndtmarschalck ɔc vnnd Ritter Ordenn, vnd vnsernn Landenn vnnd vnterthanen

In diesen auch allen kunfftigenn beschwerungen mitt Gottlichem beistanndtt vnnd aller machtt vnd vermugenheitt, hulff rettung vnnd beistandtt zuthun vnnd zuleistenn auffladen vnnd bewilligen wurde hochgedachter Kuniglicher Matt zu gemeltes schutzes vnd beistants erhaltung auch ergetzung vnnd erstattunng der Schwerenn kosten, alse diese errettung vnnd hulff erfurdertt Die obgemeltenn Lannde Harrien vnnd Wierlanndtt, souiel deren vermugen Junngst auffgerichtenn Kauffbrieffs vonn der Cronenn zu Dennemarckenn Ann Denn Ritterlichenn Teutschenn Ordenn, gelangett Alss Reuhell, Das Schloss, Stadt vnnd Gebiette, zusambtt dem Bisschthumb, souiel wir her Meister vnd Ordenn Daran gerechtigkeitt habenn, Wesenbergk, Schloss Gebiett, vnnd Fleckenn, Narue Stadtt Schloss vnnd Gebiett, Newen schloss vnd Tolssburgk vnnd zu demselben noch das Schloss vnnd Flecken Weissenstein nebenn dem darzu gehorigen Gebiet Jeruenn geheissenn*), Wie solchs alles Inn seinenn Grentzenn Itzundt gelegenn vnd bisshero allerseits Innegehabtt besessen vnd gebrauchtt wordenn, Mitt allen Vogteien hoffenn einkommen vnd nutzungen mitt allen Herlickeitten vnd gerechtigkeitten bestendiglich vnd vnwiederrufflich, vff den fhall, so die Kaiserliche ɔc vnnd Kunigliche Dennemarkissche Legation, bei dem Veindtt zu friedts ersetzung vnnd wiederherzubrengung dess abgenhomenen nicht fruchtbarlichs aussrichten Vnnd der Ku. Matt zu Dennemarcken Norwegen ɔc alss dan denn schutz vnnd errettung wircklich Inn der thatt kegenn den Veindtt beweisenn vnnd leistenn wurdtt, abzutrettenn, vnd ein zureumenn erbottenn vnnd zugesagtt, Idoch auff Ratification der Romisschen Keiserlichen Matt vnsers gnedigsten Hern.**) Erbieten, vnnd verbindenn vnnss auch hiermitt, In Krafftt dieses brieffs, auff obgemeltenn

---

*) *Von dän. Seite ist hier der Zusatz gemacht:* „Auch das gebieth Vellin mith seynen zugebörungen"

**) *Von* „vff den fhall" *an ist in der dän. Canzlei der ganze Passus gestrichen worden.*

bescheitt der Ku Matt vnnd derselbenn nachkommen am
Reich Dennemarckenn, solche Lande Stifftt, Closter, Stett,
Schlosser herlickeitt vnnd gerechtigkeitt Inn nhamen Wie obgemeltt, mitt allen vnnd Jedenn nichts aussgeschlossen, Wie
die von vnnss, vnnd dem Ritter Ordenn anhero gehabtt vnnd
besessen, gebraucht vnd genutzt. Auch alle brieff, siegell vnd
Vhrkundtt, so wir auff dieselben lautendt habenn, In originali
zuubergebenn vnnd zuuberreichen, Vnd wollenn auch auff den
fhall vns dem hern Meister Coadiutornn Landtmarschalck
vnd Ritter Ordenn auch vnnsernn nachkommen In denn Itzt-
gemelten Landen, Stifften vnd herlickeittenn, ausserhalb beweisslicher schulde*) nichts furbehalten haben, Sondern es soll
alles der hochgedachten Kuniglichen Matt. vnnd derselben
nachkommen vnd dem Reich Dennemarcken obgemelter mass
folgen vnnd bleibenn

Vnnd Wir Wilhelm her Meister Coadiutor Landtmarschalck Gebietiger vnd der Ritter Ordenn, wollen vnnd sollen
bei gemeltenn Landenn Prelatenn, Rethen, Stendenn, Ritterschafftenn, Stedten vnd eingesessenen mitt gnadenn schaffenn
vnnd verfugen, Das sich dieselben Jegen Ihrer Ku Matt. deren
nachkommen vnnd Reich Dennemarckenn mitt Eiden vnnd
pflichtenn, Inmassen solchs vnss vnnd vnserm Ordenn allzeitt
zuuor geleistett, Wan diese handlung vonn Ihrer Kuniglichen
Matt angenhommen, vnnd auch von der Romisschen Key.
Matt. Ratificiertt**) vnd derhalben angeregtt wirdtt, erzeigen
Derselbenn Ihrer Ku Matt vnterwurfflich machenn, vnd haltenn,
vnd mitt aller gebuer vnnd gehorsamb, alss die Rechtordentliche
Obrigkeitt erkennen vnd eheren, Wie sie pflichtigk vnnd
schuldigk Vnnd sollen doch hiermitt den eingesessenen gemelter
Lande Bisschoffenn, Prelaten Ritterschafftt Adell, Stettenn,
geistlich vnnd weltlich, niemants aussgeschlossenn Auch der

---

*) Die Worte: „ausserhalb beweisslicher schulde" sind von dän. Seite gestrichen.

**) Die Worte: „vnd auch — Ratificiertt" sind von dän. Seite gestrichen.

Stadt Lubeck, vnd den Inlendisschen vnnd ausslendischenn Stettenn Ihre befugte vnnd hergebrachte priuilegien, freyheitten vnnd gerechtigkeittenn vnuorrugkt, vorbehalten sein vnd bleiben, Das alles die Kunigliche Matt. vor sich vnnd derselben nachkommen am Reich Dennemarcken, Da diese handlung vertragk abtrettung vnnd vberandtworttung der gemeltenn Lande, vonn Ihrer Ku Matt solcher mass angenhommen vnnd Ratificiertt wurde, In gutten glaubenn vnnd trewenn stett, vest, vnuorruckett vnnd vnwiederrufflich, ohne allen behelff vnnd einrhede haltenn soll vnnd will

Vnnd soll auch alssdann, die hochgedachte Ku. Matt. vnnss Wilhelm Meister, Coadiutor ɔc vnnd vnsern Ordenn, vnd nachkommen, auch vnseren Landen vnnd leuttenn vnnd vnterthonen, Jegenn obgemelte erzeigung vnnd abtrettung der berurten Lande vnnd herligkeittenn mitt Gottlichem beistandt vnnd aller macht vnd vormugenheit In Itzt obliegendenn vnd allen kunfftigen furfallendenn belestungen vnnd kriegsbeschwerdenn, Ihren kuniglichen schutz, hulff vnnd errettung vnnachlesslich vnd wircklich erzeigen, leisten, thun vnd beweisenn, Vnnd vnss den hern Maister vnd vnsere nachkommenn sambtt vnserm Ritter Ordenn mitt hulff vnd beistandtt kegen alss wheme nicht verlassen, vff welchen fhall dann hochgedachter Ku. Matt ɔc vnnd. deren nachkommen Am Reich Dennemarcken vorbehalten sein soll Das Wir her Meister vnnd Ordenn ohne Wissenn Ihrer Ku. Matt nicht vnnotige kriege erregen sollenn, Vnd so daruber von andern vnss beschwerlich ader veindtlich zugesatzt, vnser kegentheill aber an billigkeitt gleich vnd Rechten nicht wolte begnugigk sein, Das alssdan obgemelter massen Ihre ku Matt vnd dero nachkommen am Reich Dennemarckenn bei billigkeitt gleich vnd Rechten vnss vnd vnsern Orden zu schutzen vnd zuuortreten mitt hulff vnd beystandtt nicht verlassen sollen*) Idoch das

---

*) *Den Passus* „Das wir her Meister — verlassen sollen" *hat man von dän. Seite so geändert:* „Das dieselbig vnnser des hern Meisters vnnd des Ritter.

solchs zu keiner Jurisdiction vber vnss vnd vnsere nachkommen, vnd den Ritterlichen Teutschen Orden zu Liefflandt, soll gezogen, noch gemeint sein, Sondern In vnser Reputation hoheitt vnd wirden, bey vnsern habenden vbrigen Furstenthumben Stetten Landen, vnd leutten Priuilegien alten herlickeitten vnd gerechtigkeiten ɔc vnss zuhandhaben vnd zuerhalten Dar Innen auch vnss hern Meister vnd nachkommen, so woll vnsern gantzen Ritter Ordenn, Durch einigen eindrangk abbruch vnd schmelerung nicht zuuorkurtzenn noch beschwerenn, noch verkurtzen oder beschweren lassen Vnd Wir Wilhelm Furstenbergk Meister, Coadiutor Landtmarschalck vnd Ritter Orden wollen vnd sollen verpflicht sein mitt vnserm vermugenn, Wan zu errettung derselben Lande schutz hulff vnd beistandtt erfurdertt ader das Ihre Ku Matt, vonn wegenn geleisteder hulff Inn denn Landenn so Ihrenn Ku. Matt wie obgesatzt abzutrettenn bewilligtt, angefochten werden solten Der hochgedachten Ku. Matt. zu Dennemarck vnnd derselben nachkommen getrewlich vnnd ohne alle weigerung In diesen Landen zu hulffenn vnnd zuzusetzenn,

Da auch die Ku Matt. In diese Lande kriegsvolck fuerenn lassenn, werdenn, Ihre Ku. Matt. einsehenn habenn vnnd verschaffenn lassenn Das vnsers, des hern Meisters vnnd des Ritter Ordens leutte vnnd vnterthanen, von dem kriegsvolcke nicht beschwerett noch vergewaltigett werden Vnnd Wir her Meister, wollen hinwiederumb beschaffenn, Das mitt prouiant vnnd futerung zur notturfftt, souiel nach gelegenheitt der Zeit vnnd der lande vermugenn geschehen magk vor geltt, hulff vnnd furderung gethon werden muge, Vnnd soll auch, so In erfurderter Defension, durch gnadtt dess almechtigen, von des Veindts eigenen Landen ettwes erobertt vnnd erhaltenn wurdtt, Der halbe theill hochgedachter Kuniglicher Matt zu Dennemarcken, vnd die ander helfftte vnnss, hern Maister vnnd

Ordens zu gleich Recht vnnd billigkeitt mechtig sein sollen In vor fallenden Sachen vnnd handlung derhalben hulff begerett vnnd gefurderth wirth."

Ordenn bleiben vnnd zukommen. So aber die andere Stende Ihre Hulff darzu thun werden, soll nach gelegenheitt derhalbenn bescheitt gemacht werdenn Alles vnnd Jedess wie obgemeltt mitt allen puncten vnnd artikuln, habenn wir der Ku Matt gesanten obgemeltt auss beuhelich vnd vulmacht hochgedachter Kuniglicher Matt vnsers gnedigsten hern, mitt hochgemeltem vnnserm auch gnedigen hernn Meister Coadiutor, Landtmarschalck ɔc beiderseits auff berurten bescheitt vnnd anhangk der Romisschen Keyserlichenn ɔc vnd Kuniglichen ɔc zu Dennemarckenn ɔc Maiestettenn ɔc Ratification*) bewilligtt, angenhommen vnnd beschlossenn, Wollenn auch vmb solche Ratification vnnd erklerung vff das alles zuuorschaffenn beiderseits**) mitt bestem fleiss vnd furderlichst vnnss bemuhen vnnd bey hochstgedachten Key: **) vnnd Kuniglicher Matt. anhalten, Vnd von wegenn hochgemelter ɔc

     Wyllem forstenberch
     mester to lyflant.

---

44. (1558.) Sept. 16. Randers. — Umgearbeiteter Entwurf zu einem Schutzvertrage des Ordens mit Dänemark, von dänischer Seite.

Conc. Cop.

Im Nhamen der heiligen vnd vnzertheilten Dreyfeltigkeit Amenn Wir Cristian der Dritt von Gotts gnadenn zu Dennemarcken, Norwegen, der Wenden vnnd Gottenn Konig, Hertzog zu Schleswig Holstein, Stormern vnnd der Dithmarschenn, Greue zu Oldenburg vnnd Delmenhorst an Eynem vnnd von

---

*) *Von dänischer Seite geändert in:* „anhangk der kon. Matt. Ratification."
**) „beiderseits" *und* „Key." *ist von dänischer Seite gestrichen.*

wegen des Hochwirdigen Furstenn vnnd herrn, herrn Wilhelm Furstenberg Meister Deutschen ordens zu Lifflandt, Herren Christof *(sic)* Kettlern Coadiutorn, Hern Christofen von dem Newenhofe genandt Landtmarschalcken, Gebiettigern vnnd des gantzen Ritterlichen orden Wir herr Georg Siborch zue Wistlingen, Commendathur zu Dunenburg, Franntz von Stitten, der Rechte Licentiat vnnd Michel Brunnow Secretarius vf habenden gewalt vnnd volmacht, Bekennen vnnd thun kund, vor beiderseitz Nachkommen vnd allermenniglich Nachdem aus göttlicher verhengnus die lande zu Liefflanndt leider mitt schwerer Kriegshandlung belastigett, auch derwegenn Inn ferner befharung vnnd derselbenn aus eigener macht sich schwerlich zuerrettenn, sondernn Frembde hulff schutz vnnd beistandt nottrenglich zusuchenn vnnd zubearbeiten geuhrsachett, So ferne die Lande nicht zu grunde vnnd vnwiederbrenglich verderbtt vnnd zunichtigett werden sollenn, Vnnd hochgedachter vnnser gnediger Furst vnnd herr, sampt den Coadiutor, Landmarschalck, Gebiettigern, vnnd der gantz Ritterlich Orden, vnns her Görgen Siborch zu Wischlingen Commenthur zu Dunenburg, Frantzen von Stitten der Rechten Licentiaten vnd Michell Brunnowen Secret. obgemelt, Mitt Credentz, gewalt, vnnd Beuhel abgefertigt, den durchleuchtigisten, grossmechtigisten Fursten vnnd herrn, hern Christian den dritten zu Dennemarcken Norwegen der Wenden vnd Gotten Konig, Hertzog zu Schleswig Holstein ɔc Greuen zu Oldenburg ɔc hochgemelts vnsern gst. hern zuersuchen, das Ihre Ko. Matt. sich zu gottes ehr vnd gemeinem besten, des herenn Meisters vnd Ritterlichen ordens vnd der beschwerdten Lande wie Ir Ko. Matt. vorfharnn gethann Inn diesenn hohen belestigungenn wolten annhemen, vnd denselbenn schutz hulff vnnd beistanndt verleihenn Vnnd ob woll die hochgedachte Ko. Matt. hochbeweglich eracht, des auch sonnderlich hohe vrsachenn vnd bedencken angezogenn, die beschwerden vfzuladenn, vnnd der suchung stadt zugebenn, So haben doch Ihr Ko. Matt. mit

Inbetrachtunge, das solchs ein christlich vnnd gott gefellig werck, vnnd das Ir Ko. Matt. vnd dem Reich Dennemarckenn, die hohe Obrigkeitt des Hertzogthumbs Estonien, der Lande Harrien vnnd Wyrlandt, mitt denn zugehorigen, vnd darin gelegenenn Bisschthumb, Stetten vnd Landen von alters her zustendigk, vnnd derwegenn dieselbigen, mitt muglicher hulff, schutz, furderung vnnd beistandtt, Das die In friedtlichem wesen zuerhaltenn fuglich nicht zulassenn, vnns den obgemelttenn gesandten, vf habennde Volmacht gnedigst hanndlung zugelassenn, Vnnd als demnach von hochgedachter Ko: Matt. vnserm gst. Herrn Im handell angezogen, das die last vnd burde alss die furderung, hulff, Rettung vnnd beistanndt, In solchenn hochwichtigenn beschwerden vnd handlenn mittbrengt, mitt einem Schutzgelde, das nach gelegenheit zugeben erbotten, nicht zuerstreckenn, Habenn wir die obgemelten Gesandten, Crafft vnsers habenden Beuelchs, nach allen versuchten Mitteln, hochgedachte Ko. Matt. vnsern gst. hern bewogen, Das Ir K⁰ Mat. hochgedachten vnsern gst. hern Meister sampt den herrn Coadiutorn Landmarschalck, vnnd Ritter ordenn vnnd derselbigen Landen vnd Leuttenn, In disen obligenden beschwerungen mit allem muglichen, souil gott gnad verlehnt, hulff, Rettung vnd beystandt vf volgenden bescheidt, zuthun vnd zuleisten bewilligt

Demnach haben wir die gesandten vnnd volmechtigen Im Namen vnnd von wegen hochgedachts vnsers g. furstenn vnd hern des herrn Meisters Coadiutorn Landtmarschalcks vnd des gantzen Ritterlichen ordens zu Lifflandt, crafft vnsers habenden Beuelchs, hochgedachter Ko. Matt. vnd derselbigen Nachkomen Konigen vnd dem Reich Dennemarcken, vf das vnser g. furst vnd herr, der her Meister zu Lifflanndt Coadiutor Landtmarschalck sampt dem Ritterlichen ordenn, vnnd derselbigen vnderthan, hulff, trost vnnd beystanndt in dennselbigen beschwerden vnd obligenn zuhabenn, zu ergetzung vnnd erstattung der Schwerenn kosten, alse diese errettung vnnd hulff

erfurdert, das obgemelt Herzogthumb Estonien, Harryen vnnd
Wierlanndtt souill des vormuge Jungst auffgerichten Contracts
von der Cron zu Dennemarckenn Ann denn Ritterlichenn
Teutschenn Ordenn, gelangett, Alss Reuhell, Das Schloss,
Stadt vnnd Gebiette, zusambtt dem Bisschthumb, souill vnser
gnediger Herr Meister vnd Ordenn Daran gerechtigkeitt haben,
Wesenburgk Stadt, Schloss vnd gebiethe vnnd Flecken, Narva,
Stadtt Schloss vnnd Gebiett, Newen Schloss vnnd Tolssburgk
vnnd zu demselben noch das Schloss vnnd Flecken Weissenstein nebenn dem darzu gehorigen Gebiet Jeruenn geheissenn,
(Fellin ist nicht mit aufgenommen), Wie solchs alles Inn
seinenn Grentzenn Itzundt gelegenn vnd bisshero allerseits
Innegehabtt besessen vnd gebrauchtt wordenn, Mitt allen
Vogteien hoffenn einkommen vnd nutzungen mitt allen Herlickeitten vnd gerechtigkeitten bestendiglich vnd vnwiederrufflich abgetretten vnd eingereumbt, Vbergeben vberreichen
auch solche obgemelte Lande, Stifft, Closter Stett, Schlosser,
herlickeitt vnnd gerechtigkeitt Inn nhamen wie obgemelt,
mitt allen vnd Jedenn nichts aussgeschlossen, wie die Hochgedachte vnser g. f. vnd Herr, der Herr Meister vnd Ritter
Orden anhero gehabt vnnd besessen, gebraucht vnd genutzt,
vormuge vnsers habenden Beuhelchs hirmit vnd Crafft ditz
Briues, Vnd behaltten Hochgedachtem vnserm g. hernn Meister,
Coadiutorn, Landmarschalck vnd Ritter Orden, Auch derselbigen
Nachkommen, In den Itzgemeltten Landen, Stifften vnd Herligkeitten, nichts beuhor, Sondern es soll alles der hochgedachten Koniglichen Matt. vnnd derselben nachkommen vnd
dem Reich Dennemarcken volgen vnd bleibenn, Doher auch
die obgemeltten Lande. Stifft vnd Herligkeitten an den Ritterlichen Orden gelangt vnd kommen sein, wie vhor gemelt.

Vnd wird vnd soll Hochgedachter vnnser g. f. vnd Herr,
der Herr Meister, Coadiutor, LandMarschalck, gebietiger vnd
Ritterlich Orden, bey gemelter Lande Prelaten, Rethen, Stendenn, Ritterschafftenn, Stedten vnd eingesessenen mitt gnadenn

schaffenn vnnd verfugen, Das sich dieselben Jegen Ihrer Ku Matt. deren nachkommen vnd Reich Dennemarckenn mitt Eiden vnnd pflichtenn, Inmassen solchs Hochgedachtem vnserm g. f. vnd hern, dem Hern Meister, vnd Orden alzeit zuuor geleistett, schirst wan derhalben angeregt wirdt, erzeigen Derselbenn Ihrer Ku Matt vnterwurfflich machenn, vnd haltenn, vnd mit aller gebuer vnnd gehorsamb, alss die Rechtsordentliche Obrigkeitt erkennen vnd eheren, Wie sie pflichtig vnnd schuldigk Vnnd sollen doch hiermitt den eingesessenen gemelter Lande Bisschoffenn, Prelaten Ritterschafft Adell, Stettenn, geistlich vnnd weltlich, niemants aussgeschlossenn Auch der Stadtt Lubeck vnd den Inlendischenn vnnd ausslendischenn Stettenn Ihre befugte vnnd hergebrachte priuilegien, freyheitten vnnd gerechtigkeittenn vnuorrugkt, vorbehalten sein, Das auch wir Christian Konig ⁊c vhor vns, vnd vnser Nachkommen, hirmit gnedigst vorsprechen vnd zusagen. Vnd soll diese Handlung, Vortrag, Abtrettung vnd vberantworttung der gemeltten Lande, die wir Christian Konig ⁊c vhor vns, vnser Nachkommen vnd Reich Dennemarcken, angenhommen, Im guthem glauben vnd trewem, stedt, vhest, vnuorruckt vnd vnwidderrufflich gehaltten werden, ohne allen behelff vnd einrede.

Vnd wir Christian Konig ⁊c gereden vnd vorsprechen hirmitt vhor vns, vnnd vnnser Nachkommen am Reich Dennemarcken, bey vnsern Koniglichen Wirden, vnnd In guthem glauben, Das wir obgemeltter handlunge zu volge, dem Hochwurdigen Fursten, vnsern gelibtem Freundt vnd Nachbarnn, Herrn Wilhelm Furstenberg Meister, des Ritterlichen Deutzschen Ordens zu Lifflandt, S L Coadiutorn vnd LandtMarschalch obengemelt, sambt dem gebietiger vnd dem Ritterlichen Orden, vnd derselbigen Landen, Leutthenn vnd Vnderthanen, Jegenn obgemelte erzeigung vnd Abtrettung der berurtten Lande vnnd Herligkeitten, mit allenn muglichen vnnd souill Gott gnadt vorlehnt, In Ihrem obligen vnnd

Kriegsbeschwerdenn, vnser hulff vnd Rettung mitt Kriegsleutthen, gelde, oedder wie solchs nach gelegenheit treglichst vnd fuglichst zugeschehenn, vnnachlesslich vnd wirglich erzeigenn, leisten thuen vnd beweisen, sollen vnd wollenn,

Vnnd wollen auch den Grosfurstenn der Russen ɔc weill desselbigen Krigsfolck, vff die Lande zu Lifflandt, die vns vnd vnsers Reichs Dennemarcken hohen Obrigkeit, vnd Schutz von Alters her vnderworffen, Viandlich angegriffen, furderlichst vnd souil muglich an vorziehen beschicken, vnd vff vnser habendt vortrege, souil muglich, befurdern lassen, der vnderfangen beschwerden abzustehen, vnd den Landen zu Lifflandt den Friden zuuorstadtten,

Vnd wir Cristian Konig ɔc sollen auch ehr dann solche Bottschafft beschehen vnd des russen erclerung erlangt werden, zu keiner hulff gegen den Russen zuthun von dem hern meister vnd orden befurdert werden, Wie dan der gemelten vertrege vnd der gesandten halben, die ann den Russen verordnet werden sollen, nodturftig erfurdert, Wurde aber der Russe den frieden weigern, vnd abschlagen, vnd vf die Lande zu Lifflandt vns vnd dem hern Meister zustendig, verner vortfahren vnnd Kriegshandlung gebrauchen, Dann wollen wir dem Herren Meister vnd orden zu errettlicher gegenwehr hulff thun vnd leisten, wie obengemelt, Wir die Reichs Rethe vnnd das Reich wollen vnnd sollen zu solcher hulff mit allem vermugen helffen vnd zusetzen, weil die vermelten lande zum reich gehorig sein Das wir hiermit vhor vnns vnd die Nachkommende Reichs Reth Inn guttem glauben versprechen vnnd zusagen

So behalten wir vns auch beuhor, Das wir des Hern Meisters zu gleich Recht vnd billighet Mechtig sein sollen, In Sachen vnd hendeln, derhalben die hulff zu leisten Jedoch das sollichs zu keiner Jurisdictionn vber Hochgedachten Herrn Meister die Nachkommen, vnd den Ritterlichen Teutschen Orden zu Liefflandt, soll gezogen, noch gemeinet, Sondern dieselben In Ihren Reputation hoheitt vnd wirden, bey Ihren habenden vbrigen Furstenthumben Stetten Landen vnd Leutthen, Allen Herligkeitten vnd gerechtigkeitten ɔc gelassen vnd von vns vnd vnsern Nachkommen daran nicht sollen durch einigen eintrag, Abbruch odder schmelerunge vorkurtzt noch beschwerdt, Sondern dabey mitt aller muglichen Hulff vnd beistandt zu erhaltenn befurdert werden, Vnd wir die obgemeltten Gesandten vnsers g. f. vnd Hern, des Hern Meisters vnd gantzen Ordens zu Lifflandt gereden vnd geloben Im nhamen Hochgedachtes vnsers g. f. vnd Hern, vnd des Ritterlichen Ordens Crafft vnsers habenden Beuhelichs, Das Hochgedachter vnser g. herr Meister, will vnd soll, wie auch die Nachkommen mitt dem Ritterlichen Orden wollen vnd sollen vorpflicht sein, Mitt aller Macht vnd vormugen, Wan Rettung vnd Hulff zu Nottorfft der Lande zu thuenn erfurdert ader das Ihre Ku Matt. vonn wegenn geleister hulff, Odder die Lande so Ihrer Ko. Matt: wie obengemelt, abgetrettenn, angefochten werden solten Der hochgedachten Ku. Matt. zu Dennemarck vnnd derselbenn nachkommen getrewlich vnd ohne weigerunge zu helffenn vnd zuzusetzen.

Da auch die ku. Matt. in gemeltte Lande zu Liffland Krigsfolck fuerenn lassenn, werdenn Ihre Ku. Mat. einsehenn habenn vnnd verschaffenn lassenn Das hochgedachts vnsers gn. F. vnd h., des Herrn Meisters vnd Ritter Ordens Leutthe vnnd vnterthanen, von dem kriegsvolcke vber die gebuhr nicht beschwert noch vergewaltigett werden Vnd wirdt aber Hochgedachter vnser gnediger Furst vnd Herr, der Herr Meister beschaffenn, Das mit Profiandt vnnd futerung zur Nottorfft, vnd souill treglich, hulff vnnd furderung gethon werden muge. Alles vnd Jedes wie obgemelt, mit allen puncten vnnd Artickelnn, Geredenn wir Christian Konnigk ɔc. vhor vnns vnnd vnnsere Nachkommen am Reich Dennemarck Vnd wir die Gesandten herr Georg Siborch, zu Wischlingenn Commenthur zu Duneburgk, Frantz vonn Stittenn, der Rechten

Licentiat, vnnd Michaell Brunnow Secretarius, Im nhamen vnd vonn wegenn des Hochwurdigenn Furstenn vnnd Herrn, Herrnn Wilhelm Furstenbergk, Meister, vnsers gnedigen Furstenn vnnd Herrn, Auch des Herrn Coadiutorn, LandMarschalchs, gebiettiger vnd gantzenn Ritterlichenn Ordenn zu Lifflanndt, vnnd derselbigenn Nachkommen, stedt, vhest, vnuorbrochenn vnd woll zu haltten,

Es soll auch Hochgedachter vnser gnediger Furst vnd Herr, der Herr Meister, Coadiutor, Landmarschalch, gebiettiger, vnd Orden, besonder Ratification zum vberflus auff diese handlung vorfertigenn vnd hochgedachter Ko: Matt. vnsernn gst herrn vnther Irer f. g. des herren Coadiutorn, Landtmarschalcks, Gebiettiger vnnd des gantzen Ritterlichen ordens Insigeln Auch alle brief, Sigel vund vrkhunden, die vnser gnediger Furst vnd her vnd der Ritter orden auff die Lande Estonien, Harrien vnd Wyrlandt habenn, In originali schirst wan derhalben angefordert wirdt, vberanthworten vnd zustellenn lassenn, Das wir die gesanndten also zugeschehenn wollen verschaffen vnnd befürdern, Alles getrewlich vnnd vngeferlich, vnnd wir Christian Konig zu Dennemarcken vnd Norwegen ɔc obgemelt, sampt vnserm geliebten sohn den hochgeborn Furstenn, hern Fridrichen Erweltenn Konig der Reiche Dennemarcken vnnd Norwegenn ɔc vnnd vnsern getrewen Reichs Rethe, als dieser Zeit bey vns gewesen, Nemblich Johnn Friss zu Hesslager Cantzler, her otto Krumpen, zu Trutzholm Ritter, vnd Reichsmarschalck, Oluff Munck zu Tuis, Erich Krabbe zu Bustorf, Anthonius Bruske zu Langesehe, Jorgen Luck zu ouergarde, Nyls Lange zu Kergarde, Holger Rosenkrantz zu Boller, Iffer Krabbe zu ostergarde vnnd Peter Bilde zu Schwanholm vor vnns vnser nachkhommen, vnnd neben den wir des hochwirdigen Fursten vnnd herrn, hern Wilhelms Furstenberg Meister Deutsch ordens zu Lifflandt vnd des Ritterlichen ordenn Gesandten her Georg Siborch zu Wisclingen Commenthur zu Dunenberg, Frantz von Stitten der

Rechten Lic. vnd Michel Brunnow Secretarius Inn Crafft vnnsers habennden gewalts Im Namen vnnd von wegen Irer f. g. sampt den hern Coadiutorn, LandtMarschalck, Gebiettiger vnnd des gantzen Ritterlichen ordenn vnnd derselbigen Nachkhomen habenn disen Recess, der gezwiffacht, eins lauts verfertigt, derselbe ein bey vns Christian Konig ɔc vnd dem Reich Dennemarcken ɔc gebliben, vnd der annder Im Namen hochgedachts herrn Meisters vnd Ritter orden vnns den vorgemelten Gesandten vnd volmechtigen angenohmenn, Mit vnserm Koniglichen Furstlichen vnser der Rethe vnd vnser der gesandten angeboren Sigeln beerefftigt, vnnd besigelt, Geschehen vnd geben In vnser Konig Christians vnd vnsers Reichs Dennemarcken Stadt Randerssen den 16 Monatstag 7 bris Nach Christi ɔc

---

45. (1558. um Sept. 18. Randers.) — König Christian notificirt dem O. die Endbedingung eines Schutzhandels.

Note.

In dorso: Lifflendischer gesantten Abschiedt. — Diser bescheidt ist Ihnen zu letztt gegebenn wordenn, vnd mit Ko. Mtt. eignen handen vnderschrieben worden, den vnderschriebenen hatt der her Cantzler Johan fris bey sich.

Ko Mt wollen dem abschiedt zuuolge schirst an den russen schicken,

Auch dem Hern meister zum besten xx ^{M} Daler furderlich zu lubeck auss freuntlicher neigung erlegen lassen*),

---

*) *Für den nachmals wegen dieser 20000 Thaler entstandenen Handel ist es nicht gleichgiltig, dass die Worte „auss freuntlicher neigung" während der Abfassung dieser Note hinzugesetzt worden sind und zwar von der Hand des Concipienten.*

Vnd So die Lande hargen vnd whirland Ko Mt. von dem herrn meister vbergelassen werden wollen So wollen ko M. das hauss reuel vnd die vhesten souil muglich vorsehen vnd bestellen lassen,

Vnd so dem hern meister vnd orden bey dem russen der fride nicht behandelt werden konth, Dan wollen ko: Mt: Jegen dem hern meister vnd orden, Jegen die abtrettung der vorgemelten lande sich freuntlich vnd aller gebur zu erzeigen vnd zuerhalten wissen, Das ko. Mt: freuntlicher wille zu erspuren vnd zubefinden sein soll

Wen aber die lande hargen vnd wirlandt von dem russen eroberigt das godt genediglich wolle verhueten vnd von dem russen nicht zuerledigen vnd erhalten werden kondten, Dan wollen ko. Mt. von wegen der gemelten lande Jegen den hern meister vnd orden frey stehen derhalben zu mit nicht vorpflicht vnd gehalten sein

46. 1558. Sept. 18. Randers. — König Christian notificirt dem O. die Endbedingung eines Schutzhandels.

2 Exx. Orig.

In dorso: A.

In dorso des andern Exemplars: Dis ist der enttlich bescheidt so ko. Mtt. den lifflendern zu Randerssen haben geben lassen den XVIII ten Septemb. Anno ɔc 58. — Disser ist den Rethen mit nach Liffland gegeben vnd vnderschrieben.

Wenn Koniglicher Matt. von dem Herrmeister vnnd Orden die Lannde Harrien vnnd Wirlandt mit dem gebiethe Vellin abgetrettenn, vnnd wurcklich vberantwortet werdenn, Dann wollenn Konig. Matt. zweintzig thausendt thaler zum angriff, zu der Herren Meisters vnnd Ordens bestenn, erlegen lassenn, vnnd denn friden durch die gesanndten souil muglich bey dem Russen lassenn befurdern, Vnnd das schlos Reuel vnnd die vhestenn besetzenn,

So der frid bey dem Russenn durch die schickung nicht zuerhalten Dann woltt Konig. Matt. Inn diesen Krieg der Russenn vf sechs Monat Jedern Monat funfftzehen thausendt thaler, dem herrn Meister vnnd Orden gegen die abtrettunge bemeltter Lande zuerlegenn beschaffenn, So der frid nicht mittler Zeitt erlangt, vnnd erhaltlenn wurde,

Vnnd wollenn Konig. Matt. sich sonnst freundtlich vnnd Nachbarlich gegenn dem Meister vnnd orden erzeigenn,

(eigenhändig): Christian

---

47. (1558. nach Sept. 18? Randers.) — **Bedenken der Gesandten des OM. über die Kriegsmittel Livlands und des Russen und den gegen den letztern zu befolgenden Kriegsplan; dem König von Dänemark vorgelegt.**

Note.

Ob wol die ku: Mt. zu Dennemarken, In diesem gnedigen angenomenen schutz, zcu errettung vnd befriedung der Lande zcu Liefflandt, auss Christlichem, koniglichem, vnd billigem erwegen, an den Veindt der Christenheit zcu furderst mit besendung den glimpf vor die hant zu nehmen vnd zcuuorsuchen, bedacht, Worzcu Die gemeinen Ansch vnd Wendischen Stedte, bey dem Barbaro In acht vnd ansehung durch Ire gleichmessige, beschickung, wie es dafur geachtet, villeicht guttes schaffen kondten, wellichs vnnd bevorab die kay: Stadt

Lubeck, die sich des kegen vnss auff den fall dar es fur Nutz angesehen vnd begeret wurde, auss aigenem bewegen ercleret, Darzu nicht vbel gemeint, so ist Idoch auss dess vnmilden Tyrannen arth vnd Nathur besorglich zcuermessen, das Er dardurch zcu einstellung des gar vnbefugten kriegs tethlichen vbungen odder zcu abtrettung vnd widderstadtung des vberzcogenen vnd eingenomenen, nicht zubewegen, Dan Er In vnmenschlichen stoltz vnd frechen vbermuth der massen geradten vnd Ins end vorblendet, Das Er weder was gotlich, Christlich, Erbarlich, odder redlich achtet, Ja alle Christliche haupter vnd potentaten vnd was Inen zcustendig gar vorachtet

Vnd es nicht exempels ohn, wie, Zceit vnsers Denckens beide gegen Christliche potentaten vnd dan andere vnchristene seine benachparten Er In gleichmessigen fellen sich verhalten, denen Er nicht wenig Landt vnd Leuthe abgezcogen, vnd mit willen nichts widderumb zcu Ihren henden komen lassenn,

Das demnach wo anders die prouintz Liefflandt nicht In grundt gar zcernichtiget, vnd Ihme volgig kegen mehr benachparten seins willen zcu geparen wan Er des Schlussels vnd der Ohest Seh mechtig, nicht gewehret werden solte, Die nottorfftigkeit erfordert das die gefaste faust vnd wapen zcum eilsamsten vnd Je ehr je lieber bald auff odder gleich In der beschickung gegen Inen mit gots des herrn hulffe vnd allem ernst gebraucht werde, Wor zcu wir dan die ku : Mt. gnedigst gemeint befinden, vnd nicht In zweiffel setzen vnser gnediger herr Meister, auch gantze Landtschafft, so vill Inn Irem besten vermugen, an Ihnen auch den mangel nicht werden sein lassenn

Die grenitzheuser In Liefflandt, hat der Veindt von dem Stifft Dorpt an, Ins Norden bis ans Mehr, erobert, Die vberigen heuser gegen den mittag bis an die Duna vnd Littowsche grenitz, hat vnser gnediger herr Meister, vnd dan der herr Ertz Bischoff In verwaltung, vnd ob wol Dieselben einsteils nottorfftig besetzet, vnd zuhalten, So Ist Idoch des veindts gebrauch, das Er nicht stroffende geringe Rotten, sondern gantze hauffen In die gepitter aussendet, denen, die, In der besatzung wenig abbrechen vnd nicht viel mehr thun mugen, Dan das sie die heuser bis vff entsatzung halten,

Das die Stende In Liefflandt ein Zceitlang In vorterblicher vneinigkeit gestanden ist nicht heimlich, vnd sie finden zcu Irem vnwidderstadtlichen schaden, was die spaltung vnd vneinigkeit Inen vnrahts zugefugt, es sein aber sie durch gottes gnade In einigkeit vnd gutte zcuuorsicht vnlangst widderumb gesetzt, vnd wir zweiffeln nicht, sie werden In solcher einmuttigkeit, was die noth zcu errettung Des vaterlandes, so viel Inen muglich, erfurdert, samptlich, vnd vnuerscheidentlich thun,

Wir konnen aber eigentlich nicht wissen Ir samptlichs eusserstes vermugen, vnd wie starck sie zcu Ross vnd fuess In einem hauffen zcu Veld kommen kondten Es wirt dennoch ein zimlich anzcal sein, Der Teutschen, ohn was an Vnteutschen auffzubrengen,

Wir wissen Dis das vnsere herrn wan sie an fromden auslendischen kriegs Leuten einen zcusatz gehabt vngeferlich In die drei tausent zcu Ross, vnd etwah In die viij odder x ^{M} zcu fuess, das sie In vortrauen vff gottes gnedige hulffe vnd barmhertzigkeit Ire heil am Veinde lengst vorsucht, vnd Im so weith es gottes wille, sein vorhaben gebrochen hetten, Wir zweiffeln auch noch nicht, Der almechtiger goth, wirt durch sollichen Zcusatz vnd dan die Eifflendische gesamete macht, sein gotliche gnade geben, kegen die Veinde, so dieselbe zceit Im velde waren,

Es schicken sich aber solliche leuffte wie abzcunehmen Das der Veindt ein Zceit stercker alse die ander, Darumb werden die ko: Mt. vnzweiffenlich darInnen ohn vnser erInnern sich gnedigst verhalten vnd in omnem euentum die sach mit dem veldt zcuge Richten

Mit geschutz zcum Veld zcuge ist vnser gnediger her Meister, vnd wie wir hoffen die anderen Stende zcu Iren leuthen zcimlich versehn, Die ku. Mat. wurde aber nichts weiniger den Irigenn, zcur nottorfft geschutz mit krauth vnd loth, vnd was zcur artolorei gehorig, gnedigst zcu zcuordnen geruchen, Dan besser ein vberigs alse zcu weinig

Die Stedte vnd Vehsten so zcu halten vormeinet sein auch bis vff weitern entsatz zcimlich vorordent vnd besetzt, Etliche heuser vnd flecken so noch vorhanden, konnen vor des Veindes macht nicht wol gehalten werden, wan sie gleich wol besetzt

Wan dan auch die ku. Mt. auss diesen Reichen, oder sunst zu rettung stadliche hulff hin ein senden vnd dan der Lande vermugen darzu kompt Sehn wirs doch fur an das dem Veindt vnseumlich zu gelegenheit vnd mit stathen das haupt zu pitten

Wurdt Er dan das goth gnediglich vorleih, ein mael auss dem Veld geschlagen, So wirt goth der her Darnach besser gelegenheit gegen In zu handlen gebenn, Vnd Im wurd ohn zweiffel sein gotloss stoltz vnd vbermuth entfallen,

Zcu der eingenommener Stedter vnd Vehsten, widder herbrengung vnd eroberung, wirt als dan auch goth gnad vnd mittel vetterlich geben, auch wol ander bequemicheit gegen den feindt mehr,

Vnd must das Winter lager In des Veindes Landen gesucht vnd vorordent werden, dar dan volle Lande sein vnd nottrofft vor leuthe vnd Ross zu bekommen

Sondere Vesten hat der Veindt nicht, mehren teil blosse ebene Lande, vnd Ist Ime weiln Er auch zcur Zceit mit schiffen nichts vermag, auss der Sehe gantz wol vnd ohn grosse beswerung hinder vnd abbruch zuthun Mit schiffenn kann man vast an die Narue kommen, Es mussen aber zcu grossen schiffen kundige steurleute von Reuel genommen werden, Dan an etlichen enden Das port nicht vber vier elen tiff, mit Jachten kondt die Narue vnuersehnlich widderumb eingenomen vnd auch des Reussen grosser flecken Iwanogrodt, der vber das Wasser gegen der Narua In des Reussen Lande leigt, erobert odder auss gebrant werden, Es must aber daran nichts gescheen ehe dan man sich an einem andern orth vmb Dorbt gegen den Veindt mit dem gewaltigenn hauffen sehn liesse, vnd also den Veindt von der Narua so viel mehr abgelocket

Nach eroberung der Narua kondt men zcu Wasser mit Jachten vnd Schutten Ins feindes Landt mehr Dan In die virtzig meil, bis vff Zcehn meil, an gross Nawgardt komen, Im gleichen auch von Dorbt wen das gefreiet vnd widder zcu Rechte gebracht, Dauon zu Reuel In allwege gutter bericht

Was nuhn die k. Mt. auss diesen vnd mehr andern orthern an Reisigen vnd fuesvolck zcu dieser nothwendigen heilsamen Defension zcu wenden vnd gegen den feindt zufertigen bedacht, Das bedencken wir alse die vnuerstendigen, vnd vnerfarnen In vnser einfalt, so viel wir der gelegenheit erkundich, must alles mehr zu Wasser mit schiffen bis In Liefflandt alse durch andere mittel eines Land Zcugess gescheen, Dan villeicht der konig zu Poln, durch poln vnd preussen sollichen Zcug swerlich vorhengen odder zcustehn wurden, So ist es ohn das vmb Landt ein gar weiter Muehseliger weg, vnd des mehr am Jungsten Die Lande dardurch der pass gehn muste Inn vnd vmb Liefflandt, dermassen In der polnischen emporung vorhergt, Das mit bequemicheit einen Zcug dadurch zcu nehmen nicht thunlich

Kondten auch gefugsam andere vnd sunderlich die Vel Tardtern gegen diesen feindt erregt werden Das were vnsers bedunckens nicht ein vnradsamer weg, vnd die Tadtern weren darczu nicht vbel zcubewegen, Dan ohn das zwischen Denen beider seits feinden ein fatale odium, hat Er Inen gar grosse Lande In weinig Jaren gewaltsamlich abgenomen, vnd sie wurden ohn zweiffel zcu dieser Zceit keine gutte gelegenheit vorseumen

Kondten dem feinde die Nowgardischen vnd pleskowischen Lande, die seines Jochs vnd Tyrannei vberdrussig, darunter sie nuh vast In die achzig Jar gewesen, vnd wan sie etwah ein stadtlich Velt zeug vormerkten, villeicht zcubewegen abgepractisirt vnd entzcogen werden, Daran were auch kein fleiss zu sparen,

Wurd dan dem Veinde weiter auss Norwegen zcugesetzt, Im gleichen auss Lieffland an mehr Dan einem orth, wie es die gelegenheit geben mag, ohn Zweiffel solt Er etzwas fridfertiger, odder wo es In gottes vorsehung, Dardurch sein gottes Lesterung Tyrannei vnd vbermut gestraffet werden

Der ku: Mt. sollen wir auch In massen zuuor gescheen nicht verhalten Das die prouintz Lieffland, durch vorige emporung Ires vorradts an profianth vnd getreide sehr erschepfet, Was dan noch vbrig gewesen, hat diesen Somer der veindt hingenomen, verwustet vnd zcertrettet, Darumb solcher vorradt, hinein zcuschaffen zcuforderst, an, haber, maltz, potter, speck, Vischwerck, ɔc Mocht ein Commiss eingerichtet werden, das were vnsers bedenckens ein treglich Ding so wol vor die Obrickeit alse die kriegsleuthe,

Dis vngeferlich einfeltig bedencken, vnd was dem anhengt, haben der ko: Mt. vntertenigst wir nicht verhalten sollen, mit vntertenigsten bitten In dem vnss alse die vnerfarnen gnedigst zcuuermercken, vnd sol das wir vorgeschlagen nichts sein, alles zcu gnedigen willen vnd gefallen der ku: Mt: gestellet.

48. 1558. Sept. 26. Randers. — König Christian an den OM.

Cop.

Credentz brief an den Herrmeister zu Lifflandt, die bewilligte 20000 thaler, das haus Reuel, vnnd der gesandten aussrichtung bey dem Russen belangen, Act. Randerssen, denn 26. 7 bris Anno ɔc 58,

Christian der Dritt ɔc

. Wir wollen E. L. freuntlichen vnanngezeigt nicht lassen, das wir vnnser Rethe Claus vhren, wodisslef wobissern, Per Bilden vnnd Doctor Jherninum Thennern, an den Russischen Keysern abgefertigt, E. L. vnnd den Lannden zu Lifflandt mit gottlicher hulff souil muglich, fridenn oder stillstanndt zubehandeln, wie mit E L. gesanndtenn, als Jungst bey vnns gewesenn, verabschiedet, vnnd verlassenn, vnd seindt auch die xx $^{M \cdot}$ thaler, die wir E. L. gesanndten versprochenn, verstrecken zulassen nach Lubeck an ern Frantz von Stittenn verschickt vnndt vbergesanndt wordenn, vnnnd werdenn E. L. sich mit vnsern Rethenn von denn sachenn vnnd aussrichtung bey dem Russischen Keyser, vnnd wie es mit dem Haus Reuel vnnd den Lannden zuhaltten, beredenn, Dohin auch die sachenn Jungst mit E. L. gesanndten gestalt worden, weil vf die vorschlege ohn E. L. vorwissen fuglich nicht zuschliessen gewesenn, Es werdenn auch E. l. denn vnnsern zu der Post, vnnd was die rheyse Inn Russlandt erheischt, den sachen zu guttem, furderung erzeigen zulassen vnbeschwerdt sein, vnnd wusten wir E. L. vnnd den Ihrenn mehr willfahrung, freundtschafft vnd guts zu beweysenn, Das thettenn wir gantz gern Datum ɔc

49. 1558. Sept. 26. Schloss Drottingburg zu Randers.
— König Christian's Instruction an den OM.

Untersig. Orig.

Die Besendung des Russen, den Schutzhandel und das Haus Reval betreffend.

Instruction vnnd Werbung Was vnnser Christians des drittenn vonn Gotts gnadenn zu Dennemarckenn Norwegenn der Wendenn vnnd Gottenn Konnig, Hertzog zu Schleswig, Holstein, Stormarn vned der Dithmarschen Graff zu Oldenburg vnnd Delmenhorst etc. Rethe vnnd Gesandtenn die Ernuhesten Hochgelart vnnd Erbarnn Claus Vhrne zu Beltebierg, Woydisslaff Wobisser Amptman vnsers Hauses Troyborch, Petter Bildenn zu Swanholm vnnd Jeronimus Tenner der Rechtenn lehrer, An denn Hochwirdigenn furstenn vnnsern besondern lieben freundt vnnd Nachparn Hern Wilhelmen Furstenbergern *(sic)*, Meister Deutsches ordens Inn Lifflandt werbenn anbringenn vnnd aus Richtenn sollenn,

Vnnser gesandten sollenn zu glucklicher ankunfft zu Reuel dem Hern Meister Ilichst mit schreiben belangen, vnnd vnser abfertigung vff geschehen erpietten gegen des Herrn Meisters gesandten alhir geschehenn An den Russen vmb fridtshandlung antzeigenn, Vnnd der Instruction nach zu der Post, auch den Russen vmb gleidt zufurdern, vnd Dolmetschen zum Handel bey dem Herrn Meister ansuchen, Auch vf gelegen Platz schleunig Audientz zugeben suchen, Das solchs der Reisse an den Russen nicht hinderlich zusein,

Vnnd werden die gesandten vnser schreiben an den Keiser der Russen abferttigenn, auch vleiss haben so es behuff, mit des Russen vorordneten Veldtherrnn zuhandln, wie die Instructionn mitbringet,

Wenn vnser gesandtenn an den Herrn Meister zu lifflandt gelangenn, werdenn die gesandten nach vbergebung vnnser Credentz, vnnser freuntlich zuentbietten nach gebur anzeigenn, vnnd In gemein die abfertigung an den Russen, denn fridenn durch Gotlich gnad zubefurdernn, vormeldenn, Vnnd Ihren vleiss erbiettenn, Demnach des Herrn Meisters bedencken vnnd Rath dartzu mitzutheilen suchen vnnd furdernn,

Wenn daruff der Her Meister sich hatt vornhemenn lassenn, vnd geschlossen, Sollen vnsere gesandten, So der Herr Meister der Handlung, als des Herrn Meisters gesandten vmb Hulff vnnd Rettung gegen den Russen mit vns alhir gepflogen oder auch des Hauses Reuell nicht gedencken wurde antzeigen, Das der Herr Meister ohne zweiffel von seinen gesandten wurde bericht empfangen habenn, Wie die sachen nach aller vorhandlung vorlassenn vnd vorabschiedett,

Vnnd als wir letzlich den gesandten vorschlag zum handel thun lassenn, Dass aus mangel beuelchs, wie von den gesandten angetzogen Daruff nicht gehandelt, vnd geschlossen werden khonnen, Vnnd derwegen zu ankunfft vnnser gesandten Inn lifflandt zu des Herr Meisters erclerung, von den gesandtenn gestalt wordenn,

Weil dan das Haus zu Reuel In vnserm Nhamen, wiewol ohn vnnser beuhel vnd wissen, In der gefahr vnnd Notfall besetzt wordenn, Dauon ohn zweiffel antzeig In das Russisch lager, auch an den Keiser der Russen gelangtt,

Were zubedencken, wie es mit dem Hause zuuorhalten, Solt voranderung mit der besatzung vor der hant geschehen mocht solchs bey dem Russen allerley bewegen machen Vnnd wolt auch vnkosten daruff gehn, Das Haus bestelt zuhalten, Vnnd wiewol des Hern Meisters gesandten vorgerathen angesehen, Das Haus dermassen ohn voranderung bleiben zulassen, Das dem Russen nicht mehr mut gemacht vnd erregt ɔc So hetten doch solchs nicht vffladen wollen, ohn des Herrn

Meisters erclerung, vnnd das der Kosten halber, die vflauffen wurden, bescheidt gemacht, oder vff andere wege geschlossenn,

Wir begerten auch des Hern Meisters Heuser vnd Landt vnnd leut nicht, mit seinem schaden, Hetten aber doch vonn wegen vnser hohen Obrigkheit, woll vrsach antzuhaltten, Das allerseitz gerechtigkeit mocht erhalten werdenn, Was nuhn des Herrnn Meisters neigung In dem, des wurde er sich erclerenn, Die gelegenheit Darnach zurichtenn,

Sagt der Herr Meister, Er hett woll leiden vnnd gonnen mugen, Der handell wer vor sich gangen, Als sein gesandten an vns gelangt, Oder das der Herr Meister des noch erbietens Dan sollenn die gesandten antzeigen, Es sey des gemeinen schutz halben, der Handel etwas bedencklich, Wir hetten aber ander tregliche mittel vorschlagen lassen, Daruff der Handel gestalt, So der Herr Meister sich daruff wurde ercleren, Woltten die gesandten sich Ihrem beuelch gemess Derhalben vornhemen lassen, Vnnd so der Herr Meister vff diesen weg des letzsten vorschlages, Inhalt des mitgegebens Zettels A betzeichnet, woltt handeln, Dan sollen die gesandten sich mit dem Meister daruff einlassenn,

Soltt mehr geldts, dan Im vorschlag gemelt, von dem Hern Meister begert werden, sollen die gesandten von dem Herrn Meister furderen, was er ferner haben woltt, vnnd wen solchs erclert, Sollen die gesandten dem Herrn Meister daruff antzeigen, Das die Summa hoch, vnnd wurde schwer bey vns mehrers zuerheben sein, Vnd wist der Herr Meister, was wir den gesandten hetten vorstrecken lassen, vnnd sol nach gelegenheit der furderung vnd zustandes der Russen handelung, vnd der Lande, die von den gesandten, wurt erwogen, erstlich x ^{M} thaler vber die xx ^{M} vnd Sechs Monat Hulff, laut des Zettels erbotten werden zuzulegen, Wiewol solchs ausser beuhel, so das nicht gehn wolt, vnd der handel wolt stutzen vnd abschlagen, Sollen die gesandten, wen vff eusserst, der handel vorsucht, noch x ^{M} zulegen vnd letzlich so der Handel daruf wolt abschlagen noch x ᴹ vnd wen der handel damit auch nicht zutreffen vnd schliessig zu handeln, sollen vnser gesandten antzeigen, Das sie sich nicht zuuorsehen gehapt Das der handel dermassen vnd so hoch gedrungen werden sollen, Vnd weil aus mangel beuelch nicht weither kont geschritten vnd geschlossen werden, Erforderte an vns zugelangen, wie der Handel gelegen, vnd was des Hern Meister begern vnd furderung, Das wolt der Her Meister den sachen zu guthem vnbeschwert zulassen, Wir wurden vns schirst darufferclerenVnd dem Hern Meister mit entlichen vnd schlisslichen bescheidt freuntlich begegnenn,

Vnnser gesandtenn werdenn Inn diesem handel des Viandts erzeigung vnnd furnhemen erwegen, vnnd denn handel darnach zurichten wissenn, Auch damit nach gelegenheit denn handel, souil treglich, vortsetzen, Oder antzuhaltenn wissenn, Es wer auch schwer, wenn vormercket, Das der Vaindt denn Landenn woltt zusetzenn, Vnnd dieselbigenn mocht erobrigenn, Das wir vor nichts solchs stadttlich summa gelts spildenn vnnd geben soltenn, Vnnd dartzu villeicht widerung mit dem Russen auffladen,

So der handel Rathsam eracht, vnnd vf vnsernn vorschlag vnnd vorgesetzte meinung kondt volgen, werdenn die Gesandtenn, wie obgemelt, sich zu vnser vnnd vnsers Reichs bestenn zuuorhalten wissenn,

Wurde aber der Handel vonn dem Meister gentzlich abgeschlagenn, vnnd die Lande nicht wollenn abgetrettenn werdenn, Dan sollenn vnser gesandtenn zum Hochstenn darauff nicht dringenn, vnnd den handel bleibenn lassenn,

Es habenn aber die gesandtenn nach gelegenheit, so gefar vonn dem Russenn vff die lande gespurt, mit glimpf vnd fuge dem Herren Meister anzutzeigenn, Das Gott zubittenn, Das dem Russenn die Lande nicht zu handenn gestalt, vnnd gegunt werdenn mussenn, besser dan vns, dar erstattung, hulff vnnd furderung vonn zuhaben, Vnnd werden vnser

Gesandtenn sich nach befindung des Zustandts, hier In zuhalttenn wissenn,

So dess Russenn halbenn gefahr mit Reuel vnnd denn Landenn vormergt, Sollen die gesandtenn nicht hart furdernn, Das schlos Reuel, wenn der Handel, douon obenn gemelt, vonn dem Herren Meister abgeschlagenn, Inn vnsern Nahmen erhaltenn zulassenn, Wie es Jetzt bestaltt, Doch ohn vnnser wissenn,

Es habenn aber die gesandtenn dem Herrn Meister anzuzeigenn, Das voranderung des Hauses aus vorgemeltten bedencken nicht woll gelegenn sein woltt, biss das die aussrichtung bey dem Russenn geschehenn, vnnd gethan worden, vnnd stunde solchs bey dem Herrn Meister,

Wurde der Herr Meister begeren, Das Hauss an vns zuhalttenn, Soll angetzeigt werdenn, Das solchs den sachenn zu guttem, Auch andere beschwer zuuorkhomen, solt geschehen, Es woltt aber nottig sein, Das schein vorfast vnnd vffgericht, Was vff erhaltung des Hauses gewant wurde, Das solchs zu geburlicher Rechnung Inn der abtrettung vonn dem Herrn Meister vnnd Ordenn soltt erlegt werden wie billich,

Vnnd wissenn die Gesandtenn sich daruff mit dem Herrn Meister zuentschliessenn, Vnnd sollenn volgig Christoff von Munnichausenn beuhelenn, Das Haus Inn vnsern Nahmenn, bis zu vnserm vernerm bescheidt zuhalttenn, Vnnd das Gebiet vnnd zugehorung des Hauses dartzu zugebrauchenn zu gutter Rechnung,

Was aber der vonn Munnichausen mit dem Hern Comenthur Inn abtrettung des Hauses gehandelt, vnnd vff das Hauss bis daher gewandt, Das soltt an seinem ortt bey dem von Munichausen bleibenn, Wir woltenn vns des auch nicht annhemenn, Doch soltt die abtrettung des Hauses dem Herrn Meister nicht geschehen Es wer dan dem von Munichausen gethan vnd widerfahrenn, was billich,

Soltt aber der Herr Meister das Haus Reuel Inn vnsern Henden nicht lassenn wollen, Dann sollenn vnser gesandtenn antzeigenn, Das solchs nach des Meisters gefallenn gehabtt, Wurde aber beschwer daraus volgenn, Hett der Meister niemandts darumb zuschuldigenn, Vnnd wiewol vnser gesandtenn swer Inn solcher gelegenheit Inn Russlandt Inn diesenn sachenn zuziehenn, Woltt Ihnen doch gebuhren vnnsernn beuhelch ausszurichtenn, Domit sollenn vnnser gesandtenn vonn dem Herrn Meister Nach Russlandt vnuorzuglich wen glait erlangtt abreisenn, Vnnd so es muglich vns zu Ruck, wie die sachenn gestaltt, vnnd vorlauffenn, vorwissigernn,

Wurde der Herr Meister begern, Denn zugk an denn Russen abzustellenn, Oder das der Meister mit dem Russen vortrag erhaltten, So sollen die vnnsern doch an denn Russenn vortziehen Vnnd sich nicht abhalttenn lassenn, Vnnd vnser beuhel bey dem Russen aussrichtenn, vnd nach gelegenheit die beuholenn werbung vorbringen wie sie werdenn zuthun wissenn,

So der Her Meister des Hauses Reuell halben bey denn gesandtenn wurde furdern, vnd anhalten, Die Kriegsleutt abzufurdernn, Weil die Inn vnserm Eydt stehn, Daruf sollen die gesandtenn antzeigenn, Das sie keinenn beuhel dauon hettenn vnnd kuntenn sich derwegenn nicht einlassen, Ihnen wer auch wissent, Das wir vns des Hauses nicht angemast, Vnnd dasselbig zubesetzen beuholenn, Wir wehren aber bericht, Das die gefhar, des viants vnnd noth geursacht, die besatzung gutte meinunge vnnd zum bestenn zuthuen, Das auch der Herr Comenthur vonn den Kriegsleutten hertt gedrungen wordenn, Das die nott lehrenn, Rath suchenn, Vnnd wurde der vonn Munnichausen, der das Hauss Innen hatt, vnnd von dem Herrn Comenthur empfangen Sich ahne zweiffell gegen den Herrn Meister geburlich ertzeigenn vnnd befinden lassen, Wan er seins ausgelechten vnd vorgestreckten geldts, vnnd was er vorschrieben, vnnd zur billicheit ausgesagt vnnd versprochen erstadt, benhommen vnnd schadlos gehaltten, Das wir dan nach gelegenheit billich erachten, Hetten auch beuholen zufurdern das Ihm die gebur widderfaren mocht, Das auch dem Herrn Comenthur vnd HausComenthur mit gnaden mocht begegnet vnd vorsehunge zum vnterhalt gethan werden, Das die vnser vorbit zugeniessen,

Wurde von zufhur der Prophiant In Lifflant gesagt werden, habenn die gesandtenn antzuzeigenn, die Kauffleut werden sich derhalben wissen zuuorhalten Vnnd wer threglichst, Das Kauffleut aus Lifflant abgeschickt, mit den kauffleutenn vnnd Schipffernn zuhandln, weil nicht gebreuchlich, Aus diesen ortenn viel Maltz oder hafer dahin zuschiffenn

Es soll schreibenn vonn den Stenden der Lande Harrigen vnnd Whirlandt gefurdert werden, ann vns zustellenn, Dar Inn wir als die hohe Obrigkeit angeruffen Daruff wir dem Reussischen Keiser befurdern zulassen Die schreiben werden erhaltten oder nicht, So wirt gleichwol vnserm beuhel nachgesetzt, Vnnd wer nicht vnguth, Das der Herr Meister auch an vns derhalben hett schreibenn lassenn ɔc

Actum vnter vnserm Konniglichen Secret vff vnserm Schloss Drottingburg zu Randerss Inn Nor Jutlandt denn xxvj^{ten} Monats tag Septembris Anno dni xv^c vnd Im Achtvndfunfftigstenn,

Christian

Zettel.
A.
Wenn Konniglicher Maitt: u. s. w. *Uebereinstimmend mit No. 46.*

50. 1558. Sept. 26. Randers. — Instruction des König Christian für seine Gesandten nach Russland.

Unters. Orig.

Instruction. vnd Beuhel. Was wir Christian der Dritt von Gots gnadenn zu Dennemarckenn, Norwegen der Wennden vnnd Gottenn Konig, Hertzog zu Schleswig, Holstein, Stormarn, Stormarn *(sic)* vnnd der Dithmarschen. Graue zu Oldenburg vnnd Delmenhorst, denn Ehrnuestenn Hochgelerten vnnd Erbarn vnnsern Gesantten Rethenn vnnd liebenn getrewenn Claus Vhrnen zu Bielteberg, Woydislaff Wobissern Ambtman vnnsers Hauses Troyborch, Petter Bilden zu Suanholm vnnd Jheronimo Thennern der Rechtenn Lehrern, vferlegt vnnd beuollenn, bey dem durchleuchtigstenn grosmechtigisten Furstenn vnnd hern Hern Iuan Basilewitz Keysern vnnd Grosfurstenn der Russenn ɔc vnserm besonndern geliebtenn Herrn, freundt vnnd Nachbarn, der Lifflendische Lannde vnnd Kriegshendell halbenn, antzubringen, suchen vnnd zuverhandeln ɔc

Vnnser Gesanndten sollenn furderlichst wenn die zu Reuell Inn Lifflanndt mit gottlicher Hulff ankhumen, dohin sie zu schiffen, sich vnuerzuglich befleissigen sollenn, oder an was ortt Inn Gott sonnst zu Lanndt wirdt helffenn, Dem hochwirdigen Fursten vnnserm besonndern freundt dem herrn Meister zu Lifflandt Ihr ankunfft mit einem schreibenn vfs llichst verwissigenn, vnnd furdern die Gesanndten an sich zubescheidenn Auch vnsern brieff, als wir an hochgedachten vnnsern freundt denn gesandtenn habenn mit gehenn lassenn, vbersendenn Vnnd soll bey dem herrn Meister gesucht werdenn, das vnnsern gesandten zu der Post, hulff vnnd furderung geschehenn möcht, an denn Grosfurstenn vnnd

11

Keyser der Russenn, vnnser schreibenn vmb gleidt denn gesanndten zugeben, Ilichst zu schicken vnnd ab zufertigenn. Das auch gutte verstendige Dolmetschenn souil zu der ausrichtung vnnd Reyse Inn Russlanndt vonnötten zuerlangenn, Vnnd das der herr Meister etzliche Rethe, vnnd verstendige, die beuhor Inn Legation In Russlandt gebraucht worden, an vnser gesandten wolt schickenn vnnd gelangen lassen, sich von Irem beuhel, vnnd denn hendeln, wie die treglichst bey dem Russenn furtzunehmenn, vnnd die vnnsern vf dem zuge, auch am Russischen hofe gegen dem Grosfurstenn, vnnd Keyser vnnd den Russischen herrn vnnd Rethe sich zuuerhaltten, Das einem Jedenn zur gebuhr mit Ehrerbiettung vnnd sonnst ohn verweiss zubegegnen, Vnnd wissenn vnnser gesanndtenn In dem allem sich zuuerhaltten, vnnd die gelegenheit zuerkundigen

Vnnser gesandten sollenn auch dem hern Meister verwissigen, das vnnser Beuhel, dem herrn Meister, Ordenn vnnd Stenden zu Lifflanndt, zum bestenn vmb fridtshandlung bey dem Russen anzuhaltten vnnd zu furdern, Also das dem hern Meister vnnd Stenden Gleidt gegeben werden möcht, zu der fridtshanndlung vnbefart zuschickenn, Das auch mittler Zeit stillstanndt zugebenn, vnnd dem Russischenn verordneten Veldthern vnd Kriegsvolck In Lifflanndt, daruff beuhel thun zulassen Vnnd habenn vnnser gesanndten des hern Meisters bedenckenn hierInn anzuhörenn, vnnd souil thuelich, rathsam, vnnd erschiesslich eracht, die gelegenheitt darnach zurichtenn, vnnd sich zuerzeigenn, Aber doch Inn allem vnnserm beuhell gemess,

Wurde der Herr Meister zu Lifflanndt vnnser gesanndten an sich befurdern lassenn So sollenn die gesanndten sich an denn her Meister verfugen, doch sich nicht vf ziehen lassenn Das solchs zu verfug vnnd verhinderung der gesandten Reyse vnnd ausrichtung an den grosfurstenn den Russen zugelangen Vnnd möchte wie zuerachten, die abschickung an den Russenn vmb gleidt zuerlangen, verursachenn, Das zum anzug vnnd reysen nach Russlandt, so baldt nicht zugelangenn,

Es sollenn auch vnnsere gesanndten mit Burgermeistern vnd Rath der Stadt Reuell sich von der reyse nach Russlandt bereden, vnnd die gelegenheit bey dennselbigenn erkundigen, Weil die von Reuel, ohn zweiffel dauon gute wissenschafft haben vnnd berichten können, Auch denselbigen neben vnnserm gnedigsten erpiettenn anzeigen, das wir den Stenden vnnd vnderthonen der Landen Harrien vnnd Wyrlandt vnnd des Stiffts vnnd Stadt Reuel semptlich Inn dieser schickung mit dem besten zugedencken, beuelch gethan, Woltenn auch Ir gnedigster Konig vnnd her sein, vnnd die Lande mit gnaden vnnd allem muglichen zum bestenn befurdern,

Vnnd so das Russisch Krigs Volck noch Inn Lifflandt vorhanden were, vnnd vf das Estlannd vnnd die Lande Harrien vnd Wirlandt Stifft vnnd Stadt Reuel Kriegshandlung vbte vnnd gebrauchte, Dann sollen vnnser gesandten einen von Ihnen, oder zwen, so gnugsam vnnd vnbefahrt gleidt vnnd pass zuerlangen, an den Russischen Obersten vnnd Veldtherrn schickenn, vnsern beuelch an den Russischen Keyser anzeigenn, Mit bericht, das vnnser vnd vnsers Reichs Dennemarcken hoheit vnd obrigkeitt, die gemeltte Lande Estonien Harrien vnd Wirlandt vnderworffen, Weil wir dann mit vnserm besondern freundt dem Russischenn Keyser Inn freundtlicher verwandtnus stunden, vnnd zu keiner Kriegshandlung vrsach gegebenn zweiffelten wir nicht, vnnser besonnder freundt der Keyser vnnd Grosfurst wurde nicht gemeindt sein, das vnnser vnderthan soltten mit Kriegshandlung beschwerdt werdenn, Vnnd soll daruff mitt guttem glimpf gesucht werden, stillstandt gegen bemelte vnnser Lande zuhalten, vnnd dieselbigen nicht beschweren zulassen, bis das die gesanndten an den Keyser zugelangen, vnnd zweiffelten nicht, der Keyser wurde vnns zu freundtschaft vnsern Lannden vnd vnderthan den friden zulassenn, vnnd des Stillstanndts kein miss fallen haben ɔc So auch der Post halbenn vnnd vmb furderung zu dem zuge nach Russlandt des orts anzuregenn, erschiesslich, Inn dem werden sich die gesandtenn zuuerhalten wissenn,

Wurdt dann von des Russen Obersten vnnd Veldthern vorgewandt, das die Lannde In des Herrn Meisters handen, der seins Keysers Viandt, befunden, vnnd von demselbigen erobert, vnnd nicht bewust, das vnns die Lannde zugehorig, sollt derhalbenn von vnns billich nicht befurdert werdenn, Sein Keyser, oder der Oberst hett auch mit vnns nichts dan guts zuthun vnnd hett aus seins Keysers beuhel vnnd geheyss die Lannde vberzogenn, dem geburtte Im zugehorsamen, vnnd wolt Im als dem Veldthern auch nicht gezimmen, ohn des Keysers beuhel disen sachen voranderunge zu geben, vnd stillstandt zuhaltten, vnd must solchs bey dem Keyser gesucht werden ɔc

Daruff ist vnnser altt hergebracht, hoch. ober vnnd gerechtigkeit, an bemeltten Lannden, die menniglich kundt vnnd bewust widerumb antzuziehenn, Vnnd das dem Meister vnnd Ordenn von vnnsern hochloblichenn Vorfahrn am Reich Dennemarcken vnns vnnd dem Reich die Lannde zugelassenn, mit vorbehalt der hohen obrigkheitt, Vnnd konndt wol sein, das dem Keyser vnnd dem Obersten dauon nicht bewust, Weil aber vnnser gerechtigkeitt an den bemeltten Landen offenntlich, zweiffeltten wir nicht, der Keyser, als vnnser freundt, dem wir auch nicht zuwider gehandelt, wurde vnns an vnnsern befugten Rechten zuuerkurtzen nicht gemeint sein, Vnnd wurde, zu dem Veldtherrn verhofft, Er wurde dartzu nicht allein furderung thun, Sondenn auch, souil Im zuthun, des gesuchten stillstanndts halbenn, wilfarig erzeigen, Vnnd ist vf angezeigten grundt. Abschiedt mit dem Obersten zunehmen, vnnd nicht hoher zufurdern vnnd zudrengen, dann Volge zuhaben, Das nicht vnglimpf erregt vnnd vfgeladen, domit bey dem Russischen Keyser zu verhinderung der Hendell vnglimpff zuerschopffenn,

Wenn volgig vnsere gesandten an den Russischen hofe gelangenn, werden dieselbigen Audientz zubefurdern wissenn, wie des orts breuchlich, vnnd wenn die gesanndten an den Russischen Keyser befurdert, Sollenn die gesanndten sich mit hochster Ehrerbiettung gegen den Keyser, Wie gegenn dem Romischen Keyser, Auch denn Russischen Herren, nach Standts gebuhr erzeigen, vnnd derhalbenn denn gebrauch vleissigst erkundigen, vnnd dem Lifflendischenn Dolmetschenn Inn dem nicht volgen, Weil vermergt, das zu zeitten stutzig von den Lifflendern gehanndeltt, domit die bey dem Russen verhasst, vnnd die Hendel beschwerdt worden sein sollenn ꝛc

So auch vnsere gesanndten einen geschickten Dolmetschenn erlangen kondten, der nicht beuorn von denn Lifflendischen heren vnnd Stendenn Inn Russlandt gebraucht, Das soltt denn sachen mehr dienlich sein, Dann ein Dolmetschen zu haben, der villeicht bey dem Russenn nicht wol gelitten, vnnd mit bedencken zugebrauchen, Daraus denn hendeln mehr verhinderung, dann furderung zuerfolgenn,

Vnnd sollenn vnnser Gesanndten anfangs Nach vorgehender Dancksage vor das mitgetheildt gleidt, vnnd vbergeburg vnsers Credentzbriefs dem Russischenn Keyser vnnserm besonndern freundt, vnnser freundtlich vnnd willige Diennst anzeigenn Vnnd so es S: Key. Matt: an leibs gesundtheitt vnnd sonnst allenthalben durch gottlich verleyhung, glucklich vnnd eigens gefallens ergienge, Das vnns solchs nicht weniger liebe vnnd angenehm zuerfahrenn, dann vnnser vnnd der vnnsern selbs wolfahrt, vnnd so wir S. Key. Matt. als vnnserm verwandten vnnd besondern freundt vil ehr, liebs vnnd guts zuerzeigenn Das wir solchs Jederzeit zuthun geneigt vnnd willig,

Demnach sollenn vnnsere Gesanndten dem Russischen Keyser vnnsernt wegenn, furtragen vnnd erzeigen lassenn, Das vnnser hochloblich Vorfahrn an den Reichen Dennemarckenn, vnnd Norwegen, Sampt vnnsern Reichs Stenden, Rethen vnd vnderthan Jederzeit bestendige freundtschafft vnnd freundtlich verwandtnus mit denn hochberumbten vnnd grossmechtigisten Keysern vnnd Grosfurstenn der Russen, vnnd derselbigenn Reichen vnnd Landen gehaltten, Wie wir dann die Zeitt vnnser von gott verliehenn Regierung auch gethan hettenn, Wehrenn des auch ferner freundtlich erbiettenns vnnd geneigt, Vnnd liessenn vnns gegen vnnserm besonderm freundt dem Keyser vnnd Grosfurstenn, als vnnsern besonndern geliebten Herrenn freundt vnnd Nachbarn, gantz freundtlich bedanckenn, Das vnns vnnd den vnnsern In gleichnus mit allem freundtlichenn willen wehre begegnet wordenn, Wolttenn solche freundtliche neigunge des Keysers, als vnnsers besondern Hernn vnnd freundts mit gottlicher hulff vnuerruckt erhalttenn, vnd zu vnfreundtlichenn bewegenn nicht vrsach gebenn,

Vnnd als beyderseitz vnderthan Inn kurtz verruckten Jharenn, vilfaltig handthirung vnnd Kauffmanschafft Inn vnser Stadt Coppenhagen vnnd sonnst In vnnsern Reichenn Dennemarckenn, Norwegen, auch Inn vnnsern Furstenthumben vnnd Lanndenn mit einander gehabt vnnd gebraucht, Also das des Russischenn Keysers vnderthan vnnser Reiche vnnd Lannde besucht, Desgleichen die vnnsern des Keysers Lannde wider gethan, Daraus beiderseitz vnderthanen nicht gering gewerb, vnnd vortheil erlangt, vnnd wer aber solch freundtlich gemeinschafft vnnd handthierung In denn geubten schweren Kriegshendeln zerruttelt, vnnd gehindert worden, Das vnns vnnd den vnnsern nicht wenig entgegenn vnnd beschwerlich, Demnach wolttenn wir vnns gegen dem Keyser freundtlich erbotten habenn, solch handthirung Ir Key: Matt: vnderthanen den Russen, vnnsern geliebten Nachbarn vnnd freunden Inn vnnsern Reichenn, nochmals zu gestatten vnnd zuzulassenn, vnnd dieselbigen mit allem guttem befurdern zu lassenn, Des wir In gleichnus vnnser vnderthan, wenn die Inn Russlandt mit Irer kauffmanschafft anlangen, zuthun freundtlich wolten gesucht vnnd gebettenn habenn, Es sollenn auch die Gesanndten, so von dem Keyser Communication vnd handthirung zugelassenn wirdt, denn vnnsern daruff schrifftlich schein vnd General Passbrief zugebenn befurdern, Die auch herwiderumb nicht sollenn geweigert werdenn, Vnnd sollenn auch vnnsere gesandten, so es begertt, die Passbrief zugeben habenn, wenn die Inn gleichnus von dem Keyser denn vnnsern mitgetheilt werdenn, Sonnst soll vertröstung gethan werdenn wenn bey vnns derhalbenn angesucht, das derhalben nicht solle erwindenn,

Ferner sollenn vnnsere gesanndten vnnsern besonndern freundt denn Russischenn Keyser berichten, vnnd mit guttem glimpf vorbringen lassenn, Das vnns vnnd vnnserm Reich Dennemarcken, das Hertzogthumb Estonien vnnd die Lannde Harrien vnnd Wirlandt mit dem Bistumb Stifft vnd Stadt Reuell In Lifflandt, sampt Iren zugehörungen von altters her mit der hohenn Obrigkheitt, herligkeitt vnnd gerechtigkeitt vnderworffenn vnnd zugehörig, Vnnd das von vnnsern hochlöblichenn vorfahrn am Reich Dennemarckenn vnnd vnns die Lannde dem herrn Meister vnnd Ritter Ordenn vnnsern wegenn, In zuhabenn vnnd zugeniessenn zugelassenn, vnnser hohen Obrigkeitt vnschedlich vnnd ohn Abbruch, Vnns geburtte auch die Nomination des Bischofs zu Reuell, vnnd hettenn vnnsern Statt halttern in den gemeltten Landen vf vnnserm Lehenn Kolck genadt gesessenn,

Nuhn könndt wol sein, das vnnser geliebter herr vnnd freundt, der Keyser solcher vnnser gerechtigkeitt vnbericht gewesen, vnnd zweiffeln nicht so S: Key: Matt: dauon anzeige gehabt, Die wurde dieselbigen Lannde vnns zu freundtschafft vnnd ehren, mit kriegshanndlung zubeschweren habenn verschonen, vnnd nicht vberziehen lassen, Wir hettenn auch hieuor an vnnsern freundt, denn Keyser freundtlich schreiben lassenn, Desgleichenn an S. Key. Matt., Veldthern vber das Krigsvolck Inn Lifflanndt, Wustenn aber nicht, ob Ir Key: Matt. die briefe zuhanden khomen wehrenn, oder nicht, Wurdenn aber die gesanndten befindenn, das vnnser schreibenn frucht vnnd denn Lannden befridung geschafft Ist derhalbenn

Dancksage zuthun ɔc Weil aber die gemeltte Lannde die vnnser hohen obrigkeitt vnderworffenn, villeicht aus mangell, das vnnser gerechtigkeitt nicht wissenn gehabt, von dem Kriegsvolck, das der Keyser Inn Lifflanndt geschickt, zum theil angegriffenn vnnd vberzogen wordenn, Vnnd villeicht aus dem verursacht, vnnd hergeflossenn, das der her Meister zu Lifflandt, die Lannde von vnns Ingehabtt, vnnd in seinen Lannden angetroffenn, Vnnd wurdenn sonnst ohn allenn zweiffell der Keyser, vns als den freundt, weil wir zu keiner widerung vrsach gegeben, Sonndern vnns mit den vnnsern aller freundtschafft gegenn Ir Key. Matt vnnd derselbigen Reiche vnnd lannde, bestendig gehaltenn, vnnd beflissenn, Des wir auch verner geneigt, mit vnnsern vnderthan verschondt habenn, Vnnd mit Kriegshanndlung nicht habenn beschweren vnnd angreiffen lassen Wir woltenn auch freundtlich hiemit gesucht vnnd gebettenn habenn, vnns der verwandten freundtschafft geniessen zu lassenn, vnnd vnnser Herzogthumb Estonien vnnd die Lannde Harrien vnnd Wirlandt mit dem Stifft vnnd Stadt Reuel verner mit Kriegshandlunge nicht beschweren, Sondern friden zugeben vnnd zugestadten Auch was erobrigt vnnd eingenohmen, zu denn bemeltten Lannden gehörig, vns widerumb volgen vnd zustellen zulassen Vnnd woltenn In keinen Zweiffel stellenn die Key: Matt: als ein hochberumbter Potentat vnnd vnnser besonnder freundt, wurde sich Inn dem freundtlich vnnd wilfarig erzeigenn, vnnd befinden lassen, Das wolltten wir vmb Ir Key. Matt. als vnnsern besonndern hern freundt, vnnd verwandtenn, alzeitt freundtlich vnnd willig vordienen, vnnd verschuldenn, Es wurde auch Ir Key. Mat. zu hohen ehrenn vnnd rhum bey menniglich gedeyhenn vnnd gereichen,

Vnnd als auch leider befundenn, das der Keyser vnd Grosfurst der Russenn vnnser besonnder geliebter herr vnnd freundt gegenn dem herrn Meister, Stende vnnd Lande zu Lifflanndt, zu schwerer Kriegshandlung bewogenn, vnnd dieselbigen mitt grosser macht vberziehenn lassen, Welchs wie wir erachten, nicht ohne hohe verursachung geschehenn, Dann der Keyser bey vnns vnnd menniglich fridliebendt vnd christlicher neigung hoch berhumbt, Vnnd aber die Kriegshandlung vber die armen vnschuldigen vnnd weysenn, furnemblich Ir wurckung vnnd ausgang hatt, mitt christlichem blutt vergiessenn vnnd andern beschwerden, Daran Gott der allmechtig, auch der hochberumbten Key: Matt. ohn zweiffel keinen gefallenn, sonndern grossen miss fallenn hett, So woltenn wir wiewol wir den Keyser als vnnsern hern vnnd freundt mit disen hendeln, nicht gern bemuhen wollenn, aus christlichem bewegen, gantz freundtlich gesucht vnnd gebetten habenn, Ir Key. Matt. wolt dem almechtigen vnnd vnns zu ehrenn vnnd gefallenn Die gefaste vnnd verursachte widerunge gegen dem Meister vnd Stende zu Lifflandt aus Keyserlicher gutte milttern, Dem Krieg ein ziehenn, vnnd denn Meister vnnd Stennde begnaden vnnd zu guttlichem vertrag vnnd handlung der beschwerdenn vorstadtenn vnnd khomen lassen, Vnnd vnns der suchung halbenn, nicht annders dann freundtlich bedenckenn, Wir wehren auch nicht gemeinett, das der Key. Matt. als vnnsers freundts habennden gerechtigkeitt soltt abgebrochenn werdenn, Sondern das vnns zu ehrenn, die sachen aus gnaden den Stendenn zu Lifflanndt zu befridung der sachenn zur billicheit abzutragen vnnd abzuhandeln, mocht verstadt vnnd zugelassenn werdenn,

Vnnd wenn der Keyser als vnnser besonnder her vnnd freundt, vnns vf dise vnnser erste frenndtliche bitt vnnd suchung aus freundtlichem willenn vnnd neigunge zuwillfahrenn geneigt, erspurt vnnd befundenn, Wie wir freundtlicher hoffnung vnnd zuuersicht, Woltenn auch Ir Key: Mtt. Inn gleichnus mugliches nicht abschlagenn Dann woltenn Ir Key. Matt. vnns zu ehrenn, der Kriegshanndlung freundtlich stillstanndt gebenn, vnnd den Stenden zu Lifflandt Gleidt mittheilen lassenn, die sachenn bey vnnserm geliebtenn herrn vnnd freundt dem Keyser, oder Irer Matt. verordnetten, guttlich vnnd zur billicheit abhandeln zu lassen, Das wurde bey gott dem allmechtigen vnnd menniglich Ir Key; Matt. zu hohenn ehrenn vnnd rhum gereichenn, Vnnd wir wolttenn solchs als der freundt vnnser habenden verwandtnus vnnd freundtschafft nach, alzeitt willig sein zuuerschulden, Mitt bitt Ir Key: Matt wolttenn diese vnnser suchung nicht anderst auffnehmenn Dann das vnnser freundtlich furderung aus christlichem bewegenn verner Blutt vergiessenn zu verkhumenn,

Vf solche vorgesatzte Artickel Ist vnnsers geliebten herrn vnd freundts des Kaysers vnnd Grossfurstenn Anthworth vnnd meynung antzuhörenn, vnnd die sachenn In allewege mit guttem glimpf zu berichten zufurdern vnnd zuuerhandeln Darzu die Dolmetschenn mit besonnderm vleis antzuhalttenn,

So vnnser freundt der Keyser der Russen vf vnnser freundtlich zuentbiettenn vnnd erclerung aller freundtschafft vnnd geneigts freundtlichs willens, Mitt freundtlichem gegenn erbiettenn oder das vnnser erzeigunge zugefallen angenohmen, sich vernehmen liesse Sollenn vnnsere gesandten, sich mit geburender vnnd vleissiger Dancksage vernehmen lassen, Mit erbiettenn vnns dauon zu ruck zuberichten Wie sie zu thun wissen,

Wurde auch dem erbiettenn stadt gegebenn, Das die vnderthan gemeine handthirunge zugebrauchen, das die Reiche vnd Lande beyderseits von denn vnderthanen frey zubesuchenn, Daruff wissenn die gesanndten sich nach gelegenheitt vnnd vorgesatzten anhang der werbung vf diesenn punct vernehmen zu lassenn vnnd zudanckenn

Wenn aber vnnser freundt der Russisch keyser wurdt furdern vnnd begerenn, Die vertrege, als die vorigenn Grosfurstenn mit vnnsern hochloblichenn vorfahrn am Reich Dennemarcken vfgericht, zuuernehwern vnnd was derhalbenn vnnser neigung zuerclerenn, Dann sollenn die gesanndten anzeigenn, Das der Keyser aus der Gesanndten Werbunge vnnsern

freundtlichenn Willenn vnd neigung zu aller freundtschafft
werde verstanden habenn, Wir wurdenn dem auch also mit
gottlicher hulff gelebenn, vnnd nachsetzenn ɔc Vnnd weil bestendige vertrege vorhanden, Were nicht geacht, das new
hanndlung derhalben zupflegenn, Was aber dem Keyser
vnnserm freundt derhalbenn zugefallenn, Inn dem wurdenn
wir vnns freundtlich erzeigenn vnnd befindenn lassenn, Es
woltenn auch die gesanndten des Keysers Neigung mit vleis
an vnns bringen, Daruff wurdenn wir vns mit aller freundtschafft erclerenn vnnd dermassen erzeigenn, vnnd vernehmen
lassenn, Das dem Keyser daran zugefallenn, vnnd vnser
freundtschafft wurcklich zuerspurenn, vnnd zubefinden,

Soltt aber der Keyser domit nicht fridlich sein wollenn,
vnnd newe bestettigung der alttenn vertrege erfurdern, Dann
sollenn die gesanndten General vnnd gemein verschreibung vf
vnnser Ratification daruf geben, oder verabschiedenn, Das der
Keyser sein versigeltten briefe daruff zu der Narue schicken
muge, Dohin soltt vnser verschreibung zu bestimbter Zeitt
auch gelangen,

Was aber vnnser suchunge vmb befridunge der Lannde
Estonien Harrien vnnd Wirlandt Bistumb Stifft vnd Stadt
Reuel antrifft, Ob vnnser besonnder freundt der Russisch
Keyser wurde anziehenn vnnd vorwenden lassenn, Das di
Lannde vnns nicht bey khomen soltenn, vnnd das die vber
altte verwehrtte Zeit Inn der hern Meisters handenn gewesen
vnnd noch vnnd das Lifflanndt dem Russen zugehorig ɔc

Daruff habenn die Gesandten vnnsere hohe obrigkheitt
antzuziehen, vnnd zuberichten, vnnd sich vff die Stiftungen,
Fundation vnnd Priuilegien der Lande Stifft, Closter vnnd
Stedt zu ziehenn, vnnd wissenschafft zustandt vnnd Bekenntnus
der Stennde vnnd gantz Lifflanndt, vnnd zu becrefftigung
vnnser gebuhrenden hohen Obrigkheitt vnnd gerechtigkeitten
Copien der Briefe, als vf die Lannde lautten den gesandten
mit gegebenn verlesen zu lassenn,

Das aber die Lannde in des Meisters hende gewesen vnnd dar Inn befunden, Das haben die gesandten zuzusthenn, Mitt bericht, das der her Meister vnd Bischof die Lannde von vnnsern hochloblichenn vorfahrn, vnns vnd vnnserm Reich aus begnadung zugestadt vnnd verliehenn, So nuhn der herr Meister, die Stende vnnd eingesessenn der bemeltten Lannde, die vnns zugehorig, sich gegenn dem Keyser vorwurckt, vnnd vrsach solttenn gegebenn habenn, mit ernst gegen sie hanndeln zu lassenn, Derhalben möcht vnnser hohenn vnnd Obrigkeitt billich nicht abzubrechenn, gesucht werden, Weil wir gegenn denn Keyser nichts vnfreundtlichs gehandelt, vnnd zu widerung vrsach gegebenn, Sonndern hettenn vnns Jedertzeitt der freundtlichen verwandtnus gemes erzeigt, des wir auch mit gottlicher hulff verner zuthun freundtlich geneigt, vnnd erbiettenns, Vnnd wer vnns zum hochsten entgegen, so dem Keyser zuwider gehandelt, wolttenn auch die vnderthan souil bey vnns ernstlich weysenn, vnnd anhalttenn lassenn, so die vnrichtig befunden wurdenn, dem Keyser, als vnnserm freundt mit aller billicheit zubegegnen, Verhoffentlich, der Keyser wurde solch vnnser freundtlich neigung vnnd erbiettenn, billich vermerckenn, vnnd demselbigen vnnser freundtlichen verwandtnus nach, stadt finden lassenn, vnnd hatt der Keyser freundtlich zuermessen, Das wir, so dem Keyser, wie gemelt, zu gegenn gehandelt sein solt, desselbigen vnnser geburenden Obrigkeitt vnnd gerechtigkeitt halbenn, billich nicht zuentgelttenn, Wenn auch einer der herschafftenn dem Keyser vnderworffen, der Lannd vnnd leuth von dem Keyser hett, gegen andre Potentaten sich widerig erzeigte, oder das Im sonnst sein Lanndt vnnd leuth mit kriegsmacht vberzogen wurdenn, So beruhrte solchs wie vnser freundt der Keyser aus hohem verstanndt zuermessen, nicht allein den hern, der aus verursachen oder sonnst vberzogen wurde, Sonndern den Keyser, Vnnd wurde aus verursachen des vnderthan billich dem Keyser die land vnd Leuth vnther dem Keyser vnnd Inn desselbenn hoch vnnd obrigkheitt belegenn, nicht mogenn entzogen werden, Der Keyser wurde solchs auch ohn zweiffel nicht zustadten, Vnnd wurde der Keyser aus hohem verstandt, die gelegenheitt zur billigkeitt ermessen, vnd vns der habenden freundtlichen verwandtnus nach, weil wir nichts vnfreundtlichs mit dem Keyser gott lob hettenn, vnnd alle freundtschafften zuerhalten begirig, Wie auch anhero ohn rhum geschehen, vns freundtlich vnnd geburlich begegnen, Vnnd vnns zu sonderlichen freundtlichen ehren, vnnd gefallen, bemeltten vnsern Landen vnnd vnderthanen denn friden gebenn, vnnd verstadten, vnnd dem Kriegsvolck beuelhenn vnnd einbinden lassenn, die vnnsern vernern nicht zubeschwerenn, vnnd vnns dieselbigen Lannde freundtlich bleibenn vnnd volgen lassen Wie wir zugeschehenn freundtlich zuuersichtig, vnnd das auch der Keyser die Heuser vnnd lande, die eingenohmen, vnnd zu vnnsern Landen gehorig, zu vnnsern handen widerumb wolt abzutrettenn verfugenn,

Vnnd so die Namen der Heuser, die vnns vnnd dem Reich Dennemarcken vnderworffen, erfurdert, Seinndt die Innhalt bey gelegter Verzeichnus antzuzeigenn

Soltt aber vnnser freundt der Keyser vnnd Grossfurst der Russenn weigern, die eingenohmen heuser Narua Newenschlos vnnd andere abzutrettenn, vnnd doch den Lannden, als noch nicht erobert, vf vnnser suchung fridt geben wollenn, Dann soll, so nichts weiters zuuermutten, solchs angenohmen, vnnd nicht weittlaufftig, oder beschwerlich daruber gefurdert werden, Doch mit guttem glimpf anregen geschehen, vnnd gethan werdenn, Das der Keyser verhör vnnd hanndlung woltt verstadten, der eingenohmen heusser vnnd lanndt halber vor vier seiner Rethe, vnnd vier vnnser Rethe, die Inn gutte, oder Recht Inn benennter zeit derhalbenn bescheidt gebenn vnnd machen solttenn, Oder dartzu ein obman, so die Rethe sich nicht zuuerglelichen erchnnen, So solchs zuerhalttenn, Ist schein daruff zufordern,

Wurde der Keyser vnns freundtschafft Inn obgemelttenn puncten beweysenn, soll geburlich Dancksage geschehen vnnd gethan werdenn, Auch von denn gesanndten die priuilegia vnnd fryheitten, als die Russischenn, handthirenden Kauff vnnd gewerbs leut Inn denn gemelttcn Landen vnd orttenn gehabt, die vnns vntherworffenn, zugelassenn werdenn, so derselbigenn von dem Russen gedacht vnnd darumb angehalten wurde. Wie nicht, hett der punct seinen bescheidt,

So der Keyser vff vnnser freundtlich suchung nichts einfolgen, vnnd zustatten wurde, Sonndern mit dem Krieg vorfarn vnnd die erobrigten Lannde nicht wolt abtretten vnnd volgen lassenn, Soll von denn gesanndten angezeigt werdenn, Das wir vnns der habenden verwandtnus, vnnd freundtschafft halbenn vnnd vnnser freundtlichen erzeigung nach, des nicht versehenn, Vnnd wer der Keyser bey vnns vnnd menniglich fridens vnnd billichen erzeigung hochberumbt, vnnd wurde sich der gebuhr bedencken, vnnd vnns als denn freundt zu vermehrung seins Keyserlichenn hohenn Rumbs vnnd Nahmens freundtlich begegnenn

Vnnd werdenn die gesanndten nach befindung der gelegenheitt 'mit guttem glimpf antzuhalttenn, oder auch nachzulassen wissen, Das kein vnfreundtlicher wille erregt vnnd vfgeladen,

Die furderung des gemeinen friden, denn herrn Meister vnd Stende zu Lifflanndt belangen, So derhalbenn der Keyser sich beschweren, vnnd nicht nachlass thun woltt, Soll mit glimpf angehalttenn werdenn, fridtstanndt mit gleidt vnnd zutritt zuzulassenn, die beschwerden vf begnadung des Keysers abzuhandeln, Wir woltten auch den Stennden zu Lifflanndt vndersagen lassenn, dar sie vnrecht gethan, Recht zu thun, vnnd dem Keyser mit aller billicheitt zubegegnen, Es wurdenn auch die Rom. Key. Matt. Churfursten vnnd Stennde des Romischen Reichs nicht zugefallen habenn, So der herr Meister vnnd Stennde zue Lifflanndt sich annders dann geburlich, gegenn dem Keyser erzeigten vnnd verhieltenn,

Vnnd wirdt die gelegenheitt gebenn Was dieses artickels halbenn furtzuwendenn, vnnd wie weitt furderung derhalben zuthun, Vnnd soll Inn allwege mit guttem glimpf gehanndeltt werdenn, Das kein vnfreundtlich bewegenn gemacht vnnd erschöpfft Gott wirdt zu den sachenn gnadt verleyhenn,

Die gesandttenn werdenn sich sonnst Inn allen vorfellenn der gebuhr vnnd gelegenheitt nach zuerzeigen vnnd zuerhalten wissenn Vhrkundtlich mit vnnserm Secrett besigelt vnnd gebenn vf vnnserm Schlos Drottingburg zu Randersen In Nort Judlandt den xxvj^{ten} Monatstag Septembris. Anno ɔc Im lviij.

(Eigenh.): Christian

(Untersiegelt)

51. 1558. Sept. 26. Randers. — König Christian an den Grossfürst.

Cop.

An Muscowitter Konig. Matt. Gesandten, desgleichen des Hern Meisters zu Lifflanndt, mit freyem sichern, vnd vnbefarten gleidt ɔc zuuersehen Act Randerssen den 26. 7 bris.

Wir Christian der Dritt ɔc Embietten dem Durchleuchtigisten, grosmechtigisten Fursten vnd Herren Herrenn Iuan Basilewitz Keysern vnnd grossfursten aller Reussen, Keysern vnnd grossfursten ff. vnserm besondern geliebten Hern freundt vnd Nachbarn, vnnser freuntlich vnnd willige Dienst, vnnd was wir mehr liebs, vnnd gutts vermogen zuuorn, Durchleuchtigister grossmechtigister Keyser, besonder geliebter herr, freundt

vnd Nachbar, Wir wollen Eur Key: Matt: freuntlichen nicht
verhalttenn, das wir kurtz verruckter Zeitt an E. Key. Matt.
freuntlichen haben gelangen lassen, auch Inn gleichnus, an
E. Key. Matt. verordneten veldtherrenn vber das Kriegsvolck,
welchs E. Key. Matt. In dz Stifft Dorpt In Lifflandt abgefertigt, dz vnns vnd vnnsers Reichs Dennemarcken hohen
Obrigkeit dz hertzogthumb Estonien vnnd die Lande Harrien
vnnd Wirlandt, sambt dem Bischumb Stifft vnd Stadt Reuell
in Lifflandt belegen, vnderworffenn, vnnd von alters her zustendig, Dem nach wir E. Key Matt. freuntlichen ersucht,
vnnd gebettenn, auch abwesens E. Key. Matt. verordneten
veldthern mit besondern gunstenn belangt, die obgemeltte
vnnsere Lannde, Estlandt Harrien vnnd wyrlandt sampt dem
Stifft vnnd Stadt Reuell, Auch vnnser Lehenn altten vnd
Newen Kolck vns zu ehren vnnd gefallen zuuerschonen, vnd
mit dem Kriegs Volck nicht beschweren, vnnd vberziehenn
zu lassenn, Weil wir oder die vnnsern E. Key. Matt. nicht
entgegen gehandelt, vnnd zu vnguttem kein vrsach geben,
Sonndern vnns mit vnnsern Reichen Jeder zeit aller freundtschafft erzeigt vnd verhaltten, Seindt das auch verner freuntlichen geneigt vnd willig, Nuhn werden wir aber von vnnsern
vnderthanen, der obgemelten Lannde clagende bericht, das
E. Key. Matt. KriegsVolck vnnser obgemeltte Lannde zum
theil vberfallenn, vnnd hochbeschwerlich mit Inen, wie gegen
Viendt gehanndelt, Des wir vnns vnnser altten hergebrachten
freundschafft nach nicht versehenn gehabt, Seinndt auch zu-
uorsichtig, dz solchs ohn E. Key. Matt. vorwissenn geschehenn,
vnnd dz E. Key: Matt. auch derselben verordneten Veldther
nicht erInnert worden, dz vnns vnnd vnnserm Reich Dennemarckenn die Lande vnderworffenn, vnd zugehorig, vnnd dz
der her Meister vnd Ritterordenn dieselbigen Lanndt von
vnns Innhabenn, Vnd wurden sonnst wie wir zuuersichtig,
die gemelten Lande mit vberfall vnnd beschedigung verschondt
wordenn sein, wie auch billich geschehen, weil wir vnnd die

vnsern zu solcher vnfreundtlichenn handlung nicht vrsach gegebenn, Weil wir dann derwegenn vnnd vf clage vnnd anruffenn vnnser vnderthan vnnser Bottschafft an E. Key. Matt. abgefertigt, vnnd verordnet mit E. Key: Matt. vnnsern wegen, von den sachen, vnnd andern vnnserm beuhel vnnd notturfft, auch von den hochbeschwerlichen Kriegshendeln als E. Key. Matt. gegen die Prouintz Lifflandt dem herrn Meister vnnd Bischofen vnderworffen, brauchen vnd fuhren lassen, zuberheden vnd vnnser freundtschafft vnnd verwandtnus nach, als wir mit E. Key: Matt: vnnd derselbigen Reich haben, vnd hergebracht, dauon handlung zupflegen, So ist an E: Key. Matt. als vnsern besondern geliebten herrn vnd freundt vnnser gantz freuntlich bitt, die wollen vnnsere gesanndten Nemblich Claus Vhr, Wodisslaff Wobissern, Peter Bilden vnd Jheronimum Thennern der Rechten Lehrern mit Irenn dienern, Dolmetschen vnnd haabe, als sie bey Inen haben, vnns zu sonndern Ehrenn vnnd gefallenn an E. Key. Matt. zugelangen, Ihre beuhel bey E. Key. Matt. auszurichtenn, vnnd widerumb Inn Ir gewarsam vnnd behaltt, christlich, frey, sicher, vnnd vnbefahr, gleidt vnther E. Key. Matt. sigell gebenn, vnnd mittheilen, vnnd bey briefs zeigern zuschickenn vnnd behandigen lassen, Mit vermeldung vnnd anzeig an was ortt Inn E. Key. Matt Reichen vnnd Landen, die vnnsern vf der naheitt der grenitz, souil muglich nach E Key. Mt. gelegenheit vnnd gefallen an E. Key. Matt. zu khomen haben mugen, Vnnd so es E. Key. Matt. vnbeschwerlich, wollen wir auch hiemit freuntlichen gesucht vnd gebetten haben, E. Key. Matt wollen hieneben Iren verordneten Veldtherren vnnd Beuelhabern vber dz Kriegs Volck In Lifflandt vnns zu sonndern ehrenn vnnd gefallenn schrifftlich beuelhen lassen, gegenn vnnser vnderthan vnsers Hertzogthumbs Estonien vnnd die Lannde Harrien vnnd Wyrlanndt Sampt dem Bistumb Stifft vnnd Stadt Reuell vnnd derselbigenn Lannde eingesessen vnnd vnderthan, stillstandt zubehaltenn, vnnd verner nicht zubeschweren, so lange, das vnser gesanndten von E. Key. Matt. gehörtt, vnnd vf Ihre Beuhel vnnd werbung von E. Key: M. bescheidt erlangt, Vnnd so es E. Key. Mat. vnbeschwerlich wollen wir auch hiermit freuntlichen gebetten habenn, den hern Meister vnnd ordenn zu Lifflanndt sampt den anndern Stennden vnnd derselbigen vnderthan, vnns zu freuntlichen ehrenn stillstanndt zugebenn, vnnd zuzulassenn, vnnd Ire gesandten zum handel mit notturfftigen gleidt zuuorsehenn die sachenn guttlich abzutragenn, vnnd zuuerhandeln, vf dz christlich Blutuergiessen, vnnd annder beschwer, als die Kriegshendel mitbringen, verschondt, vnd fridt gestifft werden mocht. Daran geschicht dem allmechtigen zu angenehmenn gefallenn, vnnd wirdt E. Key. Matt. bey menniglich zu hohem rhum gereichenn, Wir zweiffeln auch nicht, dz E Key. Matt. als ein hochberumbter christlicher Keyser vnnd potentat dartzu geneigt, vnnd solchs nicht abschlagenn werdenn, sondern vnns hier Inn freuntlichen willfahrenn, Das sindt wir vmb E. Key: Matt. als vnnserm besonndern geliebten hern vnnd freundt Inn allwege gantz freuntlichen vnnd willig zuuordienen erbottig vnd willig. Dat.

52. (1558. Sept. 27. Randers.) — König Christian an Christoph von Münchhausen.

Orig. Zettel.

Wir habenn auch vnnserm lieben Besonndern Dietterich Beer bewilligt, vf zwey Jar pension Jedes Jar hundert thaler Das er vnns vnnd vnnserm geliebtem Sohn dem Printzen vnnd dem Reich dagegenn solle verwandt sein vnd vnnser bestes wissenn, vnnd befurdern Du wirst solchs mit Im redenn Vnnd wollenn vnns verner mit gnaden gegen Im zuuerhalttenn wissenn, vnnd soll die Bestallung Inn gutter verwahrung bey vnnserm Rath Andressen Barby hinderlegt werden Dat vt in literis

(*Eigenh:*) Christian.

53. 1558. Sept. 27. Randers. — König Christian an Christoph von Münchhausen.

Ausc. Cop.

In dorso: A.

An der Stirn einer andern Copie: An Christoff Munchhausen, soll sich nach der Rethe anzeig verhaltten Actum Randerssen den 27. 7 bris Anno ɔc 58

Christian der dritt, von Gotts gnaden zu Dennemarcken, Norwegen der Wenden vndt Gotthen konnigk, Hertzogk zu Schlesswick Holstein ɔc

Ernvhester lieber getrewer, Vnser Redte, werden dir vnser meinung des hauses Reual halben anzeigen, du wirst dich darauf zuuorhalten wissen, Wir haben auch Maltz vndt prouiandt vberzuschiffen heuholenn zu des hauses vnterhaltung biss zu weiterm bescheide, Du wirst allenthalben wie anhero vnser bestes wissen, Das sein wir mith gnaden zubeschulden geneigt, Datum auf vnserm Schloss Drottingburgk zu Randerssen den 27 Monatstagk Septembris Aᵘ ɔc Lviij

Christian

DEm Ernvhesten vnserm Lehn Mann vffm kolcke zu Liflandt vndt lieben getrewen, Christoff von Munnichhausen.

Jegenwertige collationirte copia, vorglichnet sich vnd kumpt vber ein, van worten zu worten, mit irem vorsegelten vnd vnderschrebenen originall das ich

Johannes wentrup Richter binnen der Stadt Minden, vnd am hoichloblichen Kaiserlichen Camergerichte zu gelassener vnd appenbarer Notarius mit disser meiner handtschriffte offentlich bezuge,

54. **1558. October 8. Reval. — Notariats-Instrument über die von Seiten der Gesandten des OM. wegen Nichtübergabe des Hauses Reval gegen Heinrich Uexküll erklärte Verwahrung, so wie die von demselben dagegen angerufene Nullität.**

Vid. Cop.

Inn Gotts namen Amen. kundt vndt wissendt sey allen Ansehern vndt (*add.* Horern.) dis kegenwertigs Instruments. Das alse man zalt nach Christi vnsers lieben hern geburth, Tausendt funfhundert, funftzigk Acht Jar, Den ersten Remer Zinss zall Inditio genanth auf den Achten tagk Octobris morgendes furmittage zu neun vhren vngeferlich, Zeiten des Allerheiligsten In Gott Vaters vndt Hern, Hern Pauli des vierten zu Reual In Sanct Adolefs kirchen fur mihr offen Notarien vndt den glaubwirdigen Zeugen Nachbeschrieben personlichen erschienen vnd gestanden sein, die Hoichachtbarn Erwirdigen Hoichgelarthen vndt Erntvhesten Hern, Heinrich Wulff des Ritterlichen Teutschen Ordens Vogt zur Sonenburgk vndt Remberth Gilsen Furstlicher Grossmechtigkeit zu Liefflandt Radt vndt beider Rechten Doctor vor mihr vndt der getzeugenn Furdern lassen, den Erbarn vndt Ernvhesten Heinrich Vxkull von katgentack, Ihme erinnertt, Sie tragen keinen tzweiffel Ehr habe sich zuberichten, welcher massen sie die Hern Gesandten das Haus vndt Gebiete Reuall vor etzlichen vorlauffen tagen

In namen vndt von wegen des Hochwirdigen Fursten vndt
Grosmechtigen Hern, Hern Wilhelm Furstenbergk, des Ritterlichen Teutschen Ordens Meister zu Liefflandt ɔc Aus Ihre
F. G. geheiss von Ihme wiedrumb In Hoichgedachte Ihre
F. G. vndt Ihres Ordens gewalth zulicuernn, zum ersten,
Andrn, vndt dritten male aufgefurderth, Vndt dieweil ehr sich
des auss Nachbeschriebenn kegenberieht gewiederth, hetten
sie denselben ahn Hoichgedachte I. F. G. gelangen lassen,
vndt darauf von Ihrer F. G. nochmaln einen bevelch erlangt,
Das Schloss wiedrumb In I. F. G. gewalth zufurdern, Angesehen das der gewesener Cumpthur des Hauses ahn meines
gnedigen Hern bevelch abtzutretten nicht mechtigk vndt
Monnichhausen des Auch von der Kon Mat des keinen bevelch
antzunehemen, vndt ehr Vxkull auch (. als ehr selber sagt.)
In der ko Mat eide nicht verknupft, Auch keinen Insiegell
von der ko Mat darauf habe, Darumme konne ehr des mith
gutem fugen ahnig sein, Darauf obengenomter Vxkul mith
Antworth boiegnet, Ehr hette sich versehen, die Hern gesandten hetten sich ahn seinem Christlichen erbieten vndt
rechtmessiger gegebener Anthwort ersettigen lassen, vndt
wolle derhalben seine vorige gegebene Anthwort repetieren,
Das ehr sich In der Verwaltung des Hauses mith willen oder
vorsatze nicht eingetrungen hette auch von den werbungen,
so die abgefertigten bey der ko Mat zu handln In beuelch,
vndt des gewesenen Cumpthurn mith Monnichhausen getroffener
handelunge keine wissenschaft vndt noch, Sondrn wie alle
Handelunge zwischen Ihnen enthschlossen vndt ehr Heinrich
Vxkull anhero betagett, sich seine ankunft etwas verweilett,
were vielgemelter Monnichhausen neben den Hern Gesandten
drei tage vngefher fur seiner ankunft vorhin abgesiegelt die
Diener, Amptleuth, Lehnleuthe so vnter Reinholt Gilsen seinem
Fenlein gelegen In ko Mat Eide vndt verwaltunge funden,
Zudem das Zeitungen ankommen, Das Dorpt dem feinde
ergeben, der Her Vogt seinen Abtzugk von Weissenstein

genommen, vndt das Hauss offen stehn lassen Wesenbergk vom Feinde eingenommen, Vndt mein gnediger Herr aus dem Feldtlager zum Walcke aufgebrochenn Das kriegsvolck zerstrewet, Der feindt teglich Jhe lenger Jhe neger fur Reuall getrungen, der Stadt den Enthsagsbrief zugeschickt vndt seine Gesandten eine meile von Reual gelegenn vndt die Stadt auffurdern lassen, Dadurch Mennichlich In grossem forchte vndt Angsten gestanden, Das auch burger vndt kramer was Ihnen vorab lieb gewesen Nach Lubeck geschickett Diese orther vom feinde eingenommen, vndt von niemande entsatzung zuuerhoffen gewissen, Vndt also ehr In der besatzung allerley vnrichtigkeit vndt vnordnung gespuereth, Dadurch zubesorgen, wo die belagerunge, vndt weitere feindtliche zunotinge erfolgen, In massen domals verhanden, vndt aus dern entsagen befharen gewesen Das die Vhestung (. als Ihm mennigklich kuntschaft geben muss.) In der feinde Hande aus fursthendem schrecken, vnd anderer Vnordnung gereichenn muchte, Hette ehr sich auf vorige erfurdrung, vndt behandelung etzlicher personen, denen darumb bewust, deren ehr dismal verschweigen, gemeiner Cristenheit, vndt diesen Landen zum besten des bevelchs vnd verwaltung, wie sie dan semptlich wieder den Erbfeindt geschworen bey einander zu leben vndt zu sterben vnderstanden, Dasselbe haus vndt zugehorige guter bis auf wiederkumpst des Achtbarn vndt Ernvhestenn Cristoffen von Monnichhausen vndt andere abgefertigte, so viel Ihm des der liebe Gott beistandt verliehen, kegen die feindt zuuertretten, Darbey mith bawhung vndt festung gethan alse In seinem vermugen gewesen, vndt wolte Ihm von wegen seiner ehr vndt redtlicheit, so ehr bishero vnberumbt, In Teudtschen, Welschen vndt andrn Landen erhalten, vndt mith gotlicher Hulff In seine grueben bringen, nicht gebueren, fur ankumpst Cristoffers von Monnichhausen, oder ahn schriftlichen bevelch der ko Mat solche vhestung abzutretten, Hoichgedachtem meinem g. h. Meister, oder dem loblichen Orden eintzureumen,

In massen ehr dan dasselbe von I. F. G. vndt dero Orden
nicht entpfangen, vndt sich solcher Anmutung nicht versehen,
zuuersichtig I. f. g. vndt inenniglich wurden Ihm des nicht
anders dan zun ehren vndt Redtlicheit bedenckenn, vndt Ihme
dasselbe nicht weiter anmuthen sein, Vielmher der Ankumpst
die sich eine geringe Zeit erstrecken, verwartenn, Wurde dan
die ko Mat meinem gnedigen Hern Meister vndt dem R. T. O.
das Haus abtretten were Ihm nicht entgegen, vndt begerte
alsdan I. f. g. seiner personen In dienst wolte ehr eben so
treulich als ehr diese verwaltunge verschenn, I. F. G. mith
sondrm vleis gerne dienen, Sie solten sich auch die Zeit seiner
verwaltung zum hause nicht anders Dan aller freunthschaft
vndt nicht gefharlichs zuuersehen haben Wie sich dan der
Hauptman sampt den Hohen Emptern offentlich erkleret, Wo
der Obrister schon so Ehrvergessen (.welchs sie Ihm keines
weges beimessen vndt versehen.) solchs hauses ab zutretten,
gedechten sie Jedoch ohne vorwissen vndt bevelch der ko Mat
In keinem wege niemer zuthuen. Vielmher dabey leib vndt
Bluth zusetzen Darauf Hoichgemelts meines g. f. vndt Hern
gesandten angefangen, Nach dem ehr Vxkull von seinem
gebenen bescheide, vndt dem Hause nicht wolle abtretten,
werden sie verursacht, Ihres gnedigen fursten vnd hern bevelch
nachzusetzen, Begeren vndt eschen nochmaln das Schloss vndt
Gebiete In namen vndt von wegen Hoichgedachtes meines
g. h. vndt des R. T. O. zum ersten, Andern vndt dritten
male, Vndt dieweile sich Vxkull darInne geweigerth, haben
sie In namen I. f. g. vor mihr offenen Notarien an Ihme, dem
seinem, vndt alle den seinen verwarunge gethan, lautendt
von worthen zu worthen also. Nach dem Ihr Heinrich Vxkull
aus vngeburlichen abweichen des abtrunnigen gewesenen
Cumpthurs Auch aus vnbefuegten vermeinten vnerheblichen,
vndt nichtigen anmassen des Cristoffen von Monnichhausen
Ihrer f. g. Schloss vndt gebiete Reual, wieder keiserlichen
angekundten Landtfrieden, vndt andrn Erbarn vornunftigen

satzungen ahn Ihr wissen vndt willen nicht alleine in verwaltunge genommen I. F. G. desselben Iheren F. G. vndt gantzem Orden entsetz, dan auch auf vnsere getreuhe vndt vleissige suchung, ermanung vnd warnung, dasselbe wiedrumb abzutretten vndt zu Ihrer F. g. gewalth, dohin es gehorich, kommen zu lassenn, wiederth, vndt gleichwol dabei freuentlich beharrigen zu bleiben, In gemuth gefast, Wiewol Ihr des keine vrsache gehatt, ahn Ihr F. g. vndt dem gantzen Teutschen Orden haben wie Ihr dan auch zu solchem fuerhabende Euer eigen Ausssage nach wieder mith Eiden noch pflichten verbunden, noch verhaft seitt, Vndt ob Ihre f. g. gleichwol des gewiss, Das die ko Mat zu Dennemarck Als der Christlicher Ehr vndt (?) liebender weithberumpter Potentatt, Vngern zu Ihrer F. G. Ader Jemandts anders vngedey Ichtes begeren noch annemen werden, geschweige, das sie mith solchem I. F G. In Jegenwertigen hoichsten gefharen vndt notten, Darin sie Itziger Zeit mith dem Erbfeindt der Cristenheit stecken ahm weinigsten zubetruben vndt zubeleidigen begeren sollen, Weiln dan Ihr gleichwol mher aus vnnotigem bedencken zutrenglich, Dan das Ihr des aus einigem wege der rechten vndt billicheit befuegt, Auch desselben dermassen vermeintlichen An maessen, Auch nhun zu etzlichen vnsern erfurdrn vns dasselbe von wegen vnsers g. f. abzutretten, wiedern thut, Mussen Ihre F. G. dasselbe nach Jegenwertiger gelegenheit Gott vndt der Zeit befhelen, Wir wollen aber, In namen vnsers g. f. vndt hern Auch aus sonderlichem bevhelch I. f. g. ahn Euer personen der gantzen freunthschaft, so wol ahn liebe, als ahn guthe, nhun als dan, Dan als nhun, wie solchs In der allerbesten Form des Rechten geschen konte, solte, oder muchte hiemith zum bestendigsten vorgehoret haben, Das Ihr solchs hauss I. f. g. mith aller zubehorungen, des geringsten so wol, als des grosten zu Schloss vndt zu Lande sollet wiedrumb mith allem vnstaten Interesse vndt Schaden, so I. F. G. vndt der gemeinen Cristenheit, Daraus bereits zugestandenn, Das sie Itziger Zeit bey die tausendt man zu Ross vndt zu fuess wieder den erbfeindt missenn vndt darben mussen Vndt was sonst zu mherem vnradt kunftig daraus erfolgen muchte, abzutretten, ein zureumen vndt zuerstattenn sollen schuldich vndt pflichtich sein, wie wir dan hiemith offentlich wollen betzeugt haben In kegenwertigkeit Euer Johan Schepbach Offenen Notarien vndt der dartzu gebeten Jegenwertigen Hern vndt getzeugen, vns In namen Ihrer f. g. nicht alleine solcher sachen Zeuchnissen, Sondern zu Jeder Zeit ein oder mher Instrumenta, so viel wir, oder vnser g. h. der notigk haben wurden zufertigen vndt mithzuteilen zum vleisigsten requieriert vndt gebeten haben, mith kegenwertiger geburlicher Subarration Silber vndt Goldes, vnd bitten das zum bestendigsten wie es Im Rechten zum bestendigsten geschehen konte, solte, oder muchte Worauff Obengemelter Vxkull zur Antworth gegeben, Das ehr sich wol verhoffett, Das die hern Gesandten seine angetzogene entschuldigung, wie vndt welcher gestalt ehr zu des hauses verwaltunge gekommen, vndt das Ihm die vorstehendt noth, vndt gefhar, darInne damals die gute Stadt vndt Sloss zu Reual, So wol auch dieser orth Landes von Iderman vorlassen, Dahin verursacht, sich desselbigen als ein getreuer des Vatterlandts anzunemen, behertzigtt, vor seinen guten willen vndt gehabten vleis mher Dancks dan beschuldigung oder hohen verwarung zu warthen, vorhofft, Darumb ehr dieselben gantz vnbundigk, vndt vnerheblich achte, Dan ehr von dem R. O. nicht entpfangen, Darumb nicht wiederumb einzureumen wisse, Derohalben vor mihr requierierten offenen Notario, vndt den dartzu erforderten getzeugen, offentlich protestierendt, Das ehr Dasselbe nicht antzunehmenn, vndt auf einigen punct desshalben Im Rechten schuldich vndt verbunden sein, Derohalben ein oder mher Instrumenta, oder so viel Ihm der hirtzu nottigk sein muegen mith zuteilen zufertigen gebeten, Vndt sein diese Dinge geschehen Im Monat, Jare, Tage, Stunde, Vndt Indition pebstlicher Heiligkeit, vndt ahn dem orthe obengenant In kegenwertigkeit vndt beysein, Der Achtbarn, Erbarn, Ernvhesten, Weisen vndt Fursichtigen, Herrn Herman Anrep, Reinholt von Rosen, Johan Ducker Johan Smedeman, vndt Ludecke van Octen (?), Als gezeugen Sonderlich hirzu beruft vndt gebetenn.

Vndt dieweil Ich Johannes Schepbach von pebstlicher heiligkeit ein frey offener Notari bey vorbeschriebenen vor mihr gehandelt vndt ergangen, sampt genanten getzeugen kegenwertigk gewesen dis also zugesehen gesehen vndt gehoret, hirumb so habe Ich dis Offen Instrument hiruber In diese offene Form gestellet mith meiner eigen handt geschriebenn, mith meinem Tauff vndt Zunamen vndt gewonlichen Notariatt signett vnterschrieben, vndt getzeichnett, zu getzeugkniss aller obengemelter Dinge erfordert vndt gebeten

Auscultata et collationata est presens copia per me Stephanum Vetern Imp: aucto: pub: Notarium Et concordat cum Vero suo originali Quod protestor manu mea propria

       Stephanus Vetter.

55. 1558. Oct. 20. Kopenhagen. — Christoph von Münchhausen an den erwählten König Friedrich II.

Orig.

Von Wind und Wetter bereits vier Wochen zu Kopenhagen aufgehalten ist er nunmehr entschlossen, um des Hauses Reval willen, zu Lande nach Livland aufzubrechen.

Durchleuchtigster grossmechtiger Hochgeborner Furst gnedigster Herr E. F. G. sein mein vnnderthenigst gehorsambst verpflicht ganntz willigst Dinst vnngesparts eussersten vnnd Hochsten vermogens in allweg zuuorn gnedigster Herr E. F. G. kann ich in vnnderthenigstkeith nicht verhalten Dass ich seit meinem genomen abscheidt biss in die vierde wochen alhie zu Copenhagen gelegen vnnd der befurderung obgewartet, wie noch vff dissen tag vnnd den beuelchhabern sampt den Lanndsknechten in der besetzung zu Reuel zum driten mal meine zukunfft welche zum schleunigstenn geschehen sollt sampt gutem bescheidt vnnd eherlicher betzalung mitzupringen Schrifflich vermeldt vnnd zuentbieten lassen, welchem Ich aber auss angetzeigter verhinderung nicht nachsetzenn konnen, allso hab ich allerlei bedencken, wass weitterung mercklicher schad vnd nachtheil so sich meines lengern vertzugs vnnd ausspleibens zutragen mocht bei mir gehabt sonderlich wan berurt beuelchhaber vnd Landtsknecht durch des Herrn Meisters auch der Stat Reuel vnd anderen mer geschickten so vor lengst sonder allen zweiffel in Lifflandt ankommen den abscheidt von meinem gnedigsten konig vnd hern genomen, horen vnnd dargegen wetter vnnd windt so bisshere etzliche wochenn gantz gut in Lifflandt gewest vnnd aber mein zukunfft nicht vermercken oder vernemen werden, zu dem vnd vber das alles dass es doch so ein folck mit denen swerlich in eigner person zugeschweigen durch brieff oder anndere geschickten ɔc zuhandeln vnnd zufriden zusprechen ist, Wie

e. f. g. allss der hochuerstendigst gnedigst zubedencken vnnd zuerwegen habenn, Vnnd ob schon dass Schiff allerding fertig so ist doch der windt vnnd dass wetter etzlich tag der massen wie noch geschaffenn dass man mit dem nicht ausskommen kann. Vnd nachdem ein gute weil fuglich wetter vnd windt zu vorgenommener reiss dienlich vorhannden gewest ist nicht gewissers der Zeit nach zuuermuten Dan dass Norden Osten vnnd dergleichen Wind so hinderlich den winter vnd frost auch verweilung vnd lengern vertzug mitpringen konnen. Derhalben zu verkomung allerlei vermutlichs vnraths. vnd weitterung hab ich mich in eigener person zu landt zureissen heut dato vffgemacht der gentzlichen hoffnung vnd zuuersicht negst gottlicher hullff durch tag vnd nacht vngeseumet Inerhalb iij wochen in Lifflandt zu sein vnnd nach meines gnedigsten Konigs vnnd Herrnn beuelch Hochstes meines vermogens, alle Ding hinfurter dermassen zu bearbeiten, verschaffen auch die versehung zuthun Damit dass hauss zu Reuel K. Mat. vnd dem Reich zu Dennemark ɔc zum besten vnd ehern mog erhallten werden wie es dan an allem meinem eussersten fleiss verstandt vnd vernunfft souil menschlich vnnd muglich nicht mangeln soll. Ich hab aber gleichwol zu schiff alhie zu Coppenhagen mein volmechtige mit Credenz Instruction vnnd allem beuelch verlassen dergestallt ob berurt schiff durch gotlich gnad wetter vnd windt eher allss Ich in Liffland ankommen dz gleichwol die Zukunfft meiner person sampt gutes bescheids vnd eherlicher betzalung den beuelch habern vnnd Landsknechten vermeldet. Damit Ir vngedultiges verlangen gemiltert. vnd dass Hauss durch Ire besetzung desto williger erhallten werden mog. Bit derhalben e f. g. hiemit gantz vnderthenigstes fleiss e f. g. wollen solch mein vorgenomen reiss anderer gestallt nicht. Dan dass ich solchs allenthalben der Ko: Mat. ernsten vnd gnedigstem beuelch nach zu vnderthenigster verpflichter gehorsam zu ehern vnnd gutem hinfurter wie anhere gemeint hab vnd noch meinen will gnedigst vermercken vnd vffnemen,

Dan der Ko. Mat. vnd e f g allss meinen gnedigsten herrn vber schuldige pflicht vil vnnderthenigster gehorsambster Dinst zuertzeigen bin Ich vnngesparts leibs vnd hochstes vermogens Ider Zeit willigst bereit vnnd geneigt Dat Coppenhagen, den xx. Octobris. Anno ɔc lviij

E. F. G.

vnnderthenigster

Christoff vonn
Munchhaussen

Dem Durchleuchtigstenn grossmechtigen. Hochgebornen Fursten vnd Herrn Herrn Fridrichenn zu Dennemarcken Norwegen der Wenden vnnd Gotten, erweltem Konnig He zog zu Schlesswik Holstein Stormern vnd der Ditmarssen Grauen zu Aldenburg vnd Delmenhorst meinem gnedigsten Herrn.

56. 1558. Oct. 25. Wenden. — OM. Wilhelm an Heinrich Uexküll.

Cop.

Credenz für den Dr. Rembert Gilsheim.

In dorso: Copia zugeschickter Credentz des Hern Meisters ahn Heinrich Vxkuln.

Von Gots gnaden Wilhelm Meister
T. O. zu Liefflandt

Vnsrn gnedigen gruss zuuorn, Ernuhester lieber besonder Wir haben Jegenwertigen den Achtbarn vndt Hoichgelarthen vnsrn Radt vndt lieben getrewen Rembertum Gilssheim beider Rechten Doctor mith etzlichen mundtlichen werbungen vndt beuhelich dieselben euch zueroffenen, vndt vnsern wegen vortzutragen, abgefertigt, Begeren derwegen gnedichlichen, Ihr bemelten vnsern lieben getrewen In alle dem so ehr euch eroffenen wirth nicht allein volkomlichen glauben bemesset, Sondrn auch mith gebuerlicher anthworth, als weren wir selbst personlich Jegenwertigk bejegnett, Das gereicht vns zu gnedigem gefallen In gnaden zuerkennenn Dat. Wenden den 25 Octobr. A⁰ ɔc 58.

       Dem Ernvhesten vnserm lieben Besondrn
       Heinrich Vxkuln zu katgentack. ɔc

---

57. (1558. Nov.?) — **Die gemeinen Befehlshaber und Kriegsleute in der Besatzung des Schlosses und Doms zu Reval an den OM.**

Cop.

Erbieten sich, gegen Auszahlung ihres Soldes, dem OM. das Haus Reval zu überliefern.

In dorso: Copia des Credentz sampt vhergebener Missiue gemeiner kriegsleuth In der bsatzung des Schlosses vndt Thumbs zu Reual ahn H. Meister; Aber nicht vorthgeschickt.

Hochwirdiger grossmechtiger Furst, gnediger Herr, Eur F. g. sein vnser bereidt willige Dienste mith sondern fleis zuuorn, Gnediger Furst vndt Herr Wiewol e. f. g. In Itzigen gswinden leufften mith kriegsgescheften vndt andrn hochwichtigen sachen dermassen beladen, Dadurch wir wol billich e. h. f. g. nicht molestiern, So werden wir Jedoch vnuerbeigengklich verursachtt Derselben vnser beschwerung vnd obligen zueroffenen, vndt wollen nicht zweiffeln e. f. g. sey In gnaden vnuerborgen, welcher gestalt nach aufgebung der Stadt Dorptt, wir die wir mith dem Rigeschen fenlein auszogen, domals In e. f. g. vndt gemeiner Lande vnderhaltung gelegen von dem gewesen Cumpthurn zu Reual, dem wir auch wegen I. f. g. eidtspflicht geleistett abgedanckt, vndt eidts pflicht verlassen, wir auch so In der besatzung der Stadt Dorpt gelegen nach aufgeben derselben geurlaubt vndt semptlich beieinander In die Stadt Reual gekommen nichts liebers gewundtschet, den das vns e. f. g oder ander Potentat dieser Lande, In massen wir vns aufgebeten, In bsoldung, vndt vnderhaltung angenommen, Aber damals, wegen eilender zerstrewung, vndt zerruttung, so durch des feindts zunotigung ahn diesem orth, so wol auch Im gantzen Lande furgestanden, keinen hernn erlangen konnen, Also enthlich bey vns entschlossen der Ko: Mat zu Schweden, oder andrn Christlichen potentaten, Da wir vnderhaltung mochten erlangen, zutziehen, Als aber der gewesene Cumpthur zu Reual mith Cristoffen Munnichhausen In domals hohen vorstehenden nothen wegen der kron Dennemarcken diesen Landen zum beschutz handlung gepflogen, Vndt gemelter Munnichhausen vns In die bsatzung dieses Hauses vndt Thumbs zu Reual erfordert vndt begeret, haben wir vns gemeinen Landen zu guthem die vhestung fur dem Erbfeinde den Muschowieter negst gotlicher zuthet, zuerhalten Jegen verschreibung, versetzung vndt verpfandung des hauses vndt gebiets zu Reuall auf ferner bescheidt bestellen vndt annhemen, so wir nach vertrostung gemelten Munnichhausen Im kurtzen erlangen solten, Vndt vns biss auf Jegenwertige stunde beide In der besatzung, vndt dan auch zu felde fur dem feinde bey tagk vndt nacht, Als den ehrliebenden kriegsleuthen eignet, nach gelegenheit des feindes, vndt In hertringender noth guthwillich gebrauchen lassen, vndt also vnberhumet, die Vhestung fur desselben feindtlichen zusetzungen durch gotliche hulff erhalten, vndt nhu fast In die vierdte Monatt mith notturftigen zugk vndt wacht Auch andrn so vns wegen vnser eidt vndt pflicht geziemt furgestanden der endtlichen hofnung, Gedachter Munnichhausen solte seinem erbieten nach vorlangst mith gutem bscheidt ahn vns gelangt sein, Wir aber haben bissanhero nichts gewisses von der ko: Mat: oder Ihme, worzu wir vns zuuerlassen, erlangen konnen, Also das wir nothwendich getrungen werden, wo wir In viertzehn tagen keinen bescheidt vndt vnser bsoldung von Munnichhausen erlangen, einen andrn Hern, vndt das vnser Im gesatzten vnderpfande zusuchen, wie wir dan nach ausgangk viertzhen tagen, vndt so mitler zeit derselben kein bescheidt oder gelt erfolgett e. f. g. vndt gemeinen Landen |: deren das Hauss alters hero zugestanden, vndt wir auch fur allen andrn zu dienen gantz willich negst vnserm Dienst, solch hauss vndt gpiett zu Reual Jegen ablegung vnserer hinderstelligen Besoldung, vndt wes sonsten darauf ergangen, Durch Jegenwertige vnzere Ammesaten wollen presentiert, vndt auffgeboten haben, Vntertheniger hofnung, worumb wir auch gantz dienstlich thun bitten, e. f. g. werden erwegen, wes gemeinen Landen ahn dieser vhestung gelegen, Dieselbe In Ihre vnderhaltung vndt besatzung ziehen, vndt vns semptlich dem hochsten so wol als dem geringsten der hinderstelligen besoldung zu frieden stellen, vndt diesen Landen zu frommen : denen wir vns mith darsetzung leibs vndt bluths erbieten zu dienen : nach abrichtung vndt erlegung derselben In weitere bstellung gnedichlich auf vndt annhemen, Da aber e. f. g. hirIn beschwerung tragen mochten, haben dieselben gnedichlichen zuermessen, Das wir vnser bsoldung keines wegs enthberen, oder von vnserm gesetzten vnderpfande abzutretten wissen, viel mher die mittel vndt wege ; so wir doch lieber vmbghen, vndt bey e. f. g. vnser bsoldung, vndt weiter vnderhaltung wissen wolthen :, furnhemen, Domith wir zu dem Jenigen so vns belobt, vndt wir darzu, wegen vnsers geleisteten Dienst befugt, muchten gelangen, Dienstlicher zuuersicht, e. f. g. werden vns hirIn nicht anders als vnsrm Ehaften nach In allen gnaden bedencken vndt bey Jegenwertigen vnsern gesandten gnedige wiederanthwort wiederfharen lassen, Das sein wir vmb e. f. g.

zu dienstlicher wilfharung vnsers vermugens wiedrumb zuuerschulden gefliessen vndt gernn Dat. Reual

Eur H: f: g:
Dienstwillige
Gemeine Bevelchaber vndt kriegsleuth In der Besatzung des Schlosses vndt Thumbs zu Reuall.

Dem Hochwirdigen grosmechtigen Fursten vndt
Hern, Hern Wilhelmen Furstenbergk. Meistern
zu Lieflandt des R. T. O. vnsrm ɔc

58. 1558. Nov. 7. bis Dec. 15. — Bericht, wie der OM. das Haus Reval wiedergewonnen.

(Orig.*)

In dorso: Uberanthwortung des Hauses zu Reual ɔc. — Von Diderich Beer vnnd Heinrich Vxkuln. — Entfangen zn Riga den sechsten Januarii Anno ɔc 59.

Reual. 1558. Bericht vnnd vorzeichnus aller sachen vnnd handlung so sich des Huses Reuall halben nach ankunfft des Erntvesten Erbarn Deitrich Behren, Doselbs allerseits begeben vnnd zugetragen Als volgett

Nemlich Ist Dinstags nach Leonhardi den 7 Nouembris Itzigs 58sten Jars wegen des Hochw. Grossmechtigenn Fursten vnd Herrn, Herrn Wilhelmen Furstenbergs D. O Meistern zu Liefflandt Der Hoichgelerter vnnd Achtpar Reimpertus gilsheim Doctor ɔc zu Reual erschienen vnnd den Erntvesten Erbarn Heinrich Vxkuln domaln Heubtman vnd befelchhabern, des

---
*) *Zwei Exx., das eine wohl Orig., für die dänischen Gesandten, mit Bogen-Signaturen a—h.*

Hauses Reuall Inn die Thumbkirche Ann sich bescheiden, vnd folgende vnderredung mith Ihme gepflogenn,

Erstlich were Itzgemelter Doctor Gilsheim wegen hochgedachts Herrn Meistern mith beuchlich abegefertigett, auf die vorige durch den Erwirdigen Achtbarn vnd Ernthvesten, Herrn Heinrich Wulff D. O. Voigten zur Sohneburg neben seiner person vorgenomene vnderhandlung, vonn Ihme Heinrich Vxkuln das Hauss Reuall aufzufordern, wie er es auch Inn Namen Hochgemeltes Hern Meisters vfgefurdert haben wolte, Er Heinrich Vxkull dasselbe abtretten, vnd Ihme als sölichs aus ferrerm habenden beuelch andern einzuthun vbergeben vnd einreumen solte,

Dorauff Heinrich Vxkull Ihme dem Doctor mitt dermassen antwort begegnet, Fur seine person wuste er sich In solichem Handel mitt nichte einzulassen, vielweniger sodane anmutung zu bewilligen, Es were aber sein gantz freundlichs bitten, Der Doctor sich nicht beschweren, mitt derselben an vnd Aufforderung eine geringe zeitt anzuhaltenn, zu frieden sein vnd gedult haben, Bessolang der Konigk. Maytt. zu Dennemarck 3c Legaten vnd Gesanten Ankomen Als dann wurden zweiffels frey die sachen An dem sein den grundt vnd meinung haben, das diesen Landen viel mehr Dinsts nutz vnd wolfarth daraus erwachsen vnd zuuermergken sein möchte, dan sollichen Itzigen oder dergleichen furhaben Folge zu leisten 3c

So were Auch Kön. Maitt Schiff Mitt geschutz daruff derselbenn Wapenn Item Krauth Loth prouiandt vnd sonst allerlei notturfftt, anher dem Huess als gemeinem Landt zum besten gesant, Aus welchem klerlich vnd wol abzunemen, Das bey Ihrer Kon, Matt, diese Lande mitt bsondern gnaden vnd allen trewen gemeineth, auch vngezweiffeltt dieselben helffen schutzenn denn feindt dardurch abzuschrecken, welchs gnedigsten willens men sich hinferrer zuertrosten, 3c Mitt nachmals fleissigem bitten als obenstehett, die Dinge Im bestenn zuerwegen, vnd sich eines solichen geringen verzugs nicht zubeschweren, ɔc

Der Doctor aber ist Mit nichte von seiner vorigen meinung vnd Aufforderung abgestanden. Hatt Demnach oben gemelten Deidrich behren als der vor kurtzenn tagen zu Reuall angekomen, vom Schlosse ann sich Ingedachte Thumbkirchen, bittlich erfurdern lassen, Vnd dassebs Ihme vor gehalten, vnd mundlich angezeigt, Das Furstliche Grosmechtigkeitt zu Liefflandt an dem gar geringenn fallen truge, Das der Hochwirdige Inn Gott Furste ɔc Der Her zu Ozell, des Ritterlichen Ordens Hauss durch die seinen, als Dieterich Behren verwaltenn liessen, Vnd eben wie soliche verwaltung do sie vom dem Ordenn Ihn Ihrer g Stifft vnderstandenn, Derselben nicht gefallen wurde, Gleichsfals were auch Jetzundt dem Hern Meister szodans zum Höchsten misfellig, So hette auch Christoff vonn Monnichausen die sache zum Anfang mitt Hinderlist vmbgtrieben, vnd also das Hauss wegen Kon: Maitt zu Dennemarcken angenohmenn ɔc

Auff welches Deitrich Behr der meinung geantwort Hoichgedachter Herr zu Ozell ɔc hette mitt dieser sachen vnd handlung gar nichts zuthunde, Auch were er wegen seiner ff. g. nicht dar, Sondern seiner eigenen person, welcher Kon: Maitt zu Dennemarcken mitt dinst vnd Aidt verhafft, darumb dohin komen, Mitt beuelich er neben Heinrich Vxkuln das Haus Im besten verwalten helffen solte, Weiters bescheides doneben zugewarten, doch denselben noch nicht erlangett, Souiel aber Christoff vonn Munnichausen In dem betreffendt, wes der desfals sich vnderstanden vnd angenomen, werde er zu gelegner zeit woll mitt allen Eeren zuerantworten wissen, Mitt gantz freuntlichen bitten vnd flehen, der Doctor wolle sein furnehmen sollicher sachenn nicht als geschwinde vhortstellen, Dan zu besorgen Dardurch der guthen sachen, mehr schaden vnglimpffs vnd Nachteils als Nutz vnd bfurderung entstehen möchte Besondern eine geringe Zeit erwarten vnd beharren, Bessolang obgemelte Gesanten Kon, Mtt, zu Denmarcken, ankomen, szo mochten als dan die sachen also bewogen vnd betrachtett werden das diesen gemeinenn landen zu allem guten vnd fromen gereichen möchte, Mith weittern bitten Der Doctor wolle die Achtparn vnd Erntvesten Harryeschen vnd Wyrischen Rethe, Auch denn Erbarn vnd Wolweysenn Radth der Stadt Reuall zu sich zihenn, vnnd wen es denen semptlich gelegen Erbieten sich Deitrich Behr vnd Heinrich Vxkull bey Ihnen zuerscheinen, vnd die sachen vnder einander allerseits dermassen mitt radth erwegen vnd bereden Domitt diesen gemeinen Landen nicht Anders, dan das beste gedeyh vnd wolfarth daraus entstehen vnd folgen muge. Mitt mehrerm bittlichem Anhang die sachen Ihrer notturfft vnd wichtigkeitt nach mitt fleiss zubehertzigen vnd das beste dobey vortzustellenn ɔc.

Welche billige meinung vnd fleissigs anlangen der Doctor abermals ausgeschlagen auff seinem furnemen beharrett, vnd demnach wegenn hoichgedachts Herrn Meisters ein gemein an die Knechte szo auff denn Hauss vnnd Thumb gewesen, Auch Kon: Matt zu Denmarcken mitt Dinste vnd Eide vorhafft hatt vmbschlagen laszen zw denselben kriegsleutten, Inn Ringk getretten Ihnen seine sachen vermeinte Auffurderung vnd abheischung auffs Hefftigste furgehalten, die knechte dadurch aus Ihrem Eide Inn des Herrn Meisters Eidt vnd Dinste zubringen vnd vermugen, Was aber darauff domaln von denn Kriegsleutten zu Antwort gefallen, Ist Ihme dem Doctor nicht vnbewust,

Folgenden Mitwochen *(Nov. 8.)* Ist aus gheiss vnnd beuchlich Deitrich Behren vnd Heinrich Vxkuln wegen Ko May: zu Dennemarcken Inn welcher Eidt vnd Dinstpflicht dieselben sampt gemelten Kriegsleutten gestanden zum gemeinn vmbgeschlagen worden, Do sie nuhn von denn knechten, Inn Ringk Ihre sachen furzutragen gefurdert, Ist vielgemelter Doctor sampt denn Harryschen vnd wyrischen Rethen vnd etzlichenn des Reualschen Radts, mitt Inn Rinck getrettenn vnder viel andern weittleufftigen reden offentlich sich vornemen lassen, Die Ko Matt zu Dennemarcken hette dem Handel abgeschlagen vnd das Hauss Reuell wider An denn Ordenn vorwisenn Auch Deitrich Behren vnd Heinrich Vxkuln angefurdert, Ihme dem Doctor Kon: Matt bestellung vber die Kriegsleute, vnder Ihrer Maitt Insiegell darzulegen, So sey auch das Fenlein sso domaln geflogenn Ordensch vnd nicht Kunigs, Er wolle es von der Stangen lassen abreisen, welchs doch Dieterich Behr vnd Heinrich Vxkull vmbs besten willenn weitterung zuuermeiden verbeten vnnd behinderth:

Souiel nuhn die bestellung vnd Siegell ko. Mtt betreffendt, Ist man nicht Inn abreden gewesen, das dieselbe noch nicht verhanden, als baldt aber die vorbenante Konig. gesanten An koemen, wurde sollichs nicht aussenbleiben, vnd allerlei notturfftig befelich doneben, Vnnd ob wol Doctor Gilsheim sich stadtlich vornehmen lassen, mitt des Kunigs Siegell bemelts Handels abschlag zuerweysen, hatt es Ihm doch an denn darthun gemangelt, vnd gar nichts scheinlichs oder glaubwirdigs darauff furbringen konnen — Demnach aber mitt denn Kriegsleutten etwas nothwendigs Im Ring zuunderreden, vnd furzuhalten gewesen, Ist vmbgeschlagen vnd abgeruffen, sso woll ausser als Innerhalb dem Ringe, alle die Jennen sso Kon Matt zu Dennemarcken mitt Eiden nicht verhafft solten abtretten, sie weren gleich In oder ausser dem Ringe, Darauff hatt mussen Doctor Gilsheim sampt furbemelten Rethen vnd Radtspersonen abweichen, vnd ist den knechten Christoffer vonn Munnichausen schreiben verlesen vnd zuerkennen geben wordenn ɔc.

Als nun Dietrich Behr vnd Heinrich Vxkull Ihre sachen vnd Anliggen bey denn Kriegsleutten nach notturfft verrichtet, vnd Ihnen darauff Ihres langwierigen vorweilens, klagen vnd schreiens ein Monatt Soltt zugesagt Auch die bezalung aussgerichtet, haben die knechte einhellig vnd offentlich gemehrett, der Furgedachten konigklichen Legaten ankunfft die doch Inn kurtzen vermutlich mitt gedulth zuerwarttenn vnd ferrers bescheidts dobey zuuerhoffenn, Als hatt der Fendrich das Fenlein nicht wollen fligen lassenn vermeinte entschuldigung vorgewant, es sey Ihme von Doctor Gilsheim verbotten wordenn, vnnd seind also die Kriegsleutte ohn fligenth fenlein vom Ringe widerumb Auff dem Thumb gezogen, Inn sollichem zuge hatt sich gedachter Doctor wider An den Hauffen gemachett, wegen seines vorigen Anbringens, den Kriegsleutten zugeruffen Ein eigentlich Antwort ob sie des Herrn Meisters Freundt oder Feinde sein wollen erfurdert vnd begereth Aber die Knechte haben auf sodane vnformliche wuste frage domaln dem Herrn Doctor keine antwort geben wollen Bsondern solichs vngeseumet durch etzliche aus Ihrem mittell, beuehlichhaber an Dieterich Behren vnd Heinrich Vxkuln wes Ihnen auff sodane Doctors frage zu antworten geburen vnd nothwendig sein wolle, radth vnd gute wolmeinung mittzutheilen gelangen lassen,

Als nun dieselben geschickten dem gemeinenn hauffen widerumb zu Antwort eingebracht, Das der Doctor sampt Hoichgedachten seinem Hern vnd Ordens Stenden, sich so wol zu Dieterich Behren vnd Heinrich Vxkuln als auch dem gantzen Hauffen, der gemeinen kriegsleutte nichts Anders dan alles guidt trewe, glauben, dinst Eer vnd freundtschafft zuuersehen haben, sollen denselben Inn allem besten helffen Rathen thaten, wes muglich vnd billich mittheilen vnd beysetzen, Domitt diesen betruckten Landen gedienet trost vnd schutz souiel an Ihnen erspuret, wes denselben zu Nutz vnd fromen gereichen kan, mittgetheilet werden muge Inhalts aller muglichen erbietung gedachtem Doctor zu vielmahlen angezeigt,

Do haben auff Folgenden Nachmittag die Harrischen vnd Wyrischen Rethe sampt etzlichen Reualschen Ratspersonen Dieterich Behren vnd Heinrich Vxkuln zu Ihnen auff die Gildstuben beruffenn, Auff angeben des Docters von Ihnen zuerkunden, Ob auch von Ko Mtt zu Dennemarcken, einigerlei bestellung vnder Ihrem Konigklichen Insiegell by Ihnen auff das Hauss Reuall vorhanden, Mitt bitt Ihnen douon grundt vnd warheitt zuuortrawen vnd bemeltenn ɔc

Hierauff haben Dietrich Behr vnd Heinrich Vxkull angezeigt, sie hetten keine konigkliche besigelte bestellung aber gnugsamen befelch, das Haus Reuall den landen zum besten, In verwaldung zuhaltenn, sonderlich Inn diesen vnfriedlichen gefehrlichen leufften, do der Erbfeindt dannoch etwes schreckens vnd zuuermercken haben muge, Das die Ko: Mtt zu Denmarcken diese Lande In itzigen noten vnd obligen aus konigklicher gnedigster Zuneigung nicht verlassen, oder denselben Ihre Schutz vnd trost entzogen haben wolte, Wie auch demnach gedachter Dieterich Behr vnd Heinrich Vxkull sollicher trewhertzigen wolmeinung zu folge so viel Inn Ihrem Radth vnd vermugen denn gemeinen landen zu Nutz fromen vnd wolfahrt befurdern zu heffen, sich Jederzeit vnd noch als die guttwilligen vnuordrossenen beistandt zu leisten erbotten,

Zw deme haben Auch Jetz obengedachte Rethe vnd Radtspersonen zu erachten, do keine gnade, trost hulff ader schutz bey hoichstgemelter Ko: Maytt aus Dennemarcken zugewarten vnd verhoffen, were nicht das vorgedachte Schiff mitt geschutz puluer Loth vnd Prouiandt vnd sonst von Ihrer Matt, Inn diese verlassene betruckte lande abgefertigth, Wie dan zweiffels frey die Konigklichen Legaten oder gesanten soliche sachen vnd Ihrer Kon: Matt aller gnedigste wolmeinung sso bessher bey vielen dieser Lande vnenthdeckth, denn stenden derselben Anzeigen, vnd sich daruber erklerenn werdenn,

Es hatt auch Doctor Gilsheim zu solichen Dingen, denn Ambtleuten des gebiets Reuall mitt bsonderm ernste aufferleget vnd beuholen, das Ihrer keiner dem Hause Reuall einigerlei zufuhr es were an Holtze, grossern oder kleinern nichts zuschicken oder Irgend wormitt entsetzen solten gleichsfals der Herr Coadiutor nachmaln auch gethan, vnd haben die Amptleute vngeachtet Ihres Eits demselben auch gehorsamlich nach gelebt, Dardurch Dieterich Behr vnd Heinrich Vxkull verursacht, vnd obgedachte Rethe vnd Radtspersonen bittlichen angelangt, Mitt gemelten Doctor daraus zu reden, domith ssodan fuhrnemen vmb vermeidung kunfftiger vnruhe vnd weiterungh abgeschaffett vnd zu rück gestellet werden mugen, Mitt freundlichen Anlangen hierinnen Ihren gudten willenn erscheinen lassen, vnd keinen fleiss sparen wollenn ɔc.

Vorgemelte Rethe vnd Ratspersonen wollen Auch nicht weniger die gelegenheitt vnd vmbstende dieser sachen vnd furnemens zu Hertzen fuhren vnd bedencken, Do sodanes vber kurtz oder langh hernegst an Hoichstgemelte Ko Mtt zu Dennemarcken gelangen wurde, wol zu besorgen Ihrer Maytt solichs zuuerdriess gereichen, die Handt abzihen, vnd die sachen sso auff guten grundt vnnd meinung angefangen, zu letzt dardurch zuruck gehen vnd zu einer nachteiligen entschafft gereichen mochten,

Solichs ist bey Ihnen denn Rethen erholten, vnd sollenn die sachen vielgemelten Doctor aufs fleissigst mitt Anzeigung allerlei bedenckens angeworben haben, Vnd derowegen des folgenden tages Dieterich behr vnnd Heinrich Vxkull von Ihnen denn Rethen auff die schreiberei an sich bescheidenn, mitt vormeldung sieh nach fleissiger Anwerbung obgedachter Dinge vom Doctor keinen eigentlichen bescheidt hetten vermercken mugen dan das er es bey seiner vorigen meinung willens beruhen zu lassen, ɔc: Doch wolten sie nechstes tags widerumb bey einander sein den Doctor zu sich beruffen Diterich Behren vnd Heinrich Vxkull auch erfurdern, die sachen bey dem Doctor wider fur de Handt zu nemen, wie es dan auch geschehenn, ɔc

Do haben obgemelte Rethe sambth einem Burgermeister vnd etzlichen aus dem Radte so den Doctor bey sich gehabt, Dietrich Behren vnd Heinrich Vxkuln abermals auff die Schreyberei gefurderth, Damaln Doctor Gilsheim angefangen vnd gesprochen, Er könde mitt Dieterich Behren Inn Itziger zusamenkunfft abwessens der Rethe, sso dem Ritterlichen Ordenn auch mit Eide verwandth nicht allein beredungh haltenn, Vnnd hette sich der Ritterliche Orden ein sodans zu Ihme Dieterich Behren nicht versehen, Sonderlich weiln Ihme hiebeuorn vom Herrn Meister zeliger vnd milder gedechtnus wol viel gutes gescheen, Wolte nochmaln fleissig vnd ernstlich gebetten vnd vormaneth habenn das Hauss Reuall als obgemelt abtretten, vnd dem Ordenn zu Eeren vnd gefallenn einreumen wollen,

Wie ssodans Dieterich Behren vonn Doctor Gilsheim aufgeruckth vnd verweisslich vorgeworffen, hatt er sich mitt dermassen beantwortung hinwider darauff vernehmen lassen, Er were wol gestendigk vnd hette es ohn gedachts Gilsheims verdriesslichs furhalten, vnnd vermahnen, noch Inn kein vorgessen gestelt, das Ihme von dem selben Herrn Meister guts geschehen, Er hette sich aber auch dogegn Inn des Ritt. Ordenns Dinsten vnd gescheffiten, gebrauchen lassen, Geldtspillung vnd verlach des seinen dobey zugesetzt, aber doch desselben noch bessdaher keine erstattung abtrag vnd ausrichtung bekomen ɔc.

Aber wie dem allen hetten die Herrn dissmall mitt Ihme ssouiel nicht gehandelt oder handeln lassenn, das er Inn derselben Herrn gepietiger Dinste oder Eide were, Weiln er dan ein Dinstman Herrn dienen muste vnd wolte So were er nun In Ko, Mtt zu Denmarcken mitt Dinsten vnd Eiden verhafftt, Dobey must er thun, wie dem gelegen. Mitt freuntlichem bitten Men wolte seiner person derowegen nicht anders dan In allenn besten ein ssodans beymessen Vnd mitt dem Handell nicht dermassen eilen oder geschwinde fahren, Bsondern wie obstehet der Konigklichen Legaten Ankunfft gedultig vnd gutlich zuerwarten, vnbeschwert sein, Als dann wurden woll die Dinge fur gestelt, vnd auff die wege geraden, sso dem R Ordenn vnd gantzen Landen nutz vnd dinstlich sein mochte.

Wie nun mitt solichen berichte fleissigen bitten vnd Anhalten bey Doctor Gilsheim abermals nichts beschaffett, vnd derselbe auff seinem furhaben vnbeweglich beharrett, Inn dem Ist der Hochwirdiger Grosmechtiger Her Coadiutor des Meisters Ambts Ritt: Ordens zu Reuall eingekomen, zur stunde die Harryschen vnd Wyrischen Rethe beysamen gehabt, aller sachen gelegenheit, wie es sich des Hauses Reuall halben erhilte, bey denselben erkundeth vnd sich vnder Andern bey Ihnen vornemen lassen, es were Ihme nicht wenig, bssondern zum Hoichsten verdriesslich vnnd entgegen, das eben Inn seinem einreuten, das geschutz des Hauses Reuall gleich auff Ihme gerichtett, Es sey Ihme auch nicht die geringste beschwerung, das ehr des Ritt: Ordens Hauss vnd eigenthumb fur dissmall dermassenn fur vber rucken, vnd sich Inn eine Herverge legen mussenn ɔc.

Habenn Dero wegen die Rethe Deitrich Behren vnd Heinrich Vxkuln zu sich vor das Closter Inn Herman anreps Hauss gefurderth, vnnd Ihnen allerlei wes furhandenn vnd welcher gestalt sich die sachen Ansehen lassen, doch nicht, als auff Hoichgedachts Herrn Coadiutorn beuehlich, Bsonderrn aus eigenen bewoge vnd guter wolmeinung angezeigt vnd furgehalten, Mitt bitt vnnd vermahnen, die sachen dohin zubewegen vnd verrichten domitt die furstehende gefahr vnd sorge sso aus disen dingen erfolgen möchte, verhutet vnnd abgeschaffett, denn gemeinen Landen bey Herrn vnd stenden derselben sso viel muglich fride vnd ruhe widerumb erstifftet, vnd keine newe vneinigkeitt angerichtett werden muge ɔc

Dorauff Dietrich Behr vnd Heinrich Vxkull die kurtze beantwortung, wie Auch hiebeuorn zu mehr mahlen angezeigt, Sie wissen sich mitt nichte zuerInnern das durch Ihr verursachen einnherlei vnrichtigkeit Jemaln entstanden, Musten es also dahin stellen, do die vrsach sollicher Dinge erwachssen, welche wege auch wol nachzuweisen, vnd die schuldt zwar nicht bey Ihnen, Sie betten aber gantz freundlich gemelte

Rethe, wolten die sachen allerseits mitt auffs getrewlichst herlffen erortern bewegen vnd beradschlagen, vnd solch Ihr bedencken gudten radth vnd wolmeinung freundlich darinnen mittheilen vnd alles dohin richten vnd grunden, das gemeinem Vatterlandt zur Wolfarth nutz vnd fromen, Friede ruhe vnd einigkeitt zuerhalten gereichen, vnd Ihnen Dieterich Behrenn vnd Heinrich Vxkuln, sso woll auch denn Ihren an Eer glimpff vnd aller wolfarth nicht vorletzlich vnd onnachteilich sein muge ɔc.

Vnnd domitt der Herr Coadiutor Rethe vnd Doctor In gnaden vnd gunsten zuerspuren, das Dieterich Behr vnd Heinrich Vxkull ann dem langwerigen Ausbleiben der Konigklichen Gesanten keinen gefallen hetten, vnd ssodan verzugk Ihnen fast entgegn, Haben sie bey denn vorbemelten Rethen sich dermassen furschlags vnd erpietens lassen vornemen Sie wolten zwei von den Ihren verordnen, wo gleichsfals die Rethe auch also thun wurden, dieselben denn gesanten entgegn zuschicken, Ihnen allerlei gelegnheitt zuberichtenn vnd bitten lassen, widerumb bey denn vieren so abgefertigt zuuormelden, Innhalt Ihrer Werbung vnd beuehlichs dobey zuerkundten, wie die sachenn gemeint wurden, Solichen bescheidt zum schleunigsten Idem theill zu rück zubringenn vnd eröffnen, Als dan hatten Auch die Kriegsleutte bescheidt vnd bericht woran sie werenn, Mitt freundlicher bitt solichs auch dem Herrn Coadiutor, Dinstlichen zubemelten vnd Ihren Radth mitt darzu geben, Wie es dann angenommen, vnd ob es wol vhortgesteltt, Ist doch dobey vormerckth, Das es bey I F G nicht hatt mugen erhalten werdenn, wie dann auch keine Anthwort darauff ferrer erfolgett

Als aber auf Donnerstags nach Andree Apostoli *(Dec. 1.)* etzliche Rethe gemeiner Adell, Radt der Stadt Reuall sampt Ihren Olderleuten aufm Radhauss gewessenn, vnd Dieterich Behren vnnd Heinrich Vxkuln Ihrer bitt nach zu sich gefurderth Ihre sachen meinung vnd bericht vnd wes Ihnen sonst angelegen, von Ihnen anzuhoren begereth, Dorauff ist folgendts fur getragen, Ihre negster obbemelter furschlage, erpietenn vnd gute wolmeinung, als mitt affertigung der Ihren, An die Koniglichen Gesanten, vnd das ssodans an den Herrn Coadiutorn gelangen möchte, welcher es Ihnn Ihrer g: bedencken Angenomen, solichs hetten sich die Redte noch ongezweiffelt wol zuerInnern, Als men aber vernohmen, das alle ssodane vnd der gleichen billiche furschlege vnd erpieten abgeschlagen vnd nicht Statt haben mögen, Zw dem Auch Doctor Gilsheim sich nicht heimlich sollen haben verlauten lassenn, Das Mittel des vertrags mitt Reuttern vnd knechten zu treffen, vnd durch solliche wege das Haus zuerobernn So were demnach Ihr freundlich fleissigs bitten, Do solch furnemen vorhanden, Das selbe bey Hoichgedachtenn Herrn Coadiutorn alles muglichen fleisses abzuschaffen vnd zubehindern, Inn betrachtung was vnheils schadenn vnd nachteils kunfftigklich diesen landen daraus erfolgen konth, Aus der Redte Antworth hatt men vernomen, Das Ihnen nichts darumb bewust were, Doch wolten sie es Ann denn Doctor gelangen lassen,

Nechstfolgenden Freittag *(Dec. 2.)* zu Morgen. Ist von den Kriegsleutten Gemein gehalten, vnd Ist Reinolth gilsen heubthman, neben etzlichen befelhich habern Inn Rinck getretten denn gemeinen Knechten obbemelten Handell, auch was darauff Inn schriffte gestelleth vnd verfassett, onangesehn Das er gar wenig gehörs haben mugen, anzeigen vnd verlessen lassenn, Es ist aber bey Ihnen nichts zuerhalten gewessen, Bsondern haben einen Radth ausgeschossen, des also eingebracht, Sie solten ongefehr Sechs auss Ihrem Hauffen, an dem Herrnn Coadiutorn vmb radth, wie sie sich Inn diesen sachen do Ihnen weder geldt oder bescheidt werden mag verhaltenn sollen Ansuchung zuthun verordnen vnd abfertigen

Dorauff denselbenn vom Herrn Coadiutorn dermassen bescheidt geben worden, Ihre sache solte wol stehen, seine gnaden wolte Ihnen Auch guth vor Ihre besoldung das sie die bekomen solten, sein, Sie hetten aber zwein Vogel Inn dem paure die solten sie nur fehst haltenn, sie wurden als dan woll zu Ihrer bezalung gelangenn,

Auff solichenn bescheidt haben sich die Kriegsleutte, sonderlich aber die leichtfertigenn vnd vorgessenen vngeseumeth vorglichen Dieterich Behren Heinrich Vxkuln als vbersten, Item Reinolth Gilsenn vnnd Merten Holsteinn Heubtleute aus Ihrenn Losamenten geholett, auff des Profassen kammer geführett Inn die Eisenn lassen schlagenn, vnd dieselben alse tag vnd nacht dar Innen verhaltenn ɔc

Folgents Sonnabents *(Dec. 3.)* frue Morgenns Do der Profass mitt seinenn Drabanten die pfortenn geoffneth, hat der gewesen Fendrich domaln Inn Leinen Buchsen vorkleidett sambt Jorgen von Osenbruck, mitt geladen gespannen rohrenn vnnd auffgesetzten Hanen zur pforten eingedrungen, von dem Profossen die Schlussel begert, Er aber baldt zugeschlossenn von Ihnen mitt denn Schlusseln nach seiner Kammer de gemelte gefangen, Inn bewarung gewessen zugeeileth Ihnen sollichs vormeldett, Aber gedachter Fendrich sampt seinen gesellen seindt dem profoss auff dem fusse gefolget, Inn das gemach getretten, vor Dietrich Behren vnd Heinrich Vxkuln die Buchssen Ihnen mitt wundschung eines gudten morgens vnder die Nasenn gehaltenn Dieterich behr aber sich baldt besunnen, dem Fendrich das rohr aus den Handen gerissen, gleichs fals Heinrich Vxkull dem Jorgen von Ozenbrugk, vnd sie mit ernstlichen worten angesprochen, Auff was meinung sie mitt Einer ssodan mörtlichen wehr, feindlicher gestalt, zu Ihnen welche doch gefangene einlieffen, nicht als Eerliche bsondern Eidt vorgessene vberfallen woltenn, Haben sie als die vorzagten, geanthwortteth, sie weren keiner bösen meinung, bsondern als sie gesagt Inn gudter Charitate zu Ihnen komen, Als Ihnen aber sollicher dinge kein glaube gestelleth, Ist der Fendrich weiter gefrageth, warumb vnd aus wes beuhelich er die Schlussell gefurderth, do er doch vonn gemeinen Kriegsleutten, die Eer vnd redlicheitt vnd Ihren Eidt bedacht bey dem Hause Reuall zu bleiben abgetretten, vnd vonn Andern Herrn geld genohmenn,

Hatt er darauff geanthworteth der Herr Coadiutor hett Ihme befolen, die Schlussell zuerfördern, vnd Inn seine bewahrung zunemen, Der Herr Coadiutor wolte mit dem Vberstenn des Hauses wol Darnach handeln das sie es abtrettenn soltenn, ɔc

Weitter hatt Dieterich Behr Ann Ihn gefraget, ob er auch weittern bescheidt den gemeinen Kriegsleuten wegen des Herrn Coadiutorn anzutragen, hatt er geantwortet nichts, vnd seindt darauff nach weittern fragen, vnd reden, vber orth gefuehrett, vnnd Inn bewahrung bracht wordenn,

Eine Halbe stundt ongefehr Darnach, Ist einer des Herrn Coadiutorn Diener fur das Schloss komen, Nach dem Itzgemeltenn Ehr vnd Eidt vorgessenen bösewichtt dem Fendrich gefragth, ongezweiffeltt sich bedunckenn lassenn, der Anschlege were gerathen vnd volnzogen Darauff gesagt vnnd seines Erachtens beuehlich gethan man solte das Hauss vor Neun Vhren nicht offenen auch keinen menschen mittler Zeitt auff oder ablassen

Vmb acht vhr desselbigen vormittags, hatt man das newe Fehndlein wegen Ko May fligen vnd vmbschlagen lassenn, alle knechte sso dem Konige vonn Dennemarcken geschworen, bey Ihrem Eidte vnd dem Hause bleiben wolten die solten mitt Ihrer Rustung fur das Haus komen, Men wolte gemein halten, do seindt der weniger teill, doch die Eerliebenden vnnd redlichen komen, vnnd auffs Haus getretten doselbs mit denn Vberstenn vnnd beuehlich habern gemehrett bey dem Hause zu bleiben, Ihrenn Halss vnnd alles liebste dobey zulassen vnd auffzusetzenn ɔc.

Der grosser Hauffe aber als die leichtfertigen wankelmutigen Eidtvorgessenen Leute, seindt auff dem Thumbkirchoff zu Doctor Rumpold gewichen, vnd sich von Ihme Ander wegen bestellen lassenn vnd geschworen,

Auff folgenden Abendt haben des Herrn Coadiutorn geschickten als Hauss Cumpthur von der Pernaw, sambth etzlichen vom Adell vnd aus dem Radt, sich an Dieterich Behren vnd Heinrich Vxkuln, sso wol den andern sso mitt Ihnen In gleicher behafftung verfugeth, vnd wegen Ihrer gnaden das Hauss Reuall mitt hoichstem ernste Auffgefurderth, auch die vorbemelte zwein Eeruergessene Leutt widerumb loss begereth, ɔc

Es habenn aber Dieterich Behr vnnd Heinrich Vxkull neben denn Andern beuelich habern vnd gemeinen Kriegsleuten aufs fleissigst Ihrer Eern vnd vorpflichtung halben zum Hoichstenn entschuldigth, Mitt nochmaln freundlichem bittenn vielgedachter gesanten Ankunfft zuerwartenn, Auch do es dem Herrn Coadiutorn treglich vnd bequeme, woltenn Dieterich Behr vnd Heinrich Vxkull, mitt etzlichen beuehlich habern, Auff Ihrer. g. Christlich vnnd fehlich gleidt, bey derselben Ankomen, aller sachen gelegenheitt nach notturfft mith Ihrenn g. zuunderredenn,

Im gleichen habenn Deitrich Behr Heinrich Vxkull sambth Ihren mituerwandten beuehlichhabern vnd gemeinen kriegsleuten, ein schreibenn an viel gemelte Rethe, Radtspersonen vnd Olderleutt zu Reuall sso woll auch an die Heubtleute vnnd beuehlichaber der gemeinen Kriegsleutt stellen, vnd Ihnen durch des Heubthmans Schreiber Heinrich zuschicken vnnd behandreichen lassen, einhalts beyuerwarter Copei A. B. C. verteichnet, Doneben freundlich bitten lassenn, vmb ein zuuerlessig gutlich widerschrieben Antwortt

Dem vorigenn bittlichenn Anlangenn nach, Haben die verordente Gesanten Sontags *(Dec. 4.)* gegen abendt, sambth denn Jennen sso Ihnen der Herr Coadiutor mithzugeben Dietrich Behren Heinrich Vxkuln vnd derselben mithverwandten, beuehlich habern ein Furstlich Christlich gleith von dem Hause vnd wider auff zugesagt vnnd versprochen

Die Kriegsleutte aber habenn dasselbe abgeschlagen vnd ein schrifftlich gleith altem gebrauch nach vnder s. g Insiegell auch mitt eigner Handt vnderschrieben bittlichen erforderth ɔc

Domitt auch die abtrunnigen Eidt vergessen leutte sich Ihres vnredlichen gemuets noch vber das, desto mehr erkleren vnd vormercken, lassen möchten, haben sie dieses vnd gisterigs tags, denn Standthafften vnd Eernliebenden knechten zu Dome, Ihre losamenth geplöndert, alles sie vberkomen, nicht allein preiss gemacht, bsondern auch etzlichen sso vom Thume Inn die Stadt gehen wollen vnder wegen vberfallen, Ihnen gewehr vnd wes sie bey sich gehabt genomen, Item etzliche als vbersten vnd Heubtmans Drabanten, Inn die Eisen geschlagen, Einenn schreiber Aber so auch angehaltenn, hatt der Coadiutor wieder nach dem Hause gehen lassen, Summa alles sso feindlich widers Kriegs gebrauch Eer vnd redlicheitt, deren ist bey solichen abgefallenen leichtfertigen leutten nichts vnderlassen vnd alle ssodane vnlöbliche mishandlung der Eeruergessenen zubeschreiben oder erzellen beij na vnmoglich.

Negstfolgenden Montags *(Dec. 5.)* seindt vier gesanten Johan Dueker vnd Lorentz Ermess von denn Rehten vnd zwey aus dem Radt, Johann Wynter vnd Caspar kappenberg, zu fruer tagzeitt zu Schloss komen, angezogen vnd vormeldeth, wie auch beuor geschehen, Das dem Herrn Coadiutorn, zwar keine geringe verkleinerung der knechte zu schlosse weigerlichen abschlags des zugesagten versprochenen Furstlichen gleits, Ihnen den Vbersten vnd beuehlichabern mundlichen geschehen, haben ssodane Zusage widerumb erholet, vnd der massen gegenwertig mundlichen bestettigt, das die knechte darein verwilligt, vnd Ihnen denn vier gesandten, auff Ihren glauben vnd Handtstreckung, gedachte vbersten vnd befehlichhabere vberliefferth vnd folgen lassenn ɔc:

Do sie nun mith Ihnen den gschickten Inn Doctor Friessners Haus, als des Herrn Coadiutors Herverg Ankomen, fur Ihrer g. erschienen, Hatt Ihnen dieselbe antzeigen lassen, Nach dem sie bittliche Ansuchung gethan, fur Ihren g Jegenwertig zu sein, habe Ihre F. g. dasselbe gefallen lassen vnd sie mitt Ihren Furstlichen Christlichen Geleith versehen vnd fur sich komen lassen, Were I: f. g nun vnbeschwert Ihre meinung vnd Mundlichs anbringenn gnedigklich Anzuhorenn,

Demnach Dieterich Behr vnd Heinrich Vxkul Ire vielfaltigs bescheen ansuchenn widerumb erholett, aufs aller vleissigst vnd dinstlichst gebeten, Ihre furstliche. g. wolle doch mit der Abtrettung des Hauses Reuall nicht sso hartt vnd vngnedig auff sie dringen, bsondern eine geringe Zeitt als bes zu Ankunfftt der Konigklichen gesandten Inn gnaden geduldenn vnnd Anhalten, Wie sie auch sollichs an die Rethe, Statts Rath, Olderleute vnd burgerschafftt, sampt Ihrenn beuehlichs habern vnd gemeinenn Kriegsleutenn aufs fleissigst geschrieben vnnd vmb gotts willen gebetten Ihrenn getrewen Aufrichtigen vnd Eern nodturfftigen Radt Inn den Dingen mitzutheilen, Wie solich schreiben welchs domaln, fur dem Herrn Coadiutorn aufm Disch gelegen, vonn Ihnen zuuerlesenn, vnd Anzuhoren gebetten wol aussweysenn werde.

Nach solichem hatt der Herr Coadiutor begerth Ko Mtt bestellung, Darnach eine Missiue, oder aber, sonst letzlichen nur ein kleines briefflein, alles vnder Ko Mtt Insiegel damit sie zu beweyssen, das sie Ihrer F G das Hauss nicht aus eigener gewalth wie Ihnen zugemessen vorenthhilten.

Dorauff Dietrich Behr aufs Dinstlichst geanthworttett Sie hetten sich dessen hiebeuorn bereits zu etlichenn malen erklerett vnd zugestandenn, das sie keine bestellung oder briefe, vnder Ko Mtt Insiegell, besondern einen beuehlich vielgedacht Hauss sambt andern, sso Ko: May darauff gesanntt, Inn guter verwaldung biss auff derselben Legaten ankunfft zuuerwalten, sich vndernohmen hetten:

14

Do gegen der Her Coadiutor Ihnen anzeigen lassen, Es hetten die Ko May, mitt Ihrem schreiben, an den Ritterlichen Ordenn gethan, wie zubeweyssen alle Hendel dieser Lande dergestalth anzunemen gentzlich geweigert vnnd abgeschlagen, Daruber s. f. g. gefragett, welchs vnder denn beiden nuhn warer sein mochte, Ko May gegeben Abscheidt vnd schreibenn oder aber Ihr vormeinth an gezogen beuehlich, Sonderlich weiln Otto Tuue vonn Vinne da gegenwertig, das solichs als Itzbomeldtt Ko May meinung were mit seinen leiblichen gethanen Eide fur wenig tagen bey dem Hernn Coadiutorn befestigt vnnd bestettigth, Welchs alles Dietrich Behr mitt eitel demutigen reden beanthworthett, Er hielt vnd achtet wol fur warhafftig welchs der Ko May schreibenn vermeldeth konde aber auch Ihren beuehlich zwar nicht vorneinen, vnd wolte beides Inn Ihren wirden stehen vnd beruhen lassen, Dann auch zu mehrerm vrkundt der warheitt Ko May Ihr Schiff vnnd wes dar Innen gewesen, als oben beruth dohin gesanth, zu vnnderhandlung (*l.* vnnderhaldtung) des Hauses vnnd dasselb zuuerwalten, vnd vertretten, biss auff gemelter Konigklichen Legaten vnd gesanten Ankunfft,

Welchs alles bey dem Hern Coadiutorn gar fur nichts geachtett vnd gesagt, Es mochte gott erbarmen, das man Ihme mitt solichen blosen worten das Hauss vermeinte zuuerhalten, do sie doch nicht einen Titell briefs darauff hettenn ɔc Wen sie es aber mitt denn geringsten brieflein erweyssen mochten, wolten Ihre F: g. gern zufrieden sein, Dorauff nochmaln begerth, man wolte Ihme das Haus, darzu er vnd sonst niemandts wegen des Ritterlichen Ordens fur gott berechtigth abtretten vnnd eingebenn, auch weitter Aufzugk oder behinderung dar Innen nicht fur zwwenden, ɔc

Auff solichs hatt Dieterich Behr vndt heinrich vxkul Dermassen geanthworteth, sso es Je nicht anders ssein konte vnd Ihre vilfeltigk bitten vnd vormahnen nicht helfen mocht vnd sso viel Ire einfeltige personen belangend, konde er es woll geschehen lassen, So fern Ihme Heinrich Vxkuln vnd den gemeinen Kriegsleutten die furschlege von Ihren f: g widerfuhren, welche Ihrenn Eeren vnd glimpff onnachteilich auch einen Jedenn Ann seiner besoldung vnd sonst dem seinen kein abbruch oder furenthaldung geschechge, Sonderlichen weiln sich die Kriegsleutte etwa fur dem feinde gebrauchen lassen vnd das Haus Inn guther Bewahrung verhaltenn, Ihrer Eern nichts vorletzst, so woll auch Ihrer besoldung vnbekurtzet vnd vnberaubeth bleiben mugen.

Nach solichem Handell seindt Dietrich Behr vnd Heinrich Vxkull sambth Ihren mittverwandten, beuehlichhabernn abgewiesen vnd da es Abendt worden, widerum durch gemelte Redte vnd Rathspersonen den Beuehlichhabern vnd Kriegsleuten stadlich widerumb gelieffertt, Vnd man wille nechstes tags ferrer Inn denn sachen Handels pflegenn,

Folgents Dinstags *(Dec. 6.)* seindt Dietrich Behr, Heinrich Vxkull, sambth Ihrenn mithvolgenden beuehlichhabern, auf erfurdern der fur bemelten gesanten, dem gesterigen Abscheidt zu folge wider bey dem Herrn Coadiutorn erschienen, nemblich auff das furgesprochen geleitte Vnd hatt Ihnen anzeigen lassen, Nach dem sie auf vielfaltigs erfurdern kein schreiben vnder Ko May, Insiegell auflegen wollen noch können, Begere s: g abermals dah noch etwas der Dinge verhanden, Men wolte es Ihrer f g nicht verhalten, wo aber deren keines wolten es I: g gentzlich bey dem latsten abschiede sso Ko May dem R: O vnd Herrn Meister bey dem Chumptur vonn Duneburgk zugeschickt, sso wol auch den gesandten aus Harryen vnd Wyrlandt einbringen, bleiben vnnd beruhen lassen,

Vnnd begeren s: g demnach on alles ferrer weigern Aufschube ader Ausflucht, derselben das Haus ein zugeben vnd Abtretten dann Ihre g lang genug zugesehenn, hette Auch vernohmen das bey nacht auf dem Hause vast gebaweth, Dasselb were s: g bedencklich, konte oder wolte nicht lenger zusehen, Do man sich aber dessen noch zubeschweren, wurde man das fur die Handt nemen, welchs die notturfft zuthun erfurdern thette, Doch vngern sölichs vff die wege gereichen lassen auch begereth er Dieselben zwei sso noch zu schlosse Inn bewahrung, als denn Fendrich vnd seinen gesellen widerumb ledig zulassenn,

Auff sölich begern ist Dieterich Behren vnd Heinrich Vxkuln anthwortt gewesen, Nach dem s. f. g: Je das Haus haben wollenn, Solte man Ihnen auch einen bericht furstellen wie sie dasselbe abtretten, vnd einreumen solten, domitt sie ein solichs fur der Ko May vnd Mennichlichen Ihrer Eern notturfft nach zuueranthworten wusten, Ihnen darauff einen furschlag zuthun, Damitt auch die Kriegsleutte Ihres Eidts Eere vnd redlicheit bewahret vnd versichertt,

Sie wolten sich auch noch ferrer erbotten haben, ob man Ihnen den glauben mitlerweil fur Ankunfft der Gesanten nicht stellen wolte, Als dan do sie sich befurchten thetten, es möchte einicherlei Hinderlist oder sonst etwas geferlichs darunder gepracticirt werden, solten sie Ihnen zwey von den Rethen, auch zwei personen aus dem Radte auf das Hauss zugeben, die neben vnd bey Ihnen werenn on welcher mitt wissen sie Auch nichts furnemen thun ader vortstellen wolten,

Zum Andern Do sölichs auch abgeschlagen, vnd nicht statt haben möchte, kondten sie woll leiden, Das men den Harryschen vnd wirischen Rethen Auch Radte der Stadt Reuall Das Haus wegen ko: May: zu Denmarcken bessolang die gesanten ankomen, Inn verwaltung thuen möchte Letzlichs so noch das vortrawen Ihrer personen entstunde, wolten sie solicher hohen leibs beschwerung vnuerdrossen sein, sich lassen Inn die Eysen ader thurn setzen, bess zu der gesandten ankunfft, wurde man dan bey Ihnen erkunden vnd befinden, das die sache auf Anderm grunde stunde, vnd sie vnder dem schein einen andern Handell als dem R Orden vnd gemeiner Lande wolfahrth zu verkleinerung abbruch vnd nachteill Im geringsten punct schuldich erfunden vnd vermerckth wurden, als dann ohne gnad zu leiden was recht were, Mitt nochmals Hoichst fleissiger vermahnung bitten vnd flehen, vmb gemeiner Lande wolfhartt Nutz vnd fromen willenn, Dermassen stilstandt zugestatten biss zu erster Ankunfft viel gemelter Konigklichen Gesanten Furnemblich vmb des Erbfeindts des Reussen willenn, denselben Domitt eins theils ethwa zuschrecken, vnd von seinen feindlichen muthwillen abzuhalten, weiln er der ko: May: beistandt vnd Hilff diesen Landen gegen Ihme noch befurchten muste, konde Auch dadurch Inn Annder bedencken komen, Vnnd were nachmaln vmb sso viel desto ehe vnd leichter zum friede vnd vertrage zubewegen,

Die Rethe aber haben darauff geanthworteth, Es were nun kein besser furschlage oder mittel, dan das sie sich Inn den sachen dermassen schicken vnd einlassen, Damitt sie als vnderthanen, Ihres Eides vnd pflicht halbenn, nicht darzu gedrungen wurden vnd thun musten, das Jhnen nachmaln beschwerlich vnd wol vnleidlich sein wurde, Wusten Ihrs teils sonst nichts bessers vnd Ihnen selbst nutzlichers furzugebenn

Wie nun Dietrich Behr vnd Heinrich Vxkull weiter furgebracht, vnd geanthworteth, sso viel die beiden gefangen betreffend, vnd ob wol die Inn einem solichen vnredlichen bösen furnehmen vormerckth vnd offentlichen befundenn, welchs sie die Zeit Ihres lebens mith keinen Eern verantworthen mugen, besondern als die vnredlichen Eer vnd gots vorgessene hernegst einen lesterlichen bosen Endt nemen werden, Wollen sie Doch Ihren f: g zu Eern vnd dinstlichem gefallen dieselben verschaffen, ledig zu werden

Vnnd haben Ihre f: g. Ihnen auf diss vnd vorigs die anthwort des einhalts geben lassen, So sie das Hauss abtretten, vnd Ihnen einreumen wolten, were I: f: g bedencken vnd meinung, s f: g wolten wegen des Hern Meisters, aus welchs beuchlich solichs geschehe, sso wol auch des gantzen Ritterlichen Ordens, das Hauss wider an die zubringen, Ihnen eine vorschreibung geben, Sie vnd die Kriegsleute, dar Innen Ihrer

Eern Eidts vnd redlicheitt versichert sein vnd bleibenn ssollenn, Auch fur alle Ansprach vnd beschuldigung der Ko May zu Denmarcken, auch sonsten aller mennichlichs vertretten vnd vertheidigen,

Do auch Dietrich Behr vnd Heinrich Vxkull auff dem Hauss bleiben vnd der Gesandten Ankunfft erwarten wollen, were I: f: g nicht entgegen, Ihnen solte geschehen vnd widerfahrenn nach gelegenheitt vnd vermuge des Hauses, Es wurde aber I. f. g: das Hauss mitt Anderm Volcke besetzen, welche s. g. darzu haben wolten, dasselbe zuuerwalten, Vnnd Im fall Ihnen dieser furschlag nicht gefellig, hette I: g keinenn andern, Vnd were kurtz ab bedacht, das Hauss zu haben, möcht daruber ergehn vnd beschehen, was gott wolt, sso es Jhe nicht anders gesein kondth

Hirauff haben sich fur erst Dietrich Behr vnd Heinrich vxkul sambth denn Beuehlichhabern fur sich vnd wegen gemeiner Krigsleutte gegn I f g dinstlich thuen bedancken, Mitt erpieten dasselb hoichstes vormuegens hinwieder zuuordienen, Fleissigen bittendt sollicher meinung vnd einhalts ein Concept stellen, zu lassen, DarInnen sie Beuorab Ihrer Eern vorwahrett auch Ihrer besoldung vnuerkurtzt bleiben vnd allerseits versichert sein möchten, Welchs desselben Abends also zugeschehen beschlossenn, seind also vonn einander abgeschieden ɔc

Auff Mittwoch zu Morgen, *(Dec. 7.)* seindt vorbemelde gesandten mitt einem Concept fur das Hauss kohmen, endlichen Angezeigth, Nach dem der Herr Coadiutor mitt vielfaltigen wichtigen sachen, vnd geschefften behafft, hette s f: g Inn aller eill ein Concept stellen lassen, dem gesterigen abschiede gemess, Dobey es s f endlich bleiben zu lassen bedacht vnnd mochte solichs Inn keinem wege Irgenth vorenderth werdenn,

Welchs Dietrich Behren vnd Heinrich Vxkuln auch denn gemeinen Kriegsleuten vorlessen lassen, Es ist aber dem abschiede Inn vielen widerig vnd vngemess gestelleth gewesen Mann hette sich auch sollicher geschwindigkeitt Dobey gebraucht vnd verhalten, Das nicht also viel weill ader Auffschube vnd verzugh vergunneth, Damitt solichs Concept Inhalt nach notturfftt, vbersehen vnd erwogen hett werden mugenn

Wie nun solichs den verordenten geschickten widerumb furgehalten, vnd mitt fleis gebetten, man wolle der sachen Ire geburliche mass geben, nicht also geschwindt fahren, bsondern dem versprochenen vnd zugesagtenn abschied nach leben, Mitt vbergebung etzlicher Artickel daran Dietrich behren vnnd Heinrich Vxkulln, sso woll denn gemeinen kriegsleuten nicht das geringste gelegen, Ihren f g dieselben zubehandreichen, vnd zubemelden. mith dinstlichem bitten gnedigs berichts, wie es domitt solle geholden werden Solichs ist desselben tags Dermassen verhandelt, vnd seindt fahst alle Artickell bewilligt vnd entschlossen, die schrifft stellen zulassen vnd Domitt abermals wider abgeschiedenn ɔc

Folgents Donnerstags *(Dec. 8.)* seindt dem vorigen abscheidt nach die vier Gesandten Rethe vnd Radtspersonen mitt dem vormeinten vollenkomen Concept, DarInnen nun allerseits sachen des Handels gantz vnd all nach notturfftt soltenn dem abschiede abermals zu folge gestelleth vnd vorfasseth sein, vor das Haus kohmen, Dietrich Behren vnd Heinrich Vxkuln sambth denn beuehlich habern vnd gemeinen kriegsleutten angezeigt, Sie mochten es vorlesen Anhören, darnach wolten sie es I. f. g. wider bringen, dan es zur stundt Inn rein geschrieben, besiegelth, vnd Ihnen zugestellth werden solle, alles Inn grösser eill gefherlicher weise getrieben vnnd befurderth

Dorauff Dietrich Behr vnnd Heinrich Vxkull aufs hoichste gebetten vnd begereth, Mann wolle doch die Hochwichtigkeitt des gantzen Handels, vnd was Ihnen mercklichs darauff stunde, auch Andern Darauss erfolgen möchte, doch etwas freundlicher mitt denn Dingen vmbgehn, gemechlicher vorfahren, Ihnen zum wenigsten sso viel zeith vnd weil vergunnen, domitt sie die furgestelte schrifft, an Ihren Artickeln puncten vnd gantzen einhalt etwas vleissig vbersehen sso viel muglich erortern vnd gar eben bewegen möchten Dann Ihrer aller Eeren notturfftt vnd gelegenheitt ein solichs zum Hoichsten erfurdere:

Es haben aber gedachte verordente Rethe vnd Gesandten, domaln sso viel Zeit als obstehett nicht zulassen oder vergunnen mugen vnnd als sie des keinen beuelch dorfften oder musten sie solichs auch ohne vorwissen vnd bewilligung des Herrn Coadiutorn nicht gestatten, Inn dem einen Diener hienab geschickth bey dem Herrn Coadiutorn ssodans befragen lassenn ɔc.

Doch haben Dietrich Behr vnnd Heinrich Vxkull auf solich gefherlich eilen mitler Zeit, das Concept fur die Handt genomen, vnd nach vorlesung daraus vormerckth vnd befunden das etzliche bewilligte Artickell Ihnen notig vnd dinstlich dar Innen Ausgeschlossen, Welche aber Inn solicher eill aufs schleunigste als Immer moglich auf ein Zettell verfasseth vnnd mitt einem schreiber neben denn Gesandtenn Rethenn hinab geschickt, vnnd dem Herrn Coadiutorn mitt bsondern fleiss dinstlichen Anruffen vnd bitten lassen, Dieselben Artickell wie es dann bereits bewilligt vnd verabscheideth mitt Inn die verschreibung setzenn, vnnd verleiben zulassen Damitt sie neben Ihrenn mith verwandten Im Handel verwahrett, vnd vnbekurtzett bleiben mugen

Gemelte verordente Rethe vnd gesandten haben Auch fur Ihrem abscheidenn Angezeigett, Nemblich der Herr Coadiutor begere an Dietrich Behren vnd Heinrich Vxkuln vmb einen Reuersbrieff hinwider aus zugeben, Dar Innen zubemelden, das sie guttwillig vnnd gern das Hauss Reuall wegen hoichgedachter Ko May zu Dennemarcken, abgetretten vnd dem Ritterlichen Ordenn eingereumbth hettenn,

Dietrich Behr vnnd Heinrich Vxkull haben solchs abgeschlagen geanthwortett vnnd gesprochen, sie wusten Ihren gn kein Reuersall darauff zugeben, vnd wurde Ihnen solichs vnder Andernn zu hoher vnbilligkeitt angemuttet, dan Ihrer f g zugesagte verschreibung, kondte die Handlung mehrers theils wol nachweyssenn vnd ausfuhren, welcher gestalth sie gedrungen vnd zum hoichsten genotigeth, das Hauss auffgeben, abtretten vnnd einreumen mussen, Wolten sich auch dieser fursätzlichenn geschwindenn vnd vast gefherlichen eilung, Inn solicher Handlung, als fur Hoichbeschwerlich schir morgen an gelegnen örtern ferrer zubeklagen fur behalten vnd dauon hiemith protestirth habenn,

Im gleichen auch weiln Ihnen die Zeit vnd weill notturfftigs bedenckens Inn ssodanen wichtigen sachen vnd Hendeln keins wegs hatt mugen zugelassen ader vorstatteth werdenn, Haben sie gnugsame bewarung ann gedachte verordente gesandten wegen desselben Herrn Coadiutorn gethon, ob sie Irgendt Inn dieser sachenn Drengens vnd eilens halben wormith vbersehen vnd beschnelleth weren wordenn Das Ko May zu Dennemarcken. Inn allenn diesenn gantzenn Handell vnnd vertrage, wes denselben kunfftiglich derowegen zu thun oder lassen fur zu nehmen sein mochte hiemitt furbehalten, vnd vnnbenohmen sein ssolle, vnd Ist das geschehen Freitags *(Dec. 9.)* als die besiegelte vorschreibung vonn Ihnen denn verordenten, gesandten Redten vnnd Rathspersonen aufgebracht vnnd vberreicht wordenn,

Welche bewarung vnd protestation aller dieser Dinge abermals denn folgenden Sonnabent *(Dec. 10.)* als letzten tage solicher Handlung, zu fruer tage Zeitt, do das Haus geliuerth vnd der gantze vortrage volnzogen, entpfangen vnd angenommenn, widerholett zum Dritten mahl, vnd dis letzlich geschehen gegen denn Herrn Voigt vom Nigenschlosse, dem HaussCumpthur von der Pernow, Deitrich von Gahlen Feldmarschalch Gerdth Nollen vnd Doctor Rumpalden vielgemelt, ambth obengedachten vieren verordenten gesandten, Vnnd darauff dieselben das Hausse vermuge vbergebener verschreibung einehmen lassen

Letzlich zum beschluss vor gemelter langweriger vnd weithleufftiger Handlung seindt auf negst volgenden Montag *(Dec. 12.)* Dietrich Behr vnnd Heinrich Vxkull, Inn dem sich dieselben Ihrer gelegenheitt abzureisen gefertigt, aus Reuall verrucken wollen, vber auffgerichten vertrag, gegebene besiegelte verschreibung, gleith vnd pasborth brieue, nicht weniger vber alle gethane verheissung zusage vndt gute zuuersicht, von etzlichen gemeinen Burgern zu Reuall, den Dinstag Mitwochen vnd Donnerstag *(Dec. 13. 14. 15.)* biss vmb zwei vhr nach Mittags ongezweiuelth nicht ohne mithwissen zulass, vnd wolgefallen des Radts vnd vieler Herrn vnd leutte doselbs zu volnkomen gnugsamen schimpff vnd verdrus, gedachts Behrn vnd vxkuln arrestireth vnd auffgehalten worden, vngeachtet Ihrer beide vieluaitigen billichen vnd redlichen erpietens.

59. 1558. Nov. 12. Reval. — Dietrich Behr und Heinrich Uexküll bescheinigen den Empfang von Proviant für das Haus Reval aus einem königlichdänischen Schiffe.

Orig.

Wi: Dirick: Ber: Hinrick Vxkell: Bouelich Hebber Des Slates Reuell Inn Afwesende des Achtbarenn vnnde Erendthuestenn Cristoffer vann Monnickhusenn :' Donn Kundtt vnnde Apenbar vor Idermenniglikenn watt werdenn Conditionn edder wesendes se sinndth, gestlick offte warthlick denn dusser vnnser vorsegelder breff tho sende horende Edder Lesende mochte vorkamenn vnnde erthoegett werdenn ¦: Datt wi Inn vndenn

angeschreuenenn Dato ¦: vann denn Erbarenn vnnde Erendthuestenn Otte stisenn alse princepalen vnnde Hoeuetmann
Koeincklike Maiestadtt tho Dennemarken vnnsers alder
genedigestenn Herenn schepes ¦: So alhir tho Reuall, Neiligenn
Angekamenn Bekamenn vnnde Endthfangenn hebben Erst-
likenn ein Dusenth Sidenn speckes, fer last vnnde twee tunnen
botterenn, ¦: vofftein Laste Herynck ¦: vofftich Wacht Rodth-
scher, viffhundertt Islandische fisck ferhundertt vnnde Tachen-
tich tunnen Moldth ¦: Dusse vorbenomedenn parsele Semptlick
Sindth des Huses Drostenn Tonnies florenn Auergeandthwordett
¦: Des alles tho warer Orkundth vnnde Merer bouestynge der
warheit hebbenn wie Dirick ber: vnnde Hinrick vxkell vpge-
meltt vnnser Angeborne pitser wetenthlikenn vnder vppett
Spatzium dusses breues doenn vnnde Latenn drueckenn Gegeuenn vnnde geschreuenn vp dem Slate Reuall, Nach Christi
vnsers leuenn Herenn vnnde heilandes gebordth Dusenth viffhundertt vnnde dar Na Inn dem Ach vnde vofftigesten Jar
denn. 12. Dach des Mantes Nouembris ¦:

60. 1558. Nov. 17. Wenden. — OM. Wilhelm an König Christian.

Orig.

Dank für die nach Russland beschlossene Sendung, für zugesagte 20000 Thaler,
für freigegebene Zufuhr, für Missbilligung der Vorgänge auf dem Hause Reval.

In dorso: Herrmeister In Leifflandt Schreiben Dancksage der abgefertigte
bottschafft an Inen vnd den Russen vnd vor die erlegten 20000 thaler. Item
den Chomenthur zu Reuel belangen. Prod. Coldingen den xij Januarii Anno ɔc 59.

Durchläuchtigster Hochgeborner Fürst, Grosmechtiger Konungk,
E: K: D. seint vnsere freuntwillige Dienste, vnd wass wir
sunsten mehr liebs vnd gutes zuthun vermugen zuuorn, In-
besunder gunstiger Herr vnd freuntlicher geliebter Nachbar,

Es haben vnss vnsere gesanthenn, die wir nehestmahl an
E. K. D. In Jetzigen vnseren obligenden beschwerungen abgefertiget, allenthalben mit fleiss berichtet, aller Handlungen,
So E: K: D. Zeit Ires anwesens mit Ihnen pflegen lassen,
Auch worauff sie entlich von E. K. D. verabscheidet ɔc
Nuhn seint wir kegen dieselbe E: K: D^t dienstlich vnd
zum Hogsten danckbar, dass sie auss Christlichem Koning-
leichem midtleidtlichem gemuet, Welches sie In diessen kriegs-
emporungen, damit der vnmilde Reusse ohne alle fuge vnd
vrsachen, Vnss vnd diesse arme Christliche Prouintz nottranget
vnd beschweret, mit vnss treget, zu einstellung desselben geferlichen vnd beschwerlichen krieges, Auch ersetzung dess
Heiligen Fridens, vnd widderherbrengung dess eingenohmenen
Ire Anseheliche stadtliche Botschafft anhn denselben vnd gemeiner Christenheit Erbfeindt zu sennden sich gunstichlich
vnd gnedichlich erbotten, Vnd Wir machen vnss keinen
zweiffell, derselben gesandten seint von E. K. D. baldt auff
abscheidt der vnsern zum anzuge vnd der Reisse verordnet
vnd abgefertigt wordenn, Dass sie aber bess doher an vnss
in diesse lande nicht gelangt, konnen wir leichtlich ermessen,
schaffe vnd verursache nichtz anders als weit ab gelegenheit,
vnd dan winterliche Zeit vnd Reisens vnbequemichkeit, Wir
wollen aber Irher ankumpfft nhunmher gewertich sein, Der
liebe godt gebe Inen gutte gesundtheit vnd zuuerrichtung
Ires konigleichen Christlichen Beuehlich sein godtlich gnad,
Vnd als dan weiter auss ebenmesigem Christlichem bewegen
Jetziger vnser vnd diesser Prouintz betrangnusse vnd gelegen-
heit, auch konigleich milte vnd gutte E K D vnss vnd vnserm
Ritter orden zweinzigk thausent Thaler auff Lubeck verschaffen,
Vnd daselbst bei dem Achtbaren vnd Hochgelarten, vnserm
Rath lieben getreuwen, vnd damahln gesandten Frantzen von
Stiten der Rechten licentiaten, vnd Einwohnhern der Stadt
Lubeck erleggen lassen wolten, Dass wir sie empfangen, vnd
in diesser beschwerung zu errettung der Lande anleggen

muchten, Thun wir Ihm gleichen E K D fur vnss vnd vnserm Ritter orden, auch fur verstadethe Zufuhr auss Iren Kuningreichen, Furstenthumben, Landten vnd Stetten dienstlichen vnd vnderthennichleichen vnss bedancken, Nicht weiniger auch, dass se sich de vnordnung ahm Hause Reuell, So der abgefallener vff demselben vnsern Hause gewesener Commenthur, ausserhalb alle vnser, vnd vnsers Ritter Ordens, wissens odir willens, onhe erhebliche vrsach vnd Ehaffte Nodt, furgenomen, vnd wurgklich vortgesatzt, nicht gefallen, sundern dasselbige Hauss vmbeschwert, vnss vnd Vnserm Ritter Orden pleyben lassen, Worinne vnd mit wir solche, Vnss vnd vnserm Orden, In Jetzigen nothen bewiessene Hochstlobliche, whare, Christliche, Konnigleiche, gunstige vnd gnedige nachbarliche erzeigunge vnd wolthaten, zw enniger Zeit widerumb verdienen kohnnen, Wollen wir mit Auffsetzunge wass in vnserm vermugen, in allen billichen vnd thunlichen stetigs gefliessen, vnd willigk gespurt vnd befunden werden, Vnd bitten weiter E: K: D wollen sich auch hernachmalss vnss vnd vnserm Ritter Orden zu gunsten vnd gnaden beuohlen sein lassen, vnd vnser gunstiger auch gnediger koningk vnd Herr sein vnd bleiben, Beuehlen also E. K. D dem Schutz dess almechtigen Gottes, in gesunder leybs wolmuegenheit, fridsamer glucksaliger kunigleicher Regierung vnd aller wolfart lange Zeit zuerhalten. Dat. auff vnserm Schloss Wenden den 17 Nouemb A⁰ ɔc lviij

Von Gottes genaden Wilhelm Furstenbergk
Meister Teutsches Ordens zu lifflandt.

Dem Durchleuchtigsten Hochgebornenn Fürsten
vnd Grossmechtigsten Herrn Hern Christian zu
Dennemarcken Norwegenn der Gottenn vnd
Wenndenn Konnig Hertzogen zw Schleswich
Holstein Stormaren vnnd der Ditmarschenn
Graffen zw Altenburgk vnd Delmenhorst vnserm
Inbesonndern gunstigen Herrn vnd Freuntlichem
geliebten Nachbarn.

61. 1558. Nov. 19. Wolmar. — OM. Wilhelm an Dietrich Behr Stiftsvogt zu Arensburg.

Vid. Cop.

Von seines Schwagers, Christoph von Münchhausen, ungebührlichem Verfahren mit dem Hause Revsl, und von der Absendung Bevollmächtigter zu Wieder- einnahme des Hauses.

In dorso: Copia des Briefs von dem Hernn Meister ahn Dytrich Behren gethann anno 1558.

Von Gots gnaden Wilhelm Meister
Teutsches Ordens zu Liefflandt.

Vnsern gunstigen gruess vndt gnedigen willen zuuornn, Ernttvhester vndt Erbar lieber bsonder, Das der abtrunniger vndt ausgewiechener vnsers Ordens gewesener Cumpthur zu Reuall diesen Sommer ahn alle erhebliche vrsachen, vnndt ehaffte nodt dasselbe vnser vndt vnsers Ordens Haus mith dem Gebieth Reuhel, ahn alle vnser vndt vnsers Ritter Ordens fuerwissen Radt vndt willen aus vnsrn henden zupringen vndt dasselbe zuuerlassen sich vnderstanden, Ist vns nicht allein billich mith smertzen zu hertzen gangen, Sondern hatt auch In Itzigen geswinden leufften vndt kummerlichenn Zeiten dieser armen bedrangten prouintz nicht den gringsten stoess, nach- teil vndt schaden gebenn, In dem wir neben andrn stenden, wan vns aus allen erthern gleiche hulff zugesatzt, vndt Ins feldt geschickt worden. Dem erbfeindt gemeiner Christenheit, diesen Herbst, durch Gotts des Hernn verhengknisse so viel mher abbrechen, vndt das vndertzogene mith gottlicher bei- stendigkeit, hetten wiedrumb herzubrengen, vndt aus des Tyrannen gewalt erretten muegenn Haben nhu gleichwol ein stattliche antzale volcks, durch des verlauffenen vnerbare handelung, die vns der orther zu rucke gehaltenn, aus dem felde enthraten mussenn, Wir konnen aber mith gutem ge- wissen zu Gott rhumenn, Das wir zu errettung dieses Vatterlandts,

ahn vns Je vndt alwege nichts erwinden lassen Wollen auch
durch Gotts des Almechtigen segen, hinweiter, so viel In
vnserm vermuegenn nichts sparen, Vndt werden vngetzweiffelt
alle Erbare, recht vndt billicheit liebende gemuetter, die ab-
trunnige bose handlung des Ausgewiechenen Cumpthurn nicht
billigen, viel weiniger loben, Vndt noch viel weiniger sich
deren annehemen, Sondernn viel mher In Itzigem Zustande
neben vns vndt dieser gantzen Landtschaft daruber missge-
fallen haben Wie wir dan nicht zweiffeln, Das E. E. alse ein
furnhemer aus langer furtreflichen erfharung, weittberumpter
man, von solchen vndt gleichmessigen handlung zu halten,
vndt sich kegen desselb zuschicken wisse ɔc Nhun erfharen
wir In der thatt, das solchs vnser vndt vnsers Ordens Schloss
Reuhel, das gar vngeburlicher vnrechtmessiger weise, durch
den der es mit nichte mechtigk In die vnrichtigkeit furge-
nommener verordnung gerathen, vns, vndt vnserm Ritter
Orden als dem rechten Naturlichen von Gott verordneten
Hernn noch turenthalten wirdt, Die kn: Mt: zu Dennemarcken
vnsenn Inbesonder gunstigen Hern vndt freunthlichen lieben
Nachparnn, wissen wir vndt Gott lob, die gantze welt der
weittberumbten Christlichen kunnigklichenn vndt nimmer ge-
nuch gelobten tugent, milde vndt gutigkeit, Das sie vngerne
auch dem geringsten stande der Christenheit durch solche
weise, etwess entziehen, oder absthendich machen soltenn,
Vndt haben sich Ihre kn: Dt: kegen vns ¦: dafur wir dienstlich
freunthlich vndt nachtparlich danckbar disfals Ihr Christlicher
kuniglicher gunstiger vndt nachparlicher erklerung, vndt gemuts meinung vernhemen lassen, Also das vns nhumer nicht
vnbillich wundert, woher man vns, vnser abgespannen Hauss,
ahn geheis, bevhelich vndt willen, der Kn: Dt: vnter derselben nhamen lenger furenthalten muge, So doch die kn:
Dt: hochstgemelt ahn der verordnung niemaln gefhallen gehabtt, derselben sich nie ahngenommen, auch nicht annehmen
thutt Wir wissen auch nicht, das wir E. E. Schwagern Christoffen

von Munnichhausen, sonderlich zu solchen Handlungen verursachtt Wan man etwes zu rugk sehen, vndt voriger wolthatt eingedenck sein wolte, eigeneten wir vndt vnser Orden woll andere Danckbarkeit, Das wir dohin stellen, Zu E. E. wollen wir vns Itzundt wie alwege alles guthen versehenn, vndt hoffen, sie werden sich auch hir Innen Vndt In allen sachen vnuorweisslicher veranthworttlicher gebuer ertzeigenn, Also das durch Ihr verhengen : Das wir doch vns nicht einbilden konnen : vndt personliche gegenwertigkeit, was fur Gott vndt der weldt vnser ist, vndt ewrem Schwager keiner ley weiss zustendigk, vns lenger solche furenthaltenn werdenn. Vndt haben E. E. deren wir sonsten mith gnaden vndt allem guten gewagenn gnediger meinung dis nicht verhalten wollen Es dafur achtendt, vns, vndt vnsern dohin abgesandten werde neben beanthwortung wilfheriger bescheidt, vndt abtredung des vnsern wiederfharen, zu verhuetunge weiters vnheils welchs einreissen, vndt den belastigen betrucketen Landen mher beschwerung auf laden konte Welchs wir vnsers theils hinden gethan wissen, vndt nicht verursachen wollenn. Dat. Wolmar den 19 Nouembr. A⁰ ↄc lviij

 Dem Ernthvesten vndt Erbarn vnsrn lieben besondernn
 Dietrich Bher Stiffts Vogt auf der Arnsburgk

62. 1558. Nov. 27. Reval. — Dietrich Behr an den OM.

Cop.

Versichert ihn, dass das Haus Reval dem Orden zum Besten verwaltet werde und bittet, vor Allem die Ankunft der dänischen Gesandten abzuwarten.

In dorso: Copia der Anthwortt Dyrick Behren auf des Hern Meisters Schreibenn.

Hochwirdiger grosmechtiger Furst e. furstlichen grossmechtickeit seint meine vnderthenige gantz willige vnd geflissen Dienste stetz beuor. Gnediger furst vnd Herr, E. f g. schreiben hab ich gestern vor Dato vntherthenigen entfangen vnd den Inhalt allenthalbenn vornohmmen, kann Darauf e. f. g. Dinstlich nicht vorhaltenn Das Ich an denn abweichenden gewesenn Chumptur zw Reuel gantz keinen gefallen Sondern desselben vor mein personn ein herzlich mitleidenn vber seiner gethanen Leichtfertickeit gehapt, vnd noch habenn Mus, aber wie dem allenn, mus Ich dasselbe dahin gelangen lassen, Do es Ime will zuuoranthworten gebuehren, Dahn Ich von gemeltes Chumpturs handell nicht das geringste gewust, wie er dasselbe angefangen vnd vollendett ɔc Ich habe aber ein beuelich von ko: Mtt zw Dennemarcken welchs ich mich ein ahrmer Diener schuldig erkenne bekommen, Das ich mich hier ahn dissen orth begeben vnd auf das Haus | zw der behuff vnd besten Dan ss. ko Mtt Ire eigen schiff mit geschutz krauth vnd Loth allerlei prouianth vnd nottorft hier her abgefertiget, gute achtunge vnd aufsehen neben andern die auch In dem selben beuchlich, haben vnd thun solten bis auf ankunft I kon Mt gesanten die vorlangst auf dem wege herein zukommen gewesen vnnd zweiffell auch nicht das ssie sich vngeseumeth ahn e. f. g. begebenn, vnd derselbenn den Handell welchen ich meines geringen vorstandes vor gueth achte mith was kon Mtt bey dissem Lande zuthun vnnd zulassen geneigt klerlich entdecken werdenn, vnnd bin des vorhoffens vnnd

15

zweiffels anich das disser handell wie Ich nicht anders vorstandenn, E. f. g. vnd dem Ritt orden zw keinem schadenn odder nhateill Sondern zw allem guten vnd besten disser gemeynen lande gereichen vnnd gelangen wirt, vnnd wan Ich dasselbe anders vorstanden odder wuste, wolte Ich mich kegen e. f. g. vnd dem Ritt: Orden In keinem wege mit dem geringsten anders dan es mir eigen vnd Gebuhren wolt, finden lassen, wirt derwegen Das Haus Reuel Itzunt also e. f. g. dem Ritt Orden vnd denn gemeinen Landen vnd sonst ander keiner meynunge vorwaltet vnd vorsehen gleichsfals e. f. g. Dasselbe In Ihren Henden hetten, vnd will derwegen e. f. g. gantz vnderthenigk vnd dinstlich gebeten habenn e. f. g. wolle mith derhalben nicht anders dan In allen gnaden vnd gunsten bedencken, vnd wen dan gemelte gesanten goth gebe mith liebe ankommen werden vorhoffen Ich mich die sachenn sollen wie obgemelt zw allem guten disser gemeinen lande vnd abbruch des feintz gereichen ɔc Souiel auch Christoff von Monchausen belanget kan auf dismall e. f. g. Ich kein eigenthlich anthwortt zuschreiben, wen ehr aber eigener personn welchs Ich ob gott will In kurtzen tagen will vorhoffen vorhanden zweiffel ich gahr nichts ehr wirt sich der angenommen sachen halben kegen e. f g. dem Ritt Orden auch Menniglichen mit allem besten zuentschuldigen wissen Der hofnunge e f gross. sampt dem Ritt: Orden werden Inen mit nichte zubeschuldigen Sondern vilmehr Ine mit allen gnadenn vnd gunsten zubedencken haben werden e. f. g. vnderthenige vnd wilferige Dinste zuertzeigen erken Ich mich schuldigk vnd will e f g hiemit dem almechtigen In seine schutz lanwirick zuerhalten beuelen Dat. Reuel ahm Sontage des Aduents anno Lviij

     E F Gros:
       vndertheniger
         Dyrick beher.

63. (1558. Dec.) — Des EB. Meinungsäusserung auf die von den Verordneten des OM. vorgebrachten Vorschläge.

Cop.

Den polnischen Schutzhandel betreffend.

Wiewoll mein gnedigster Furst vnnd Herr ɔc der Lande hochst erlittene. vnd Itzt noch vorsteende noth vnd gefhar. sorgfeltiglichen erwogen. Vnd sich derhalben der gethanen vorschlagk. so durch die herrn verordenten Im Namen vnd von wegen M. g. hern Meisters ɔc geschehenn nicht fast zu Kegen sein liesse, Auch dieselben mittel diesen Armen Landen, viel treglicher dan etwa : Das doch Gott gnediglich abwende :' In des feindts macht, vnd gewalt zugerathen erachten thut. So befinden doch I. F. Dt. sich mit deser ewigen Dienstbarkeit oder vorknupffung, vorpflichtet zumachen, nicht allein den Landen vngelegen, Sondern auch allso nachteilig, Das es vor der hohen Ordentlichen Obrigckeit, do die Lande damitt bisshero vorschonet, ohnne derselbenn wissen nicht zuuorantwortten. I. F. Dt. erachten auch, Das derhalben, die Kon. hulffe. so vornemblich vf die hoheit, vnd subiection gerichtet nicht zuerhalten Dieweiln aber diese Arme Lande dem Feinde allein zu widerstehen nicht mechtig genug. vnd obgedachter vorschlag gantz zweiffelhafftig vnd nachteilig. Ist hoch notig vnd gerathen, vf die mittel vnnd wege zugedencken vnd zutrachten. Dardurch aller nachteil bei der Ordentlichen Obrigkeitt vnd dem heilligen Romischen Reich abgeschnittenn, die hulff vnd entsatz daselbst nicht weniger als noch bei kon. Mat. zu Poln ɔc zum furderlichsten vnd schleunigsten, vnderthenigst gesucht angeruffen vnd erhalten werden mochte. Dartzu dan M. gst herr ɔc Kein andere wege vnd vorschlege zuthun wissen. Dan das durch gewise vnd anschenliche Bodtschafften die Rom. Key. Mat. ɔc der lannde eussersten betrugk, noth vnd gefahr. berichtet, vnd wie gantz cleglich vnd erbermblichen diese Arme lande vorgangen wintter von dem Erbfeindt dem Muscowitter, mit mordt. Prandt. vnd rauben, vorwustet, vnd gentzlichen vorheret wordenn. Auch alsso, das nuhmer diese bekriegten vnd betrugckten Lande dem Feinde allein widerstandt zuthun vnmuglich. Da sie der hulffe des heyl: Rom: Reichs vnd der vmbligenden Christlichen Potentaten Inn die lenge wie bisshero gescheen. trost vnd hulffloss sein. Vnd bleiben solten. Mit vnderthenigem suchen vnd anhalten, gnedigster ercierung halben. Was hulff vnd entsatz Man sich zugetrosten, Vnd wie baldt man derselben zugewartten Vnd do vormutlicher vorzugk daselbst vorfallen. vnd die lande wegen vnablessigs bekriegen, dem feinde zuschwach das als dan frembde hulffe bei Kon. Mat. zu Poln als denn negstgesessenen, vnd benachbarten. vff wege vnd mittell. wie die zuerhalten sein mochte. von Rom. Key. Mat. vnd dem heilligen Reich nachgelassen vnnd zugegeben werden mochte. Ohn einicherlei gefahr ⁊c Vnnd so diss nicht zugelassen, Sondern zu hulff vnd entsatz das Reich dencken wolte, Vnd aber dieselb sich zu lang vorweilen. Vnd die lande dem Feinde nicht widerstandt thun konten. Vnd noth halben getrungen wurden, die hulffe bei Kon. Mat. zu Poln ⁊c zusuchen. vnd diss verpflichten. dardurch dem heilligen Reich schmelerung erfolgen mochte, wollen sie sich des vor Gott, Ihrer Ordentlichen Obrigkeit vnd dem heiligen Rom: Reich. vnd Idermennigklich als die trost vnd hulffloss an Irem stande. Ehren vnnd wirden, bei menniglich hiemit offentlich bewahret, vnd beidinget haben, Auf das aber demnach diese Arme lande. wegen des vorzugs. vnd weit abgelegenheit halben. In kein weitter gefahr oder (.welchs Gott gnedigst vorhütten wolle.) In des feindes henden gentzlichen nicht komen mochten. Were M. gst. herrn einfeltiger Rath. das mann zum furderlichsten widerumb durch eilende Post etzliche gesanten an die Kon Mat zu Poln ⁊c abferttigen thette, Mit dem beuelch, das sie vber vorigs statlichs erbietten vnd suchen, Irer Kon. Mat etzliche Heuser Lant vnd Leute anbieten, einreumen, vnd so lang In wehren bleiben lassen wolten, biss diese Lande dieselben Heuser, Lant vnd Leute von I. Kon. Mat. vor sich selbst. oder das heil: Rom: Reich einlossen. vnd widerumb an sich bringen mochten. Dessgleichen das diese Lande. Neben Ihren Mat. Kegen gemeinem Erbfeindt dem Muscowitter zu Jeder Zeit, den friedt vnd Krieg zugleich haben. Vnd halten wollen. vngetzweifelt Ire Mat: werden nach erlangtem besitz der heuser Lant vnd leute, den frieden desto füglicher brechenn. Vnd den krieg wider den gemeinen Erbfeindt, anfahen vnd negst Gottlicher zuthat, glugcklich enden. So wirdt auch diesen Landen. solchs viel treglicher sein. dan einen Ewigen Tribut zubewilligen vnd ein zugehen, Wan nun diese beide wege Ins wergck gerichtet Machet M gst herr sich keinen Zweiffel, das diese betrugkte Lantschafften, desto weniger beschuldigung vnd gefahr. sich von dem heiligen Röm. Reich vnd Menniglich zu befahren Sondern vielmehr eigentlicher hulff. vnd entsatz sich getrosten vnd erwartten mochten,

64. 1558. Dec? — Christoph Münchhausens Supplication an die dänischen Gesandten.

Cop.?

Zur Rechtfertigung seines Verhaltens auf dem Hause Reval.

In dorso: Christoff Munchawssens supplication ahn die konigliche Gesandten. Munchawsen.

Gestrengen Erbarnn Ehrnuestenn Achtbarnn vnndt Hochgelartenn, grossgunstigenn Herrenn, Dieweile Eu: gestr: erba: Erent: vnndt Achtb: gunstenn, mir angezeigt, Das denselbigenn

von dem hochwirdigenn Grosmechtigenn Herrenn Meister
vnndt Ritter: Ordenn zu Lifflandtt vnndt andernn vormeldett,
Als solte ich wider zuuorsichtt diese lande Inn beschwerung,
vnndt Sonderlich des Hauses Reuhell voranderung ein vrsach
sein, welches mir dann (: wie ich vormerckett allbereit geschehn:) nicht zu geringer vorkleinerung vnndt nachteill meiner
ehrenn, gelangenn thuet, die ich sonst lang, wie Sich einem
ehrliebendenn vom Adell getzimet vor alls wem beschutzet,
vnndt Solchs stillschweigenntt vnuoranttwortt hingehenn zulassenn keines weges geburenn will, Demnach hab ich meinen
warhafftigenn bestendigenn vnndt gruntlichenn berichtt, welcher
gestalt vnndt massenn, mir das Haus Reuell vonn Hernn
Frantz vonn Segenheim, annderst genandtt Annstell Cump-
thurnn daselbst vonn wegenn der Kon: Maitt: zu Dennemarken vnndt Norwegenn Presentiertt angebotten vberantwortt
vnndt eingereumett wurden, hiemit auffs aller kurtzs vnndt
glimpfflichste, wie ich Solchs Immer durch die Feder zu
wegenn bringenn, vnndt meiner ehren notturfft nach vormeldenn vnndt anzeigen, konen Inn Schrifftt verfast, Gantz
dienstlichs Freuntlichs vleis bittende E: g: E: E: vnndt Acht:
die wolten nicht allein vor Ihre Personn, denselbenn zu vber-
lesenn, besonderenn auch hochgedachtenn Hernn Meister vnndt
Ordenn, oder wehr auch bey e: g: e: e: vnndt A. g: dermassenn wie gemeltt beschuldigett oder beschuldigenn vnter-
stehen wurde, zum gegen berichtt widerumb anzeigenn vnndt
zuuormeldenn sich nicht beschwerenn, Das binn ich hochstes
meines vormugens, Vnngespartes vleisses vmb e. g. e. e.
vnndt A: g. als meine gunstige hernn vnndt Freunde Jederzeit Freuntlich zuuordienen willig vnndt geneigtt, Nach deme
der Jungst Landthag zu Dorptt durch denn Hernn Meister
zu Lifflandtt anngesetztt, vnndt alle stende dahin zukommenn
vorschriebenn, Alda man der Contributionn halbenn, wie dann
solch ausschreibenn ferner mitbringt vnndt ausweist, zu Rath-
schlagenn vnndt zu schliessenn, vorhabenns gewest, binn ich

Christoffer vonn Munnichausenn Stiffts Vogtt Inn der Wiegk, bey nebenn Claus Adrikass, Weinrich farensbegk, Als des Hochwirdigenn Inn gott Furstenn vndt Hernn zu Osell vnndt Churlandtt gesantenn vnndt vollmechtigenn zu Dorptt den 20 Junii dieses Jars ankommen, Nach deme aber als die gesantenn keiner ander meinung als alleine wie obgemeltt, der Contributionn halbenn, zu handlenn zu Rahttschlagenn vnndt zuschliessenn, wie auch Ihr Vollmachtt nichtt anders Inngehaltenn dohin komen, hatt der Herr Meister etzliche Artickell vberanntwortenn lassenn, vnternn andern des Innhalts Ob der Legatenn Anntwortt, so Inn Reusslanndtt abgefertigtt, abzuwartten Oder ob sie Inn geffarlichkeitt oder die schantz zusetzenn, Item ob diese Lannde dem Feinde auss ein oder zwey Hauffenn zu bejegenn, ob man dem Feinde Inn sein Landt fallenn, oder allein vnnser Landt beschutzenn, oder vorlassen soll, Wie man das so der Reusse eröbertt wider gewinne, Item wie man auff eynen langwirigenn Krieg sich gefasst machen, Desgleichenn wie man das so dem feinde abgewunnenn erhaltenn, vnndt wie man mit Dennemargk, Polenn oder Schwedenn Freuntschafft machenn, vnnd den Schutz anruffen, vnndt entlich wie der Feinde mit fugenn auffzuhaltenn, bis solch Artickell alle noch radenn Ins werck gesatzt.

Was nuhnn auff diese obgeschriebenn Artickell sampt vnndt Sonderlichenn, vonn allen Stendenn der Lande vor Rathsam angesehenn vnndt beschlossenn, ist Schrifftlich dem Herrn Meister vbergebenn, Dorauss I. f. g. genugsam klerlich befunden, eines Idenn Standes rahttgeuung vnndt meinung,

Vnndt wiewoll zwey artickell streittigk, der eine wieuiell Landesknechte Ins landt vorschriebenn vnndt gebrachtt, wie lang vnndt woruonn sie zu vnntherhaltenn, Der annder, wenn man vnter denn dreien Potentatenn Dennemarkenn ɔc Polenn oder Schwedenn, zum schutz annruffen, So ist doch enttlich die anttwortt auff denn erstenn streittigen artickell

gebenn, Das niemandts von denn Stennden vber das alte Sich
einlassenn oder bewilligenn wollen, Auff denn andernn habenn
die meiste Stende zu Lifflanndt, alls nemlich Osell, die wieck
Dorpt, Reuell, Harigenn vnndt Wirlandtt, Desgleichenn die
Statt Riga, Wiewoll I gst: Herr der Herr Ertzb: vnnther
denn Schutz der Polenn Jedoch Dennemarkenn auch nicht
ausgeschlagenn, alle auff Dennemarkenn Ihr gemutt erklerett,
des sich Christoff vonn Munichausen auff die Acta vnndt
Handlungenn auch eines Jedenn Stanndes Rahttschlag denn
Hernn Meister Inn Schrifftenn vbergebenn, thutt referirenn,
Vnndt nach deme der feindt das Neuehaus erobertt vnndt
auff Dorptt seinenn anzug genommen, hab ich Christoff vonn
Munichausenn aus der Wiecke mich nach Reuell begebenn
wollen, Es ist mir aber auff halbenn wege durch Reinoltt
goskull Tumbherrenn zu Dorptt der mir bejegnett, die zeittung
brachtt vnndt angezeigtt wie der Reuss die Statt Dorpt eröbertt, Demnach Ist mir Ott Vxkull vonn Meintz bey Reinolt
vonn Rosenn auff seinem Hause bejegentt, der mir der Statt
Dorptt eröberung mit mheren Vmbstenden, vnnd das der
Feindt auff Reuell zuuerruckenn Im antzug willens wehre vormeldett, ɔc Da bin ich nach Reuhell vorttgetzogenn, ann-
kommen, Vnndt der Harigen vnndt wierischenn ettliche, sampt
dem Cumptthurnn zu Reuhell, vor mir geffundenn, welche
vonn Wesennbergk aus dem Lager, alda ich sie dann am
letztenn gelassenn, nach Reuell vor dem feinde gewichenn,
welche auch alle gleichfalls, die eröberung, der Statt Dorpt,
Item wie der Herrmeister, nicht mitt geringem schaden, vonn
dem Kirempe dem Feinde aus dem felde vorruckt, Auch
welcher gestaltt, der Vogtt vonn Jeruen, das Haus Wittenstein
vorlassenn, Vnnd der Vogtt vonn Wesenberck, der die gelegennheit vnndt vnterscheidt der Heuser erwogenn, Vnndt dieweile
Wittenstein viel faster als Wesennbergk, ehr sich des Feindes
viell weniger erwehrenn, Vnndt des halbenn auf des Feindes
annkunfft, die Flucht auch gebenn muste, vormeldet vnndt

angezeigt, wie mit Ihrenn eigenn brieff vnndt Siegelnn vonn
sich geschriebenn, zuerweisenn, Desgleichen ist volgendes des
anndern tags der entsag oder aufforderung brieffe vonn dem
Feinde, dem Bischoff Commenthur vnndt der Statt zugeschickt,
welchs aller erst noch viellmher allenn den Jenigenn zu Reuell
auff die zeit gewest, ein schrecken vnndt vorzagenn brachtt,
wie das der augenscheinn vmb Reuell mit abbrennung vnndt
vorwustung Irer eigenn Heuser, scheunen, vnndt gartten ausweist, Als nun kein ander tröst als allein des Feindes annkunfftt vorhandenn gewest, hatt der Herr Cumpthur mir
Christoffer vonn Munichausenn anngezeigtt, wiewoll ehr zu
mhermallenn dem Hernn Meister, als seinenn Obristenn geschriebenn, sein vnuormuegenn vormeldett, vnndt vnderthenig
gebettenn Ine zuentsetzenn, so hatt ehr aber Idoch keine
antwortt, viellweniger einigenn trost oder hilff erlangenn, oder
bekommen können, Vnndt dieweile Ime dann dem Feinde
widderstandtt zuthuen vnmuglichenn, vnndt aber vngernn
woltt das der Feindt seines gepiets vnnd des Hauses Reuels
mechtig wurde, Dardurch Ime die Schultt Als obb er mutt-
willig oder durch versaumnus wie Narue oder anndere beschuldigett, des Haus vnndt gepiette vorstreichenn, gebenn
vnndt beigemessenn mocht werdenn, So woltt ehr mir Christoffer
vonn Munichausenn, berurtt Haus vnndt gepiette vonn wegen
der Kon: Maitt: zu Dennemargk vnndt Norwegenn ɔc damit
dasselbe bey der Christenheitt so viell Immer muglich erhaltenn,
Presentiertt, angebotten, vnndt zugestellt habenn, Inn be-
denckunck das dennoch solch haus vnndt gebietth vonn der
Kronen zu Dennemargkenn erstlich fundiertt vnndt herkommen,
Derwegenn do es Je zuuerlassenn billicher dem Rechtenn
Patronn vnndt erbenn, als einem Frembdenn zuubergebenn,
wiewoll ich nun allerley bedencken gehabtt, ob Solch Haus
wie obgemellt anntzunemen odder nichtt, vnndt aber gleichwoll nichtt gerne gesehenn, Das dasselbig der Christenn
heit abhenndig, vnnd dem Reussen vnnterthenig wurde, aus

vrsachenn ich vielleber mit Christlichenn Herrenn, als mit vnchristlichenn Tyrannenn vnndt blutthundenn benachbertt, Also hab ich mich dem Herrenn Cumpturnn zweytausentt marck, da Ime damit beholffenn, das Haus vor dem Feinde zuerrettenn zu leihenn vnndt vorzustreckenn erbotten Solchs aber hatt der Herr Cumptur anntzunehmen geweigertt, mit anzeigung das der sachenn, domit gar nicht oder Je wenig beholffenn, Dann ehr noch vber etzliche tausentt margk denn knechtenn, welche Ime, vonn dem Herrn Meister, Als einem vbristenn Feltthernn zu Wesenbergk zugeschicktt schuldig, vnndt wuste aber nichtt das er die Helffte zugeschweigenn die gantze Summa zuentrichtenn noch dieselbigenn zuunterhalten lenger vermocht,

Als aber, die gefahr schrecktt vnndt noch Je lenger vnndt grosser werdenn, hab ich das Haus, samptt allem So darinne befundenn beweglich vnndt vnbeweglich welchs mir lettzlich Inn gegenwertigkeitt etzlicher der Harienn vnndt wierischenn, nemlich Brun Wettberch Otto Tuue von Vin, Hermann Andres, Voborch vonn Gilsenn Jung Fabiann vonn Tisennhaussen, Jost Clott, Her Johann Schmedemann, Her Jasper Cappenberck Sindicus, Stats Vogtt vnndt Rahttmann der Stat Reuell, Montags nach Mariae Magdalenae, den 25ten des Monats Julii dieses lauffendes Jars auff denn Gilstouen bey der thumbkirchenn zu Reuell gelegenn zwischen Acht vnndt neun schlegen vnngeferlich, von wegen der Kon: Maitt: zu Dennemargk vnndt Norwegenn ɔc vor dem Erbfeinde der Christenheit zu beschutzenn auffgetragenn vnndt vbergebenn ɔc anngenommen, Es ist auch vonn denn Hernn Cumpturn, vnndt etzlichenn obgemelten Edlenn vnndt Vnedlenn Personen vor Rahtsam angesehen, Das ich als der, so itzo vonn wegenn der Kon: Maitt: hochstgemeltt Die vorwaltung des Haus vnndt gebiets hett, dem Reussischenn vbristenn Felthaubtmann, auff sein entsagbrieff die beantworttung thun solte, ob ehr vielleichtt die sachenn seines vornhemens bedenckenn

Oder solch Anttwortt zu ruck ann denn Gross Furstenn schickenn, Damit mann mittler weill des vortzugs sich desto besser zu stercken zu besetzenn vnndt zuersehenn hette.

Des gleichenn ist auch vor Rahtsam angesehenn, dieweill die glaubwirdige Zeittung kommen, das der Herr Meister mit aller seiner machtt, nicht mit der Dorptischenn geringenn, sondernn auch seinem selbst eigen zubefugten mergklichen schaden, mit abbrennung vnndt verwustung Kirempe zersprengung etzliches geschuts daselbst onhe vorwissenn oder bewilligung gemeiner stennde, Des Stiffts Dorpth, desgleichenn seines eignen Hauses vnndt Hoffs Oberpall, dem Feinde aus dem Felde entzogenn,

Item das ettzliche Vogte teutzsches Ordens, Als Wittenstein Wesenberg, Desgleichen beinhae aller Burgerschafftt, aus der vornembste Commenthorei zu Vellin, wie das etzlicher massen, mit Ordens Personenn, eigenn brieff vnndt siegelnn wie obgemelt Auch glaubwirdigenn ehrlichenn Zeugen zubeweisen, vnndt die so entflohenn selbst gestendig sein mussen. Das ich eine Christliche vormanung ann die andernn Hernn, so noch Inn Ihrer Hewser besitzung werenn, schriffttlich ergehenn lassen solt, Das sie nicht also gar vorschrocken, Die Heuser gleichfhals vorlassenn, sonndernn als die Christlichenn Herrenn zu errettung des vbrigenn Armen elenden betrubten volcks Inn Lifflandt, Auff Ihre Heuser vndt gebiethe (: bis so lange ich bey der Kon: Maitt: zu Dennemarken vnndt Norwegen ɔc Dorauff fast alle stende denn schutz annzuruffen oder sich derselbenn als einen Christlichenn Konnig zuergeben beschlossenn, meines verhoffens hilff vndt trost erlangenn mocht :) gutt auffsehen vnnd acht gebenn vnndt habenn wolthen

Damit diese lande nicht gantz vnnd gar vonn dem Feindt vorderbtt, vnndt dem Christlichenn Namen vnndt Stanndt beyde leib vnndt der Sehlenn zu ewigenn vorderb, vnndt nachteill mocht abhendig gemachtt werdenn, Wie dann solchs mein schreiben Des ich vor gott vnndt Jedermann gestendig vnndt nichtt Inn abrede sein will, Ferner ausweisett, Vnndt hett mich versehenn, wie ich mich noch zu Gott vnndt allen vnndt Jedenn Christlichen ehrliebenden Hertzenn, vnndt gemueternn, gentzlichen vnndt vnngetzweiffeltt vorhoff, es soltt zu diesenn meinen Christlichenn vorhabenn, damit ich souiell mir Immer menschlich vnndt muglich gewesenn, Denn Christlichen nhamen vnndt Standt, wie noch gerne errettet, erhaltenn, vnndt geschutzt, gesehen pilliche Danckbarheitt beJegent vnndt widderfahrenn sein, Acht vnndt haltt es auch dafur, da mein furhabenn gemutt vnndt meinung Anderer gestaltt, Dann wie obgemeltt gespurett vormercktt oder befundenn wordenn, Es werdenn die Christlichenn Seelsorger vnndt Predicanten auff denn Cantzlenn zu Reuell, das gemeine Volck, zum Christlichenn gebett, Das der allmechtige zu berurtenn Furhabenn, eine gluckselige Reise widerkunfftt, vnndt seinen segenn vorleihen woltt, ernstlich vndt trewlich nicht vormanett vnndt erinnertt.

Dieweill nun aus diesenn warhafftigenn vnndt bestendigen berichtt euer gt: Erb: Eren: vnndt Achtb: gunstenn, auch Idermenniglich klarlich zu vornhemen wie vnndt welcher gestaltt, die Sachenn mit der voranderung, der Lannde vndt des Hauses Reuell bewant, sich vorlauffen vnndt zugetragenn, vnndt wie gemeltt mich der billichenn Danckbarkeitenn vndt nicht als ob ich diese Lannde mit vntrwenn gemeint, viell weniger vorletzung meiner ehrenn vnndt guttenn nahmens, vorhofftt vnndt vorsehen,

So will ich E gt E: vnndt Ehrnnt: vnndt Achtb: gunsten hiermit gantz Dienstlichs Freuntlichsts vleis anngelangtt vnndt gebettenn haben Eu: g: E: E: vnndt Achtb: gunsten, die wollenn mich aller vnndt Ider hanndlungenn, wo mir die anderer gestalt, Dann hier Inne begriffenn, mag zugemessen werdenn, bey Idermenniglichenn entschuldigenn, vnndt vor Ire Personn gunstig entschuldigt haltenn, Im fhall aber ich hiruber vonn Jemanndts hohes oder nidrieges stanndes, dieser hinberurter sachen halbenn ferr zu rede gesatzt, oder ann meinen ehrenn, oder gutten namen, widder die warheitt sollt beschuldigtt vnndt anngetast werdenn, wie ich mich doch gegen alle die Jenigen So mich zu spruch oder Furderung nichtt zuerlassen vormeinen vor die Kon: Maitt: zu Dennemarkenn vnndt Norwegenn ɔc meinen gnedigstenn Hernn, der meines zu gleich Rechtt, vnndt aller pilligkeitt mechtig, hiemit zu Rechtenn zu gebenn vnndt zu nehemen, was mir vonn Irer Maitt: als einen loblichenn Christlichenn Konnig zu erkantt erbotten haben will So kann ich zubeschutzung meiner ehrenn, vndt gutten namens nicht vmbgehenn, meine vorantworttung mit mherenn warhafftigen vnndt bestendigerem berichtt, Denn ich itzt auffs aller glimpfflichst alls Solchs, mein gemutt Inn die Feder zu bringenn ertragenn mussenn gethann, Dermassen ann tagk zubringenn, Das ich lieber vmb allerley weitterung willen, erkenne es Gott, vmbgehen woltt.

Welchs alles ich E: g: E: E: vnndt Achtb: gunsten auff Ihre antzeigung mir gethan, dienstlich zum gegennberichtt, vnndt warhafftiger anntwort, nicht sollenn vorhalten. Nochmals wie ob, hiemit gantz dienstlichs vleis bittende,

    E g: E E vnndt
    A gunsten williger
               Christoffer vonn
               Munichausenn,

65. 1558. Dec.? — Des OM. Bericht an die dänischen Gesandten, zur Erwiederung auf Christoph Münchhausens Supplication.

Cop.?

Dessen Verhalten, namentlich auf dem Hause Reval, betreffend.

In dorso: Des Herrn Meister bericht auff Munchawsens Supplication ɔc.

Es hatt mein gnediger Herr Meister, auss dem Vbergebenen berichtt Christoff Munchausenns ersehenn, welcher gestaltt ehr seine Hendell, die ferner zuerwiedernn vnnotigk mit vnngrunde geziereth, Dieweiln ehr dan Im selben seine f. g. vnndt Ihre Ordens Stende angibtt vnndt ausruffet Als soltenn Sie schimpflich auss dem Felde gewichenn, das Stifft vnndt die Stadt Dorptt vorlassenn, denn Kirrenpeh angesteckett, das geSchutze so darauff gewesenn zursprengett, Vnndt zu diesenn Inngerissenen Dingenn selbst vhrsach gegebenn habenn,

Als konnen I f g nicht vorbey, solch vnuorschambtes vorgebenn, dadurch ehr s f g vnndt Ihrenn loblichenn Ordenn Inn Frembdenn Kunigreichenn vndt sonstenn Inn vorkleinerung vnndt nochrede, zur vnnschultt vnndt vnuordientt, gesetzt, ettlicher massen zuuerantwurtten, Vnndt die Hernn Kuniglichenn Gesantenn, wie vnuormeidentlich vnndt auss was stadlichenn wichtigen vhrsachenn I. f. g. darmhals Ihre leger vorendernn mussen, vnndt sich aus dem Stifft Dorptt folgig begehenn mussenn, Weilln es s f g. sich Jegenn Munichausen dergestaltt zu entschuldigenn gantz vnnöttig achten, zuberichtenn

Damit aber menniglichem zu befindenn, Das Munichausenn, s F g. vber die billigkeitt Inn dem zugesetzt, werdenn I f g hochdrengklichen vorvhrsachett, zuuortrettung Ihres furstlichenn eherenn standtt, Inn dem vnndt allenn andernn, zukunfftiger gelegennheit, mit allenn vmbstendenn diese ding

menniglichenn kunt zuthuen, Vnndt ist nicht ohnn das I. f. g.
vff vnablesslichs anruffen des verfurten Bischoffs vnndt beuorab
weiln es vff gemeinenn Lantstagk zu Wolmar vonn allenn
Stendenn dermassenn verordent, Sich mit etzlichenn kriegsvolck Inn bemeltes Stifftt dasselbe mit der Hulff Gottes for
dem Feinde vorthedingenn zu helffen auss nachbarlicher vnndt
getrewer sorg begebenn habenn, Vnndt mussenn auch Rethe
vnndt Ritterschafftt desselbigen Stiffts s f. g. zeugen, Das
s f g darmhals vorm Kirrennpeh das belagertte Neuehaus
zuentsetzenn, allwegenn erbottig gewesenn, mit vnnauffhor-
lichen ansinnen, die strassen nach bemeltem Hause, Domit
mann mit dem Kriegsvolck Durchkommen mochte, Reumen,
vnndt I f g dahin leittsagen zulassen, Es ist aber I f. g. allwegen wiederrhatenn vnndt angezeigt wordenn, Als konne
man enge der wege halbenn dahin nicht kommen, Vnndt als
I f g sich der strassen selbs erkundigenn vnndt Reumenn
lassen, Ist ebenn dennselbigen tagk wie sich s f g Inn denn
antzugk begebenn wollenn, das Haus dem Veinde vffgegebenn
wordenn Auch meines g h erbiettenn, etzlich folck Inn die
Stadtt Dorptt, : Damit die Burgerschafftt getröstett, vnndt
sich desto Stadtlicher vor dem Feinde vffzuhaltenn : zulegenn,
aussgeschlagenn wordenn, So habenn auch I f g Christlicher
wollmeinung, dauonn Munichausen Inn seiner Schrifftt meldett,
eine zusammenkunfft gemeiner Stennde, Inn Dorptt vor Rathsam angesehenn, vnndt aussgeschriebenn nicht allein der
Contributionn halbenn, Dann auch vff etzliche andere dahin
vberschickte Artickell, handlung zupflegenn Dabey Sich auch
s f g Jegenn gemeine Stennde erbötten, vff Ihrenn eigenn
Vnnkostenn etzliche tausent mann, vnndt souiel mann vor
nöttig achtett, beide zu Ross vnnd fues, Inn die Lande zuuor-
schreibenn vnndt brengen zu lassen Vnndt alss dann Ihres
ahnntheils die Helffte des Kriegsuolcks zuunderhalten, Es
wolten Sich auch aber I f g zun andernn Stenndenn verhoffen, das sie die anndere Helffte auff sich vnnbeschwertt

nhemen wurden, Wie sich aber Munchausenn, der bereits domhals mit vielenn vnnartigen Dingenn schwanger gangenn, aldar erzeigt, dar vber die Stennde getrennett, vnndt enntlich die Handlung Inn die viertzehenn tage, denn Feinde nicht zu geringenn vortheill auffgehalten, Das wollen s f g vnnpartheische leutte, die daselbst Seine annschlege Jegenn vnndt wieder denn loblichenn Ordenn angehörtt vnndt vernhomen, von Ihm sagen lassenn, So weisett es auch Seine folgende Handlung genugsam auss. Dieweilnn Dann diss erzelete erbietten also Inn wind geschlagenn, Munichausenn aber ettwas Sonderlich Inn sin gefast, darob der tagk ohne Fruchtt zurgangen, Als brach der Feindtt nach eröberung des Neuennhauses Inn grossem Vortheill Inn diese Lannde, vnndt wurdtt also Seine f g, vom Kirrempech nach Vlsenn Inn ein vortheill gebrachtt vorhabens, vonn darab Sich der Stadtt zunhahenn vnndt folgick zuentsetzenn, woruff sich auch der Dorptischenn Adell auss dem velttlager nach Dorptt begeben, vnndt Sich dieselbe stadtt bis s f g Sie mit vortheill Rettenn vnndt entsetzenn mochten zuhaltenn erbottenn, vorheischenn vndt zugesagtt, Das aber I f g denn kirrempeh aussgebranndtt, verwustet vnndt das geschutz darauff zersprenget haben Solte, solchs vnngrundes solte Sich Munnichausen, Sintemahls es manchem ehrlichenn bidermann, anders wissendt, billich schemenn,

Alss aber der Feindt vff das lager vor Vlsenn gedrungenn, Darob I f g Ihrenn zuck vff denn walck genhommenn, vnndt aldar zu schantzenn bewogenn, Inn meinung, aus Dorptt mit was vortheill Ihnenn zuhelffenn, alles bescheits zuerwarttenn, wie dan vonn darab I f g Ihrenn Felttmarschalck, Diederich vonn Galenn, nach Dorptt abgefertigett, zu bestendigkeitt zuermanen, Vnndt Ihnen nochmals zum vberflus das sie zum furderlichstenn mit Hulff vnndt zuthuen des Hochwirdigsten ɔc Hernn Ertzbischoffen, der die seinen zu mherer frucht schaffung, zu diesem werck abzufertigenn, erböttig gewesenn, rettung vnndt entsatzes Sich eigentlich vnndt gewislich getrösten

vnndt versehenn soltenn, anzukundigenn, So gelangtt aber
alsbaldt hernacher meinen g h Meister hochbetrublichen an,
was massenn die Statt Dorptt, vber genhomenenn Vlsischenn
abschiedth, vnndt vorbleib Inn des Veindts Handt ergeben,
wie auch zuuor durch denn verfurtenn Bischoff, diese Sachenn
diesenn Landenn vnndt gantzer Christennheitt, zu hochvor‑
derblichenn nachteill gespunnen, Das s f g Durch sondere
Schickung Gottes, aber leider mit grossenn Ihren schadenn
vnnd nachteill Innenn wordenn.

Vnndt hatt sich I f g nicht ohne vorwissenn Der Stennde
des Stiffts Dorptt, wie Munnichausenn vngegrundt vorgibtt,
sonder erzelter vrsachen wegen, nach schenttlicher vffgebung
der Stadtt aus dem Stifft vnuormeidenlich der gelegennheitt
nach begebenn, vnndt anndere mittel suchenn vndt gebrauchen
mussenn, Vber das alles Munnichausenn auch nicht gefeyrett
wie obengedacht, sondernn zu diesem vnnfall Innhalts vorigenn
vbergebenen Berichts, sich s f g hauses Reuhell angemassett
auch etzliche anndere vornheme Gebietiger, Alss Vellinn Jaruen
Sonneburgk Pernow Wesenbergk ɔc sich der Kon: Maitt: zu
Dennemargken erblichen zuergeben durch seine Schriefftenn,
Inn welchenn ehr Sich Ihrer Kon: Maitt: Stadthalter vber
das Hertzogthumb Esthlanndt, ohne vorwissen Ihrer Maitt:
vnuorschambt geschriebenn, ermhanett, Vnndt ob er woll
ferner Inn seiner Schrifftt meldett, als hette ehr, Innhalts des
Dorptischenn vorbleibs, weilnn die meisten Stende Kon: Maitt:
zu Dennemargken desfhals zubeschicken, vor gutt angesehen,
ann denselbigenn Ortt errettung gesucht, hat, doch Ime alss
einer Priuatt personenn, solchs Inn keinen wege gezimen
konnenn oder mugenn, Dann wess des Vhals vorabschiedett,
hatt mein g h Meister, wie auch folgick geschehn, vnndt
nichtt Munnichausenn zu suchenn geburenn wollenn, Vnndt
es mag Munnichausenn freilich darfur achten, Das Inn diesenn
vnndt anndernn fellenn I f g lobliche vorfarnn vnnd gantzer
Ordenn diese Lannde ehe man vonn Munnichausenn hörenn

16

sagenn, zun ehrenn verfochtenn vnndt vortretten habenn, wie dann Sonnder zweiffell Gott der allmechtige I f g vnndt denn Ihrenn aus vetterlicher gutte vnndt barmhertzigkeitt ferner aus gnaden vorleihenn vnndt gonnenn, aber die vnnrhuigenn vnndt zurutters trewer zusammensetzung, welchs Inn diesem handell zum hochstenn zubeclagenn, zu seiner Zeit findenn vnndt belohnenn wirtt, Was auch ferner mein g h Meister vnndt Ihre Ordens stende bey diesenn Lanndenn vorwenndenn vnndt vffsetzenn Sollenn, das wissen Sich I f g ohne Munnichhausenn zuerInnernn, Vnndt hoffen nicht, das I f g vnndt Ihre lobliche Ordens Stennde, Ihre Lande vnndt leutte, seinenn anzeigen nach, wie ehr vielleicht gerne sehe, vorlauffen, oder Jhomahles Inn sin genhomen habenn, Darumb were woll meines g h Meisters guttlichs ermhanen, Das Sich Munnichausenn In deme messigtte M g Hernn Meisters, Ihres Ordes Landen desfhals entschluge, vnndt des Jenigenn gebrauchte, befliesse vnndt vbte so Im vnuorweisslich mochte sein, Sonst hette ehr zuerachtenn, wess dem Rechtenn vndt billigkeitt nach, s f g hier Jegenn gebuerenn könne ɔc.

66. 1558. Dec. 3. Reval. — Memorial Dietrich Behrs und Heinrich Uexkülls, durch Wigand von Ungern den dänischen Gesandten überbracht.

Orig. u. Cop. (2 Exx.)

Christoph Münchhausen und das Haus Reval betreffend.

In dorso: Didrich Beer vnnd Heinrich Vxkuls Memorial ahn k° Matt gesandten. Entfangen Riga den 11 Decembris, 58.

Memoriall vnndt Dencktzeddel, was die abegefertietenn gesantenn der krigsleuthe welche ko: Magestat, zw Dennemarckenn mit eidenn vorwanth, vnnd auf dem Hause vnnd Thumb zw Reuell liegenn In den sachenn werben, vnd kon: Mait. gesantenn anbringenn sollenn

Erstlich kon: Matt: gesantenn vnser aller guthwillige freunthliche Dienste anzutzeigenn, mit ferner Ermeldunge, Nach dem Christoff von Monchausenn die gemeine kriegsleute In kon: Mtt: zw Dennemarck Dienst vnnd eidt genahmmen, auch Inen Inn seinem vonn Reuel gethanen afschede denn bericht gegebenn, Ehr kurtzlich mit allem guten bescheide widderumb bey Inen erscheinenn, worauf die kriegsleute fast eine lange Zeit vorharrett, vnnd weintzich adder gahr kein bescheidt bekommenn, Sunder wes Neulich sein erste schreibenn mit dem Schiff darauf die gesantenn, So mit Christoffer Monchausenn ahn kon. Mtt: gereiset gewesen gekhommen, welche gesantenn beide der hargischenn vnnd Wierischenn die noch Im lebenn gewesenn In Ihrer ankunft den bericht |: welcher beuor durch die Reuelischen gesanten an die stadt geschriebenn vnd von denn Burgenn vnter die knechte gebracht :| gethan als solte kon: Mtt: den handell abgeschlagen vnnd widderumb ahn den Ritt: Ordenn geweiset, Aus welchem sowohl der Reuelischen gesanten schreibenn als der andern vormeldunge, gantz grosser vnd vngestumiger vnwille vnd Meuterei vnder die krigsleute geratenn, ɔc Vnnd kortz nha ankunfft gemelter gesantenn, Ist der her Doctor Rempertus gilsheim zw Reuel ankommen vnnd von heinrich Vxkulnn vnnd Dyrick behren wegenn des Ritt: Ordens begerett, Ime das haus Reuel widderumb abzutretten vnd zutzustellenn, Das sie Ime mit dem bescheide begegent, Das der abscheidt von wegen kon: Mtt: noch nicht so stunde, Sonndern habenn auffs hogste vnnd fleissichste gebetenn Vnd Inen allen vmbstandt vormhanett, ehr wolte die sachenn helfen dahin richten, Domit der handell muchte stille gehalten werdenn bis auf kon: Mtt: gesanten, ankunft, Das aber bey gemeltem doctor kein stadt hatt haben mugen, sondern ahn der selbenn vorwissenn adder willen, aus eigenem vornehmen mit den krigsleuten gemein geholtenn vnd vnter andern Inen Im Ringe angezeiget, Das kon. Mtt: zw Dennemarcken Sowoll ssich der krigsleut als der vestunge In keinem wege annehmen vilweniger In Ihre bestellunge zunehmen willens, dan kon: Matt: hat den handell abgeschlagen vnd die sach ahn den Ritt. Ordenn geweiset ɔc

Folgents tages hatt Dyrick beher vnd Heinrich vxkull ein gemein wegen kon: Mtt: vmbschlagen lassenn darzw die krigsleute kommen, welchen domals Christoff vonn Monchausen brieff vnd schreiben vorgelesenn, vnnd vormeldett, doraus ssich der Handell mit den knechten gestillett, wiewoll der Doctor sampt andern Rehten vnd Ratherren, In den Rinck getrettenn vnd vormeinet ehr ssie dahin beredenn ssie seins gefallens gefolgett habenn ssoltenn ɔc Domals aber Dyrick beher vnnd Heinrich Vxkull gemeltenn krigsleuten ein Monath ssalt zugebenn wie geschenn zugesagt, Darauf haben die krigsleute einhellich gemehrett, das ssie der gesantenn Sampt Christoffer Monchausenn ankunff erwartenn wollenn

Darnha ist der Coadiutor hier zw Reuell ankommenn vnd mit denn beuelhabern auch der Edlen Bursche den handell allenthalbenn vnderredett welchs die gesantenn, In Ihrer

Gott gebe mit Liebe ankunft, van Dyrick Behren Heinrich Vxkuln auch den Beuelhabern woll bericht werden ssollenn.

Vnnd In summa seint dissen tagk die meisten Krigsleute, welche Ires getanen Eides vorgessen, Dem hause abgefallen, vnnd mit dem Doctor, wegen des Coadiutorn gemehrett Es ist auch eigentliche kundschaft vorhanden, das der Coadiutor nha vier Fenlein Knechten, nha Vellien vnnd zwei fenlein Reutern nha Wittenstein gesanth vnd gedencket Das haus mit gewalt antzufallenn vnd einzunemenn.

Was nuhn hieraus entstehenn vnd erwachsenn, haben die hern gesantenn leichtlich vnd wall zuermessenn, Ist derwegenn geratenn ssie dem handel mit fleis vnd auf die wege gedencken, domit kunfftig vngluck vorhutet, auch vngeseumet durch tagk vnnd nacht ssich anhero vorfuegenn, Domit die wenigen knechte sso noch bey dem hause bliebenn vnd Sehre gross vorlangenn nha gelde, bestellunge vnd gutem bescheide habenn, mugenn vortrostett vnnd entsetzett werdenn.

Mit dissen abgeschriebennen nothwendigen artickeln, hatt Dyrick behr vnd Heinrich vxkull kegenwertigen den Erentuesten Wigant von Vngern ahnn kon: Mtt: gesanten, wa ssie vnderwegen antzutreffen, abgefertigt, der Zuuorsicht vnd hofnunge, Disse ssache vnd beschwerunge bedencken vnd ssie durch tagk vnd nacht sich anhero vorfuegenn, Dan Inen nicht allein leib ehr vnd guth, sondern dem gantzem Lande Dorahn gelegenn, Zw vrkunt der warheit ist disses Memorall von Dyrick behren vnd Heinrich vxkeln mit Ihren gewanthlichenn pitschafften vorsieget, gegeben auf dem Hause Reul sonnabents nha Andreae Anno ɔc lviij.

     yck Dirick berhe myn
      eygen hanth
   Hinrich vxkul zu Hockentach.

67. 1558. Dec. 4. Reval. — Die Befehlshaber und Kriegsleute auf dem Hause Reval an die Räthe der Ritterschaft, den Rath der Stadt Reval und die Hauptleute des Kriegsvolks mit Bitte, ihnen zu rathen und sie gegen Beeinträchtigung durch die abgewichenen Knechte zu schützen.

A. B. C. *Cop.*

Beilage zu No. 58.

Achtbare vndt Ernuheste Hern Rethe, Erbare Ersame Wolweise Hern Burgemeister Radtmanne vndt Alterleuthe, Auch Erbare, Manhafte Hauptleuth vndt Beuelchaber der Stadt Reual, Eur A. E: Er: weiss. vndt Manhaften gunsten seindt vnser gantz willige vndt freunthliche dienst mith hochstem fleis beuhor, Grossgunstige Hern, kriegsleuth, vndt gute freundt, Wir mugen vndt konnen euch semptlich vnuerborgenn nicht lassen, Nach dem wir : die wir mith ko: Mat: zu Dennemarcken Dienst vndt eiden verwanth :' von seiner ko: Mat ein beuelich auf diess Haus, vndt allem dem, so ko: Mat, mith Ihrem schieff, ahn gschutz, kraudt, Lodt, prouiandt, vndt andere notturftige Dinge guth aufschendt vndt achtung, Dass dasselbige von vns, wie es vns vertrawett also vndt nicht anders versehen vndt verwaltett das wir dasselbe fur Ihrer ko: Mat: vndt menniglichen zuueranthworten wissen mugen, bekommen, Mith weiterm anhang, Das wir auch dem Ritter: orden vndt den gantzen Landen zum besten In allen guten helffenn mith rath, vndt that dem Erbfeinde dieser Lande wieder zusthehn, vndt abbruch thun sollen, so fern vnser vermugen, Auch leib, vndt leben wendett, Welchs wir dan vns, vnserm geringen einfalth nah Je vnd alwege zu vieln maln kegen euch Hern Rethe, Auch Burgermeister Radtmann vndt Alderleuthen, auch menniglichem erbetten, Das man sich zu vns nicht anders dan alle freunthschaft vnd bestes versehen, vndt wolten neben euch nach vnserm geringen vndt einfeltigen vermuegen vndt verstandt nicht anders mith rath vndt that helffen furdrn, Dan was gemeinen Landen zu allem guthen vndt besten, auch dem feinde zu abbruch, schaden vndt nachteil gereichen solt, Bissolange ko: Mat gsandten, welche auf dem wege sein, vndt vnsers erachtens fast Im lande ankommen, welchen der beuhelich wegen Ihr ko: Mat mith dem Ritter: Orden zuhandln haben muchtenn, Das dem Ritter: Orden dem gemeinen Lande mith diesem Hause vndt der Stadt nicht anders dan zu gedeye alles guten vndt zuuorterbe, vndt abbruch des Erbfeindts gerathen mucht, Wie wir dan auch solchs nicht anders vernhommen vndt verstanden, wen wir auch wusten das vnter demselben Handel einiger betrugk oder hinderlist so dem Ritter: Orden vndt den gemeinen Landen zu schaden vndt nachteil gelangen solt, verhanden, Es were von whem es wolle, So seindt wir des erbotigk gewesenn, Vndt noch, Das wir solch boss furnhemendt, wolten helffen hindrn, wheren, vndt abschaffen, so fern vnser vermuegenn Ja leib vndt leben wendet, vndt reichtt, Wissen derwegen, auch konnen wir vns nicht mher noch hoher ahn verletzung vnser Eern, vndt redtlicheit, Vber welches man den kein ehrliebende bewilligen vndt zu tringen pflegt noch erbieten, Wie wir dasselbe menniglich, Vndt allen ehrliebenden, sie sein hohes oder niedrigs Standts zubehertzigen vndt zubedencken geben wollen. Vndt wie dem allem, werden wir von dem Hochwirdigen Fursten vndt Hern Coadiutore aufs Hochst, vndt hartest angelangt vndt getrengt, wir das Hauss sampt allem dem was darauff befunden, abtretten, vndt s. f. g. behendigen sollen, Doch nicht mith einigem oder gar keinem bescheide, wie vndt wasserley gestalt solchs geschehn solle, konne oder muge, Domith wir dasselbe ahn verletzunge vndt abbruch vnser eerenn, vndt redlicheit thun konnen, welchs vns dan ahm hochsten beschwerlich, Haben aber I. f. g. durch

Ihre gsandten allen vmbstandt vnser sachen neben der hohen
erbietung, wie obengemelt, vnterthenigk antzeigen, Auch
bitten lassen I. f. g. wolle vns doch vber vnser eidt vndt
pflicht, domith wir ko: Mat: verwandt, nicht trengen, vndt
die kleine geringe Zeit, das die gsandten ankommen mugen,
verharren, wir sein der trostlichen hofnung, vndt frolichen
zuuersicht, Das durch Ihre ankunft die mittell, vndt wege
: von gott dem Almechtigen ausuersehen : gefunden muchten
werden, Das dem Ritter: Orden vndt dem gantzen Lande zu
stiftung eines gemeinen friedes, vndt gedey alles gutten, vndt
besten dem feinde aber zu schrecken, schaden, vndt allem
nachteil gelangen solte Wollen derhalben auch semptlichen
diese vnser sache, also den hoch vnd woluerstendigen, Auch
weisen hern vndt berumpten kriegsleuthen zuerkennen, heim-
stellen, mith gantz freunthlichen vndt vmb Gotswillen bittend,
Ihr semptlich die sachen der gestalt bewegen vndt behertzigen,
Auch mith Hochgedachtem Hern Coadiutori auf fleissigst
vndt vnterthenigst bereden Domith zukunftig vnheill vndt
verterb, auch kunftig heil vndt gedeien : welchs beides darauss
entspriessen kan : dieser gemeinen Lande, Eur, vndt Eur
kinder vndt armer leuthe muge vorhutet, vndt das gute vndt
beste muge dar In bedacht, vndt gestiftet werden, vndt vnser
geringen ein falth, euren hochuerstendigen, vndt weisen radt
mittheilen, Daraus wir vnserm einfaltigen verstandt nach vns
zuberichten, wie vndt wasserley gestalt wir die sachen furnhemen, vndt angreiffen mugen Domith dem Ritter: Orden,
den gemeinen Landen, diesem Hause, vndt der Stadt beste
nicht entgegen, Auch wir die wir In ko: Mat: eidt, dienst,
vndt verpflichtung aufs hochste stecken, ahn vnser eer, redt-
licheitt, vndt guten nhamen keinen abbruch oder verletzung,
leiden mugen, sondern vielmher durch denselben euren guten
radt vndt beystandt bey demselben mugen erhalten vndt gefurdert werden, Zu dem konnen wir euch nicht vorhalten,
Das die knechte so gestrigs tags von vns gewiechen, vndt

sich von dem Hern Doctor anderwegen bestellen lassen, scher vnbedechtig vndt vnchristlich, gleich ob wir feinde wheren mith etzlichen vnter vns vmbgangen, pferde kleder, kisten, kasten, rustung, where vndt prouiandt, vndt andrm, weil dieselben auf dem Hause gewesen feindtlicher weise genommen, vndt noch nemmen thun, Dieweil wir dan biss nhu her einen Hern mith eide verwanth vnd rothgesellen gewesen, auch keine feindtschaft gehabt, auch noch nicht haben wollen, Derwegen vnser gantz freunthlich bitt, Ihr semptlich behertzigen vndt bedencken, Was aus solchem vnbillichen furnhemen entstehn, vndt denselben knechten die wege weisen, sie das genommen guth, ein Jeder ahn seinen orth bringen, vndt das die beraubten, ein Jeder das seine von dar vnuerhindert, vndt mith frieden holen, vndt wegk bringen muge verschaffen lassenn, Der hohen vndt trostlichen Hofnung, vndt zuuersicht, Ihr als die Hochuerstendigen vndt wolweisen Hern, Auch berumpte vndt Ehrliebende kriegsleuth, werden die sachen dermassen betrachten vndt behertzigen, Auch vns mith einem freunthlichen anthwort, welchs wir aufs freunthlichste schriftlich sein muge, wollen gebeten haben. begegnen Domith vnser geringe person nicht anders dar In, dan Im besten, Auch ko: Mat zun eeren, welche die sachen doch trewlich meinen mugen bedacht werden, vndt ein Jeder das seine wieder erlangen muge. Solchs seindt wir kegen E: A. Er: Weiss: Vndt Manhaffte kriegsleuth nach eines Jedrn stande vnsers geringen vermugendes freunthlich zuuerdienen vndt zuerschulden gantz willich Dat. aufm hause Reual, Sontags nach Andreae A⁰ lviij

Eur A: Ern:, Er: We:, vnd Er: Manhaffte
Bestalte vndt beeidete ko:
Mat zu Dennemarcken kriegs
leuth auf dem hause Reuall:

Den Achtbarn Ernuesten Erbarn Wolweisen auch Erbarn vnnd Mhanhafften hern Rethen Burgermeistern,

Rathmannen, Oldermestern Heubleuthen vnnd beuelichhabern der Stadt Reuel vnser Grossgunstig hern vnnd gudten freunden ɔc

68. 1558. Dec. 8. Reval. — OM. Wilhelm und Coadiutor Gothart Ketler urkunden über die Wiederunterwerfung der Kriegsleute auf dem Hause Reval.

Cop.

Von Gottes gnaden Wir Wilhelm Meister vnnd Goddertt Ketteler Erwelter Coadiutor dess Meisterthumbs In Lieffllandtt, vnd Commenthur zu Vellin Teutsches Ordenns Mitt diesen vnserm offenen Versiegelten brieffe vor Idermenniglichen Thun kundtt bekennen vnnd bezeugen Nachdem hierbeuorn nach vnnotigen vnnd vnzimlichen abweichen dess gewesenen Commenthurs zu Reuhell Frantz von Siegenhauen genantt Anstels, sowoll vff allerlei vnbefholne Christoff von Munnichausens vorordenung vnnd versehung, die Achtbare vnd Erntueste vnsere liebe besondere Diederich Beer vnnd Heinrich Vxkull, sich vnser vnd vnsers Ordenss hauss vnd Gebiets Reuhall verwaltung vnterwinden vnnd angemast, Vnnd aber der Durchleuchtigst Hochgeborne Furst vnd Grossmechtiger Her her Christian zu Dennemarcken Norwegen der Gottenn vnnd Wenden Kunigk ɔc Vnser Inbesonder gonstiger her vnd freundttlicher geliebter Nachbar, sich Jegen vnsere Jungst inhals dogewesene Bottschafften zu Enndt vnnd schliesslichem abschiede genugsam erklerett Wie das solche dess Munnichausens verordenung mitt vnserm Hauss vnnd Gebiett Reuhell ohne vorwissenn, willenn, vnnd beuhelich Ihrer kn. W. geschehn, Vnnd hettenn Daran niemhals, wie auch noch keinen lust vnnd wolgefallen, Sondernn vberweiseten, viel mher vnnss vnnd vnsernn Ritter Ordenn, : dafur wir Ihrer Kn. W. vffs Dienst, freundt vnnd Nachbarlichste, danckbar : solch vnser hauss vnnd Gebiett wiederumb anheim, dasselbe wiederumb an vnnss zubrengen ein zunhemen vnd vnsers bestes vermugens gegen dieser armen Lande Erbfeindtt den Muschowitern zuuorsehen vnnd zuuorwharenn ɔc Alss haben wir In sonderlicher erwegung mitt was trefflichen Veinde, vnd bluttgirigem Tyrannen dieser Lande, sonderlich In Itzigen gefherZeitten zu thun vnd beladen, Vnd das Wir dess Kriegsvolcks, so bisshero ohne sonderliche Frucht, dieser Ortter vmb vnd vff vnserm hause Reuhell eine gutte Zeit gelegen, Zum nottigsten Jegen den Veindtt zugebrauchen, Ja das allerlei Innerliche spaltung, emporung vnnd missuertrawenn, auch nicht verhutett werdenn vnnd nachpleiben, solch vnser vnnd vnsers Ordenss hauss vnnd Gebiett nebenst dem Kriegsvolcke, wiederumb In der gutte an vnser handtt vnnd Possession zubrengen vnd einzunhemen nicht vnterlassen sollen, Vnd folgender gestaltt vnnss mitt oberzeltenn Diederichenn Bhern Heinrich Vxkull vnnd dem Kriegsuolcke, Welchs sich Ihres Eidess, beuhelichs vnnd besoldung halben zum eussersten beschwerett In handlung vnnd vereinigung eingelassenn Nemblich also vnnd dergestaltt, Weiln sie keine kunigliche Bestallung, auch sonst keine brieffe, siegell, Credentz, schein ader beweiss solches vnsers hauses vnnd Gebiets angemasten verwaltung konnen beweisenn vnd darthun, sondern sich alleine eines beschehenen mundtlichen kuniglichen beuhelichs beruffenn Das wir sie semptlichenn vnd einen Idernn Insonderheitt, vermuge dess abschiedess, so von Ihrenn Kn. W. vnsern Gesanten, wie vorberurtt beJegentt vnnd wiederfharenn, Ihres gethanen Eidess ader beuhelichs bei Ihren Kn: W. allezeitt wollenn verbitten, vertrettenn vnd zun eherenn verandtwortten Vnnd nachdem Ihre Kn: W. hochgedacht hierbeuorn etzliche stucke geschutzes krautt, loedt, vnnd wess dess mher furhanden sein magk vff dasselb vnser hauss Reuhell hatt fueren vnnd verordenen lassenn, wor vnter derselben stuck zwey nebenst ettlichen tonnen krauts vnnd loeden, Dem Hochwirdigen In Gott Fursten vnd Hern In Churlandtt ɔc Vnserm Inbesondern geliebten Hern vnnd freuntlichen Nachbarnn, gehorenn, vnnd zukommen sollen, Wollen wir dasselbe kunigliche geschutz vnd wess vnss dabei geliefertt, biss zu Ihrer Kn. W. Bottschafftenn, ankunfftt, ader sonst andern bescheitt, vff vnserm hause dar es stehett In gutter verwharung bleiben lassenn, Vnnd bemelte Diederichen Berhn vnd Heinrichen Vxkull wegen desselben schutzes, vnd anders so vnss gelieftertt, vnnd In verwharung zugestellett, gleicher massen bei Ihrenn Kn. W. verandtworten Do auch hochgedachter her zu Churlandtt die gemelte zwei stucke zusambtt dem zugehorigen Krautt vnd loett abzufuerenn bedachtt, solls hiermitt I. h. freundt vnnd Nachbarlichen heimgestellett sein, Wo nicht soll es gleichst dem Kuniglichen gute, vffs beste verwharett werdenn, Wie wir vnss dan ebener gestaltt mitt den sechs Barsen so Christoff von Munnchausen zugehorig hiermitt thun erbieten. Des mugen auch die andere gutter, so ein Ider vff dem hause, sie sein In kisten ader kastenn, vnd gehoren zu whem sie auch Immer konnen, Aussgenhomen so dem hause vnnd Gebiete Reuhell so woll dem enttwichenen Cumpthur vnnd vnserm Ordenn zustendigk, wol, sicher, frei vnd vnuerhindertt vonn dem hause abgefuerett werden, Vnnd lassen vnss nicht entJegen sein, Das die hoff Junckernn vnnd alte Diener vff dem Hause bleiben, vnd so ferne es Ihnen geliebtt, hinfuero Ihres beuhelichs vnnd dienstes wharnhemen Dieweilln auch allerlei zur notturfft vnd besten dess hauses, soll vfferkaufft sein, Wollenn wir dasselbe souiel zubeweisenn vnnd noch vorhanden sein magk, der billigkeitt nach, auch gerne wiederumb darleggenn vnnd erstattenn Ja das ernstlich einsehen souiel vnss Immer muglich vorwenden, Darmitt vnsere knecht zu Thum den andern vbrigen knechten welche zu

Schloss geblieben, wes sie Ihnen In Ihrer trennung entwendett, wiederumb Restituiren vnd zustellen sollen, Dessgleichen den vnsern auch gelobett vnd zugesagtt wordenn, wieder den vbertretter soll mitt gebuerlicher straffe so ferne es bey Ihme beschlagen procediertt werden Damitt sich auch die vbrigen knechte zu Schloss In Ihrem abzuge keines gewalts, vberfhallennss eindranges ader einiger beschwerung, von alle den vnsern, vber die wir das gebieten, zubefharenn habenn mugen, Wollen wir sie mitt allen Ihrem haab, vnd gutt frei vnnd friedtsam von dem hause abzutretten, vergleithen, Vnd worhin es Ihnen auch gelust, einen freien, vhelichenn vnuorhinderten pass hin vnd wieder In vnser vnd vnsers Ordennss Lande zu reisenn, vergonnen Idoch das sie sich an dieser Lande Erbfeindtt nicht schlagen, vnd sonst der gebuer nach gleittlichen verhalten sollen Im fhall sich aber derselben einer ader mher, wiederumb In vnser vnd vnsers Ordens Eidt vnnd Dienst woltt bestellen, vnd sich an der Verordnung, welche wir mitt den andern vnsern knechten zu Thum vermuge daruber gegebener brieff vnnd siegell bewilligt vnnd eingangen, ersettigen lassen, wollen wir hiermitt nicht aussgeschlagen habenn, sondern wess sich der mherer vnd grotest theill hier In zuerfrewenn gerne mitt geniessen lassen Alss auch ehr vnd mhergemelte beide vnsere liebe Besondere Diederich Behr vnd Heinrich Vxkull fast geltt hin vnd wieder, welchs die knechte Empfangen, gelehnett vnd vffgenhomen vnd ettlichen von denselben Ihren Creditornn ader gläubigern ein zweinzigk leste Rockenn welche noch zur Zeitt vngelicuertt geloben Ja denn Burgernn vnnd Sudlern auch vor Ihre speise, alss bier, brodt vnd andere garkost, so bisshero die knechte genossen versprechen vnnd genug sagen mussen, Haben wir vnss dieser Dinge auch mitt Ihnen wie folgett dergestaltt verglichen Weiln vnss solch gelehnet ader vffgenhomen geldt so woll denn Rockenn Ihnen zuuberschiessen vnd zulieferende bedencklich, werden sie dasselbe ann enden vnnd orthern aldar es sich gehorett, zusuchen,

vnd also sich Ihres schadenss zuuorholen wissen Souiel aber
das versprechenn vnd guttsagen bey den Burgernn vnnd
Schulthern antreffen thutt, wollen wir vnss hier Inne souiel
vnsers gemuts erklerett haben, Das zu welcher Zeitt vnsere
knechte Ihre hinderstellige bezalung erlangen, sie herkomme
ader geschehe auch von wehme sie wolle, wir es alss dan
vnsers theils zubearbeiten, nicht vnterlassen wollenn, Damitt
den burgern vnd Sudelern die kost vor vnsere knechte, ehe
vnd zuuorauss soll bezalett vnnd zugestellett werden. Mittler
weile werden sich dieselbe burger vnnd sudelers, dem erbieten
nach geduldenn vnnd biss zur Zeitt der bezalung woll zufrieden sein, Vnnd wiewoll wir mitt den Landtsassen welche
wir zu etlichen mhalen, von solchen verwirreten hendeln,
wharnen vnd abmhanen lassenn von wegenn Ihres muttwillens
vnd vngehorsams, In den sie vnsern furstlichen beuhelich ver-
echtiglichen vbertretten, nach kriegs gebrauch ein anders vor-
zunhemen, bedacht vnd entschlossen Wollen wir doch sie vor
diss mhall allerhandtt vhrsachen halben, Damitt vbersehen,
Vnd das Jo kein mangell ader feill an vnss zumercken Wess
desfhals von Ihnen geschehen, vber vns ergehen lassen, Sie
auch gleichst den andern kriegsleutten zu dem Ihren vnbe-
furdertt nicht lassen, Vnnd so ferne sie eines hern bedorffen,
wiederumb zu vnser vnd vnsers Ordenss Dienst bestellen.
Solche punct vnnd artikell alle, wie noch der lenge verholett,
haben wir vnss mitt berurtenn vnsern lieben Besondern Diederichen Behr vnd Heinrich Vxkull allerhandt furgefallenen er-
heblichen vhrsachen halben, In der gutte verebentt, vergleichentt
vnnd vertragen, Vnnd dermhall einss diesen vnrichtigen handell
dergestaltt abhelffenn, vnd entschafft einss fur alle gebenn
lassen, Geloben vnnd versprechen Demnach vor vnss vnd
vnsernn gantzenn Ritterlichen Ordenn, bei vnsernn wharen
furstlichen trewenn vnd glauben solchs stett, fest, vnnd vnwiederrufflich zuhalten, Das sie sich derhalben vor vnss vnnd
vnserm gantzenn Ritter: Orden keiner vngnadenn, wiederwillen

ader vngunst zubefharenn haben, Sonder hiermitt beiderseits der handell vffgehoben, vnd In der gutte vertragen, sie auch hinfuro dieser sachen halben von vnss vnd vnserm Ordenn vnmolestiert bleiben sollenn, In vhrkundt vnd zu mherer beuestigung der Wharheitt haben wir Meister vnd Coadiutor, vnser semptlich Maiestett siegell vnten an hangen lassenn, Welchs geschehenn vnnd gegeben In vnser vnd vnsers Ordenss Stadit Reuhell tags Conceptionis Mariae Im Jhar tausentt funff hundertt vnnd achtt vnnd Funffzigsten.

69. 1558. Dec. 9. Reval. — Des OM. Wilhelm Fürstenberg und Coadiutors Gothart Ketler Geleitsbrief für Dietrich Behr.

Cop.

Vonn Gotts gnadenn Wir Wilhellm Furstenbergk vnnd Goddert Kettler Meister vnnd Coadiutor Deutsschs Ordenns zw Lifflandt, thuen Kundth vnnd bekennen mytt diesem vnserm Apenenn vorsigiltenn brieffe vur Idermenniglichen.

Nachdem wir vns aus Allerhandth merklichen vrsachenn mith dem Achtparn vnnd Erenuhesten vnsern liebenn besondren Deitrich Behrn aller vnrichtigkeitenn, In dem ehr sich vnsers vnnd vnsers Ordens Hausses vnnd gepiets Reuhall verwaltung angemast. Lauts daruber ergangener Transaction, gutlichenn vnnd ghar vorebenth. vnnd vorgelichenn, das wir ehme drauf auch ein frei Christlich vnnd vnbefahrts gleidt, mith seinem Lieb hab vnnd guth von vnsern Schloss abzutrettenn, vnnd Sonst In vnsern vnnd vnsers Ordenss Landenn felich vnnd sonder allerlei vorhindernuss zu reissen, globt vnnd zugesagt. Vnnd gebenn demnach Ihme In krafft dieses vnsers briefs vnser frey stracks sicherheit vnnd gleith, fur vnss vnssern Samtenn Ritterlichen Ordenn vnnd alle der wy mechtig syn. Also doch vnnd dergstalt, das ehr sich gegen die vnsern Auch ahn etzlichenn endenn vnnd orthen gleithlich vorhalte, sonder alle geferde, des zw vrkundt habenn wir Meister vnnd Coadiutor obgemelt solch vnser gleith mith vnserem Maiestet Ingesiegel vntertrucken lassenn gegebenn In vnsere vnnd vnsers Ordenss Stadt Reuhall freitags nach Conceptionis Mariae, Im Jhare tausent funf hunderth vnnd achten funfzigsten.

70. 1558. Dec. 12. — Der Verordneten des OM. mündliches Anbringen bei den dänischen Gesandten.

Note.

Das Haus Reval und Christoph Münchhausen betreffend.

In dorso: Des Herrn Meisters verordenthen 2c 12 Decembris Mundtlich.

Denn 12 Decembris, Ist vonn des Herrn Meister verordenten, Christoff vonn der ley altenn Landtmarschalgk, Jorgenn Wulffen vnndt Matthias Vroth furstlichen Rähten vnndt Michael Bruenen Secretarien, denn Kuniglichenn gesantenn 2c Furgetragenn,

Nach annzeig des Herrn Meisters gnedigenn gruss vnndt entschuldigung, der vnngelegenheitt des ortts, ann welchenn die Hernn bescheidenn, vnndt erholung des Jenigenn, so voriges tages dem hernn Meister forzutragenn gebetenn, Anngezeigtt das der Herr Meister auss dem schreibenn der Kon: Maitt: So ehr mitt gebur entpfangen vnndt gebrochenn, vormercktt, Das die Gesantenn, mith Ihrer F. G: des hauses Reuhell halbenn, handlung zutreibenn beuelch hettenn vnnd hettenn

Ire f gnade damals sobaldtt kegenwertige Hernn verordennte denn befelch, gemeltes Hauses halben, bey denselbigenn zuerkundigenn, vnndt weilnn aber der Kon: Maitt gesantenn verschienenn, Dass ettlicher anntzeig halbenn, so sie des Hauses Reuhell ɔc bekommen hettenn forderung gethann, Wollenn Sie auff das Jenig, diss widderumb anzeigen Das der Coadiutor schwacheitt halbenn, vmb gesuntheitt zuerlangenn, nach Reuhell gezogenn, vnndt habe daselbst das Schloss nicht allein vorbeiziehenn, sonnder auch viel spots vnndt Schimpfs, vonn denenn so Inn der besatzung, tragenn vnnd leydenn mussenn, Welchs zur vngebur geschehenn, vnndt gemelten hernn Coadiutornn bewogenn, mittel forzunhemen, solches haus widderumb ann denn Ritterlichenn Ordenn zubringenn, Vnndt ob wol furgewendetth, das solchs Im fhall, do Inn der gutte nichts zuerhaltenn, mit gewalth vnndt ernnst furgenhomen werden solt, habenn doch der Herr Meister dessen keinen berichtt, vnndt wollenn auch dasselbige nicht glaubenn, Er wolle sich auch vorsehenn, ob woll obgemelts dermassen furgenommen, So were doch nichtes der Kon: Maitt: Inn dem zuwidder gemeinth noch geschehenn, Weill Ire Kon: Maitt: Inn Jungstenn abschied, mith Ihrer F g gesanten, aussdrucklich vermeldenn lassenn, das Kon: Maitt: ann erster voranderung des Hauses nie gefallenn gehabtt, vnndt das auch Ire Kon: Maitt: des Ritterlichenn Ordenn Lanndt vnndt Leuthe nicht begerenn woltenn. Es hettenn auch die Kon: Maitt: etliche vorschlege gemeltes Hauses halben, vnnd der Lande Harrienn vnndt Wierlandtt, auch des gebietts Vellin, thun lassenn, auff welche auss mangell befelchs nichtt geschlossenn werden mugen. Da auch die gesanntenn der Handlung weytheren befelch, Achtenn Ihre F g, es werde Irer Kon: Maitt: als dem altenn Rechtenn, vnndt warenn erbhernn der Lannde, solch Schloss vnndt Lande, sowoll, vonn dem Hernn Meister, als vonn Munnichhausenn, der gantz keine gerechtigkeitt doselbst, eingereumett vnndt zugestelleth werdenn mugen.

Es habe auch der Munnichausen, dem Ordenn vnnd Lanndenn, mith seinenn Pracktickenn, vnnd veranderung des Hauses, viell schadenn zugefugtt, Vnnd da derselbige Inn Frembde Regierung keinenn eingriff gethan, wurdenn die Lannde zu solchem schadenn, so furhanndenn nicht gerathenn sein Vnndt hette auch Ire Furstliche gnade das kriegsvolck, so der abbgewichene Commenthur, do verlassenn, kegenn denn feindtt mith nutz abfuerenn vnnd gebrauchenn mugenn ɔc

Sie liessenn auch Munnichausenn veranttwortenn Das er sich Koniglichen nhamens, ausserhalb befelch gerhumett vnndtt anngemassett, vnndt vorsehen sich aber kegenn die Kon: Maitt:, die werde sie disser zeitt wie zuuor Freuntlichen vnndt mit allem bestenn meynen, wissenn auch eygentlich woll, das Ihre Kon: Maitt: nicht gemeintt, sey, cynigenn, viel weniger dem Herrn Meister, als des heiligenn Reichs Furstenn etwas zuentziehenn;

Vnndt habe sich der gerhumbte Statthalter des Hertzogthumb Estonienn aussgegebenn vnnd vornhemen lassenn, die vornembste festen des Ortts, dem Ritterlichenn Ordenn abzuwenndenn, Auch denn Herrn Coadiutornn mit schreibenn besuchtt, vonn dem Ordenn abzuweichenn, Vnndt befhelen das selbig Ihre Furstliche g. dem Allmechtigen sie konnen aber alles das nichtt fur gutt auffnhemen vnndt hinlassenn, vnndt sey auch solchs vmb Ihnn nicht vordienet wordenn,

Da auch enttschuldigung furgebrachtt werdenn muchte, Das vonn Munnichhausen Solchs zum Bestenn furgenhomenn, vnndt denn Feindt, so vberhandt genommen zuschreckenn, hieltenn doch Ihre f. g dieselbe fur nichts, vnndt hette ehr schreckenn wollenn, woltte sich Je geburtth habenn, mit dem kriegsvolck ann denn Feindtt, mith Ihrer f g zuruckenn, vnndt mit der thatt zuschreckenn, Vnndt Soltte sich viell mehr zu Irenn F g, vnndt denn Stenndenn der Lannde, zu entsatzung gemeiner Lande, gefuegtt vnndt begebenn habenn

Ire f g wolte auch gewuntzschett habenn, Das disser berichtt vnndt anntzeig nicht nöttig, vnndt vorbeyzugehenn, vnndt konten aber die gesantenn dasselbige Im bestenn vormergken, Ihre f g woltenn auch vnngerne Irer Kon: Maitt: Inn eynigem zu widder handlenn, noch einen vonn dem geringstenn, viel weniger Irenn Lehenman vnndt Dienst verwanttenn verfolgenn,

Vnndt bittenn aber die gesanntenn, wie sich des auch Ire f g vorsehen, Sie woltenn die widderbekommung des Hauses helffenn mith befurdernn, Vnndt da sie ettwann des halbenn odder auch sunst andernn befelch, Soltt der hernn gelegennheitt heimgestellet Sein, ob sie kegennwertigenn Irenn f g verordentenn, odder aber Irer F g selber furbringenn woltenn, Vnndt wollenn Sich In denselbigen, ereleren oc

71. 1558. Dec. 13. — **Vortrag der dänischen Gesandten.**

Note. (2 Exx.)

In dorso: 13 Decembris. Konigliche gesandten.

Denn 13 Decembris habenn die Kon: Gesanten des Hernn Meisters verordenntenn folgennde meinung furgetragenn. Repetitis Repetendis. Habenn erstlich der Kon: Maitt: Gesantenn denn Grunt des handels ettwas erholenn wollenn, Vnndt sey ann deme.

Weill vielgemeltes hauses zu Reuell Inn grosser gefahr vnndt nothfall dieser Landen, Inn Ihrer Kon: Maitt nhamen, wiewoll ohne derselbigen wissen, vnndth beuhelich Inn besatzung genhomen, Seintth Ire Kon. Maitt: bericht, Wie auch aus denn Hendelnn, so vorbey gelauffenn, zuuormercken

gewesenn, Das dasselbige vielem vnrath furzukommen, So des
Veindts auch Innerlichenn widderwertigkeittenn halbenn zube-
fahren gewesenn, hatt geschehenn mussen, Vnndt ob woll wie
obgemeltt, dasselbig ausserhalb Irer Kon: Maitt: wissenn
vnndt befehlich geschehenn, habenn doch Ire Kon: Maitt:
allein aus Freuntlicher Nachbarlicher neigung kegenn vnsernn
gnedigenn Hernn Meister, Vnnd diese lande, deren bestes
damit zubefurdernn, Demselbigenn letzlich stadtt gebenn,
vnndt die geschichtt Inn Irer Kon: Maitt: nhamenn also hingehenn lassenn. Inn betrachtung das veranndrung des Hauses
vor der Hanndtt denn landenn nachteilig sein, Vnndt denn
Reussischenn Feindtt, So dessenn vnngezweiffett, annzeig
vnndt Bericht gehabtt, mutiger machen, vnndt vielleicht zu
endlichen vorderbenn dess Landes erregenn woltt, vnndt Ist
diss alles mit Irer f g gesanten beredet worden Da dann dieselbigenn Irer f g. Gesantenn, aus gleichem bewegenn bey
der Kon: Maitt: fur Rathsam erachtet, aus obgerurtenn vrsachenn, das Haus ohne veranderung bleibenn zulassenn. Vnndt
seindt Ire Kon: Maitt: der meinung gewesenn, auch vnnsers
gnedigen Hernn Meisters gemuth vnndt willen dahin gerichtt
zu sein. Vnndt habenn demnach Christoff vonn Munnichausenn
Inn vnserm abschied gnedigst beuholenn, Solchs Haus hinu-
furter Inn Iher Kon: Maitt: besatzung zuerhaltten, auch ettliche notturfftt zu dessen erhaltung dohin geschicktt vnndt
bringenn lassenn, wie auch dasselbige der andringendenn
Winter Zeitt halben nicht lenger auffgeschobenn werden mugen,
Vnndt das keiner anndern meinung, als wurde diss alles
vnsernn gnedigen hernn Meister, wie es zu dessen Bestenn
furgenhomen, auch zu besonndernn gefallenn sein. Ihre Kon:
Maitt: habenn auch gleichffhals beuholenn, neben anndernn,
Inn dem Vnnsers gnedigen hernn Hernn Meisters neigung
zuerfurdernn, Vnndt mit Ihrenn f g. der vnkostenn halbenn,
so Irenn Kon: Maitt: zu erhaltung dess Hauses, I. f. g. vnndt
diessenn Lannden zum bestenn auffgelauffenn, vnndt aufflauffenn

wurden, damit dieselbig Irer Kon: Maitt: etwann wie billich widderumb erstattett, bescheidt auffzurichtenn, vnndt zumachenn, Vnndt begerenn gewisslich, wie man Sich dessen kegenn Ire Kon: Maitt: zuuorsehenn, vnnsers gnedigenn Hernn Meisters, vnnd des Ordens Heuser, Lanndt vnndt Leutte zu derenn schadenn nichtt, Wiewoll auch Ire Kon: Maitt: alter gerechtigkeitt halbenn, ann dem orth anzuhaltenn wol fugk hette. Es lest sich aber auss des hanndles gestaltt vormuethenn, das der Konn: Maitt: trewer Freundlicher, vnndt gantz christlicher wille, vielleichtt zur vnnfreuntligkeitt aussgelegt vnndt auffgenhommen werden Soltt, Welchs dann Iren Kon: Maitt: zu beschwerlichenn missgefallenn zugereichen, Vnndt wurdenn da dasselbig zuuor vorsehenn, die Kon: Maitt: das Jenig verordnet haben muegen, Damit Sie mit darstreckung der vnnkostenn vorschonett, vnndt vielleicht was Freuntlicher bedachtt wordenn, Seinn mochtt.

Dieweill nun das Haus aus beuehlch der Kon: Maitt:, doch vnnsernn gnedigen hernn ɔc vnndt denn gantzenn Ordenn zum bestenn gehaltenn wirdtt, habenn die Hernn verordentenn zuermessenn, das ess der Freuntlichen vnndt Nachbarlichem verwandtnuss, So tzwischenn der Kon: Maitt: vnndt dem Orden erhaltenn, auch Sonst anndernn vorsteheunndenn Handlungen, vnngemess vnndt zu kegenn sein wurde, da mann mit denn wegenn so furgehabtt der Kon: Maitt: guttem willen beJegenn solte. Es wollenn aber der Kon: Maitt: Rethe vnndt Gesantenn, als welche Irenn Furstlichenn gnaden zu dienen geneigtt sein, Vnndt dieser auch annhangender sachenn furderung denn Lannden zum besten, Hertzlich gerne sehenn woltenn, Ir gut bedencken denn sachenn zu gutem nicht vorhaltenn. ɔɔ

Das vnnser gnediger Herr Meister, vnss I: f g enttlich neigung das Haus betreffendtt eroffnen vnndt annzeigenn wolte, das selbig woltenn die Gesantenn, zuuor ehr die Reyse, Inn Reusslanndtt furgenommen, ann die Kon: Maitt: abfertigenn

vnndt gelangenn lassenn, welche als dann Irer f g begerenn
nach, die Sachenn weitter zuuerordnen. Vnndt woltenn aber
Ire f g mit bewustenn fornemenn kegenn das Hauss, biss dass
der Kon: Maitt: weitter beuehl anngelanngett, stillhaltenn
vnndt Friedtlich seinn, die Kon: Maitt: werdenn Sich vnuer-
zuglichen vndt dermassen erclerenn, das zuerspuren, das Ire
Kon: Maitt: Inn frembde Possessionn, vnndt Herschafftenn,
einigenn zu schadenn, einzugreiffenn nicht geneigtt Ist. Damit
wurde auch vnnsers erachtens der sachenn Furderung gedienett,
vnndt allerseitts Freuntlich zuuorsichtt vnndt gutter wille erhaltenn, Dieses vnser bedenckenn, welchs der Handlung zum
bestenn gerichtt, woltenn die Hernn Verordenten vnsern gnedigen Hernn Meister oc vormeldenn, Vnndt befurdernn helffenn,
das solchs vonn Iren f. g. Im bestenn vnndt gnedig vormercket werde.

Christoffer vonn Munchausenn, vnndt was dem selbigenn
zugemessenn, betreffendtt wollenn wir denselbigenn das Jenige
So er sich zur vnngebur (: wiewol er dessen Inn abreden:)
vnnderfangenn, vnndt gehandeltt, Selber veranttworttenn
lassen, wie er Sich zu Rettung Seiner vnnschultt zu rechten
erbietenn thutt, Vnndt habenn auch Seiner personn halbenn
allein befelch annzuzeigenn, das die Kon: Maitt: Ime wie obgemeltt, befohlenn, das vielgedachte Hauss Reuell hinfurter
Inn Irer Kon: Maitt besatzung zuerhaltenn, Ob sich nun ettliche handtlung zugetragenn, Derhalbenn Munnishausen vielleicht zubesprechen sey, wollenn vnser gnediger Herr Meister,
vnndt Ordensverwandtenn, dasselbig zur gebur nicht recht
kegenn Ihme furnhemen, Vnndt sich aber an dessen Personn,
als kon: beuelhaber dieser Zeitt, der Kon: Maitt: vnsers gnedigstenn hernn halbenn nicht vorgreiffenn. Wir wissenn auch
das I. f. g. der Kon. Maitt: verwandten, Jederzeitt mit besonndernn gnadenn geneigt gewesen Ist, tzweiffeltt auch nichtt,
Es werdenn sich I. f. g. auch kegenn dessen Personn, hochgedachter Kun. Maitt zu eherenn gleichsfals gnedigst erzeigenn,

Vnndt nicht verstattenn, Das kegen dennselbigenn ettwas beschwerlichs furgenhomen wurde. Es werdenn auch die Kon: Maitt: eynem Jedenn, kegenn die Jenigenn so Ihrer Kon: Maitt: tzwangk vnndt Rechtspruch vnderwurffen, auff ansuchenn geburendes rechts vorhelffen lassenn,

Vnndt letzlich tzweiffelnn wir nicht Es werde vnnser gnediger Herr Meister, aller gelegennheitt vnndt wasser gestaltt Sich die Handlung, mitt der Kon: Maitt: vorloffenn, vonn Ihren gesanntenn gnugsam anzeig bekommen habenn, darauss zubefindenn, das die Kon: Maitt: vorschlag zum Handell, Innhaltt eines Zettels, So mit Kuniglicher Handt vnderschriebenn, thuen lassenn, vnndt das solchs aber auss mangel beuehlchs, wie das vonn vnsers gnedigenn Hernn Meisters Gesantenn furgebrachtt, nicht geschlossenn werdenn konnenn, sonndernn auff der Kon: Maitt gesantenn annkunfftt, vnndt hochgedachtes vnnsers gnedigen Hernn Meisters erclerung verschobenn werden mussen.

Vnndt wollenn demnach die Hernn Gesanten, was vnnsers gnedigenn Hernn Meisters, auff gemeltenn vorschlag gedachtes Zettels, Neigung, annzeig vnndt erclerung, vonn denn verordenntenn gewertigk sein, vnndt do dieselbige auffs Solch noch zu dieser Zeit keinen befelch, wollen dieselbige vnnbeschwertt seyn, Diss nebenn dem andern vnnsernn gnedigenn Hernn Meister, nebenn annzeig, vnnser vnderthenigen Dienst annzutragenn vnndt zuuormeldenn ɔc,

In dorso des andern Exemplars: Der Koniglichen gesandten anthworth des herrn
Meisters ɔc verordenthen geschehen.
den 13 Decembris 58.
Mundtlich.

72. 1558. Dec. 14. — Aeusserung des OM. auf den Vortrag der dänischen Gesandten vom 13. Dec.

Note. (2 Exx.)

In dorso: Des herrn Meisters Secretarius hath disse schriffte vberanthworthet den koniglichen gesanndten den 14 Decembris vnnd angezeigth, weyl der her Meyster, mit fast vielen Handlungen beladen, vnnd seyner Rhete zu teglicher beredung mith den gesandten nicht zuenthraten, hette er sich als schrifftlich hiermith erkleren wollen.
14 Decembris 58
disses vnnd alles folgendts Ist schrifftlich gehandleth.

Alssdan der Kuniglichen Matt, zu Dennemarcken, Norwegen ᴐc stadtliche anhero gefertigte hern Gesanten vnd Rethe am 13 Decembris denn verordenten m g hern Meistern zu Liefflandt drei punct furgeben vnd gesonnen, dieselben mitt Ihren vmbstenden I h f g einzubrengen, haben I f g solche punct vnd was Ihnen anhengtt gutter mas allenthalben von Ihnen eingenhomen, Vnd erfurdert die gelegenheitt vnd Ihrer f. g notturfft, wolgemelten hern gesanten daruff hier mitt bericht zu thun, Nicht zweifflendt die werden es In der gelegenheitt zum besten vermercken,

Vnd alss erstlich vermeldett wie das Haus Reuhell In grosser nodtt vnd gefhar, vnd Im selben nottfhall diesen vergangen sommer, Wie aus dem handell zuermessen, vnd dem Jamerlichen Zustande, der Lande zu der Zeit, zubefinden, wo es anders nicht solte dem feinde In die hende gerathen, also geschehen mussen, Wiewol ohne der Kⁿ Matt wissen, In besatzung vnd verordenung, genhomen, vnd das Ihre kn. Matt ob es woll ohne deren wissen geschehen, diese geschicht, Idoch keiner andern vhrsachen, den m g h vnd Ritter O. zum besten also hetten lassen hingehen In betrachtung das die Verenderung, wan die Itzundtt also solte vorgenhommen werden, den Reussen mutiger machen, vnd zu entlichem verderb der Lande erregen wurde, In massen die k. Matt. dauon mitt den gesanten m. g. h. In Dennemarcken reden lassen, vnd verhoffeth m g h Meister wurde hierzu auch geneigtt befunden werden, Daruff vnd was die angezogene grosse nodt vnd gefhar, anruerendtt, konnen hochgemelter m g h Meister den hern kuniglichen gesanthen nicht verhalten, Ob woll nicht ohn Das der vnmilde Reuss diesen Landen die Zeitt veindtlich vnd Tirannisch zugesatzt, So folgett doch darauss nicht, Das dem Munnchausen eben Daruub hette gebueren mugen, Die verenderung vnd besatzung an I f. g. hause Reuhell, ohne deren wissen vnd Ihr Inrucken, furzunhemen ader auch dahin zu practicierenn, wie die Innerlichenn Landtstende distrahiertt von ein ander gezogen vnd m g h. Maister die furnembsten Ihre hern Gebietiger, Ja auch der Hochwirdiger m g h. Coadiutor selbst abstendig gemacht werden muchten; Vielmher hette Ihme vnd allermenniglichen, so In diesen Landen alse In einem schieff sein, woll gezimbtt, Das ein Jeder sich seiner gebor erlinnertt vnd zu errettung dess betrangten Vaterlants anders alse geschehen, In anruffung des himlisschen Allmechtigen Vatters beistendigkeitt vnd segenss, getrachtett vnd eusserstes fleisses gethon hette, So where ohne allen zweiffell durch solche gottliche beiwhonung vnd ein hellige zusammensetzung dem Veinde der vorstrich, vnd was ehr weitter thun dorffen, nicht gelungen Vnd darffen zwar die so ohne wissen der Ku: Matt. In derselben nhamen die vnordenung vff Reuhell angerichtett, die gefhar an dem Schlosse so gross nicht rhumen, Weiln Je kunttlich Das sie zu einiger grossen, geschwigen zur aller eusserstens nodt, vom feinde nicht getrungen, Viel weiniger von m g h Maister vnd Ritt: O alss Ihren Rechten naturlichen Landes Fursten vnd hern : bei denen sie leib, hab ehr vnd gutt verpflicht auffsetzen vnd keines weges auss weibisscher furcht ein geringes sich dauon abschrecken lassen solten : vbergeben ader verlassen, Wie das zu seiner Zeit sich wirdtt auss furich machen, Vnd der kn Matt hern gesanten auss allerlei anzeigungen Ihrer furtrefflichen beschaidenheitt nach vernunfftiglich sich werden haben zuberichten Vnnd ob woll die hern kunigliche Gesanten angezogen, Das die kn Matt : ohne deren wissen vnd beuhelich Munnichausen seine handlung getrieben : aus Christlicher Kuniglicher neigung zu m. g. h. Meister vnd dem Ritter Orden vnd keiner andern meinung, Dan denselben zum besten, die geschicht also hingchen lassen, vnd auss angezogenen bewegungen auch das hauss also vnuorendertt In der besetzung zu halten, vnd wegen der vnkosten, so zu erhaltung des hauses auffgelauffen ader aufflauffen muchten bescheitt auffzurichten vnd zumachen beuholen, Ihre h f. g. auch zusambtt Ihrem R. O. der dienstlichen, gantz trostlichen, vnd keiner andern zuuorsicht, die kn. Matt vnd lobliche Cron zu Dennemarcken begeren, wie sie sich dessen gantz Christlich kuniglich vnd gonstiglich erklerenn, Ihrer f. g. vnd Ihres Ritter Ordenss heuser nicht, vnd das Ihre kn. Matt I f g lieber zu mheren befurdern wolten ɔc Fur welche Christliche Kunigliche vnd gonstige neigung I h f. g vnd Ritt: O. Je billich danckbar So hoffen aber gleichwoll I f g dabei, es werde die kn Matt. dieselb vnd Ihren Ritt. O. hier Innen nicht anders alss Christlich kuniglich vnd gonstiglich bedencken, Das Ihre f. g. zu gemuett vnd bewegen fuerenn Was der Munnichausen mitt seiner vngeheissenen eigensinnigen handlung, I. f. g vnd gantzen Landen fur vnheill nachtheill vnd schaden zugefugtt, Vnd was sie sich weitter noch, wan hier Innen nicht anderung geschaffett, befharen musten, Dan Je vnleuchbar vnd am tage Das I f g durch seine nichtige handlung das Haus Reuhell vnd gantzes Gebiette abhendigk zu machen, vnd die furnembsten hern Gebietiger, vermuge seiner Missiuen, zusambtt den Vnderthonen zum abfhall zubewegen, durch Ihn Im werck vnderstanden wordenn

Das also I h f. g. der gehorsam der vnderthanen der ortter mercklich entzogen, vnd Ihre h f. g. eine grosse anzall derselben an Reisigen vnd Fuessvolck auss dem Felde entraten mussen Wie dan In gleichnusse die Ozelisschen vnd Wickisschen, sieder der Zeitt her, sich nichtt an den orttern, dahin sie, vff vffmhanen, sowoll meines g h. Meistern, Alss dess Hochwirdigsten ɔc hern Ertzbisschoffen, Vnd an welchen orttern der feindtt zufinden, vnd dar den Landen nutz zuschaffen, Sondern woll zuuorderb vnd schaden anderswo gebrauchen lassen, Geschwiegen was mher beschwerung sich auss demselben dess Munnichausen handel, zu hochsten schaden ersponnen, Vnnd dar Ihm lenger also solte verhengett vnd zugesehen werden, hette men sich zu entlicher zerruttung vnd verderb In viel wege mher zubefurchten ɔc

Was konte aber I f. g. vntrechlicher vnd beschwerlicher sein Alss das sie solte In den vnkostenn, so vermeinlich vff Ihre von dem Munnichausen abgetrungenes vnd auss Ihren pflichten vnd eiden, abgesponnen hauss vnd kriegsuolck, angewendett, gesagt wirdt, sich einlassen vnd den erstatten, so doch I. f. g. In der Lande nutz vnd besten dasselbe kriegsuolck vffm Schloss so woll In der Stadtt, Ja auch wie gehortt den gantzen Harrien vnd Wirschen Ozelisschen vnd Wickischen Adell, Ritterschafftt vnd ein gesessenen, durch seine dess Munnichausen, Schlosses besatzung verhindertt, nicht hatt gebrauchen mugen, Vnd vff dem Hause Reuhell, ohne das zur notturfft, vorrath gewesenn, Mitt welchem In zimlicher besatzung das hauss zuhalten, Vnd das vbrige kriegsuolck, Im felde nach gelegenheitt zugebrauchen gewesen, Was dan an vorrath gemangeltt, Darzu hette m g. h. Maister, zusambtt Ihrem Ritt: Orden zu Ihrem profitt vnd nutz, Wan es gleich der Fluchtiger Cumpthur nicht thun konnen ader wollen, Je so woll alse der Munnichausen, Radtt schaffen mussen, vnd es gerne thun wollen, auch noch, Also das seiner verwaltung ader besatzung nicht notigk, In welche aus dem Gebiett Jeruen das Reuhelische Schlosskriegsuolck vber die hundertt vnd siebenzigk ochsen vnd khue, auss einem hofe, ohne was den pawren genhommen, vnd sonst schadens zugefugtt, wech getrieben, Es sol vnd mag aber die vnrichtige handlung, so am hause Reuhell In vermeinter abtrettung dess gewesenen abtrunnigen Cumpthuren, der sein nicht mechtigk, beschehen, I. f. g vnd Ritter Orden nichts praeiudicirn, Wie dan I f. g aus Ihrer abgesanten Relation sich nicht bescheiden konnen, Das sie In die besatzung dess Munnichausenn, Vnd das m g h derselben verhengen soltte, Je bewilligung geben, ader enttlich I. f. g. am selben hause ettwes begeben, Ob woll daselbst In der beredung gedacht wordenn, Das die veranderung am hause weitt erschallen vnd den Veindt mutiger machen muchte, Vnnd solte I. f. g. getrewlich vnd von hertzen leidtt sein, Das sie wieder die kn Matt zu Dennemarken hochstgemellt ettwes verhengen vnd furnhemen solten Das zu derselben vnglimpff vnd schmelerung gereichen ader dessen sie zur vnfreundtlicheitt anziehen muchten.

Hinwiederumb sein I f g auch In wharem vngezweiffelten vertrawenn der zuuorsicht, Ihre Ku. Matt werden, In dem sie sonst meinem g h Meister vnd Orden In allen kuniglichen gonsten vnd gnaden gewogen, hier Innen zur vngebuer, von Christoffen von Munnichhausen ader Jemandsen anders I h f. g. In fur enthaltung Ihres hauses, nicht belastigen ader beschweren lassen

Where I h. f. g. Ihme Munnichhausen ader Jemants anders beweisslicher, rechter, redtlicher schuldtt etwes schuldigk worden, In dem hetten sie sich leichttlich der gebuer zu er Innern vnd zubezeigen

Hatt ehr dan vber das I h. f. g worumb zubesprechen Dar Innen konnen I h f. g., Ihrer vonn Gott gegebener ordentlichen hohen Obrigkeitt, Ja auch ander vnpartheilich rechmessigk erkentnuss vertragen

Das aber die hern kuniglichen Gesanten was desfhals m g h Meisters meinung, nach erkundigung derselben durch die post an die Ku: Matt zu Dennemarcken vmb bescheits vnnd weitteres kuniglichs willens erholung ehe dan sie Ihre furhabende reise, an den Reussen auss diesen landen furtsetzten, wolten gelangen lassen, Hatt m g h. Meister gleichsfhals verstanden, Weiln aber I f. g. fur sich selbst es festiglich dafur halten, vnd aus Ihrer gesanten berichtt, vnd von Itziger anwesenden kuniglichen Rethen vnd Gesanthen, nichts anders befinden, Dan das Ihre ku Matt. meines g. h. Meisters zustehendende heuser nicht begerenn, Sondern zu mherer befurderung geneigt oc Machen I f. g sich nicht zweiffell, werden Die ku Matt hochstgemeltt dieses Hauses wider abtrettung, welchs ohne deren wissen vnd gefallen eingenhomen vnd besatztt, sich nicht entjegen sein lassenn, In dem dar In nichts anders alse dieser ortter vnd gantzer Christenheitt heill vnd wolfhartt gesuchtt wirdtt, Das man das kriegsuolck so In der besatzung der Stadtt vnd Schlosses vbrigk neben dem gantzen vermugen dieser Lande In einmutiger zusammensetzung ; welche ohne diese wieder her zu prengung dess hauses vnd kriegsuolcks nicht folgen, Sondern woll auss diesem exempel ein anders vnd mher vnderblichs herfliessen, Das auch dieser ortter, Da Gott gleichwol gnediglich fur sei, ein ebenmessigs sich begeben kann ; Wieder den feindtt wo es notigk, gebrauchen, vnd mitt Gottlicher hulff seinem weittern einbrechen vnd bösen willen wheren muge, Solte aber durch zurucksendung der Post verweilung einlauffen, Vnd der Legation an den Reussen zu dem endtt vnd sie aus Christlichen vnd kuniglichen erwegen vnd willen gerichtett, nicht schleunig furtgesatztt, vnd dadurch dem Veinde zugesehen, vnd mher beschwerung auffgeladen werden, Das wolten Je I f. g vngerne, Vnd bitten, die Kunigliche hern gesanten wolten hier Innen Der gelegenheitt verhengen vnnd zu abkerung dess besorglichen vbels Ihrem vorigen Christlichem erb'eten nach, sich vnbeschwerdtt bezeigen.

Was letzlich den vorschlag antrifft, Welcher In der Zettel mitt der Ku. Matt handen vnterzeichnett, enthalten,

Welche hochgedachtes meines g h gesanten In den Reichen Dennemarcken zugestellet, sie aber auss mangell beuhelichs, den sie nicht weitter alss vff entliche errettung auss Itzigen Reussischen beschwerdenn vnd dan general protectur vnd schutz gehabtt vnd angezogen, Daruff nichts handlen konnen, solche sache an I f. g remitterende ɔc Befinden I f g auss ersehung vnd nach grundung desselben nicht weiniger alss Ihre gesanten auch gethon, Wie mitt dem vorschlage In solcher mass I f g Deren Ritter Orden vnd diesen Landen weinig ausserhalb des generall gesuchten schutzes genutzett, Vnd dar Je I f g von Ihren Landen ettwes verlassen ader verendern musten, were ein einigs Gebiett von den ausgedruckten vmb eine viel mhere Summa ausszubrengen

Darumb I f. g pitten, so die hern kuniglichen gesanten vff die generall protectur ader sonst andere furschlege In Ihrem beuhelich hettenn, Derselben sich zu gelegenheitt vernhemen zulassen, Alssdan wollen I f. g weitter thun, was sich geboren magk, Dan der Ku: Matt zu Dennemarcken Ihrem sonder gonstigen hern vnnd freundtlichen Nachbarn, viel angenhemer wilfheriger Dienste, Dar es sich Immer geburen magk, vnd was I f g thunlich vnd muglich zuerzeigen, Vnnd den hern Gesanten vnd Rethen gutten willen zubeweisen Erkennen sich I f. g schuldig, Sein es auch zuthun ehrbutigk vnd geneigtt ɔc

Eingelegt ein Blatt mit folgender Notiz:
Das hath Matthias Vrather vnnd Michael Brunnow vberantworthet den 14 Decembris vnnd erstlich angezeigt furstlichen gruss Demnach die gelegenheit des habitus enthschuldigt, vnnd letzlich angezeigt, das Ir f gnaden bedencken auff vorigen Tags eingebrachten iij Puncten schrifflich verfast, Innen befholen were den herrn gesandten zu vberantworten vnnd wolten das die gesandten Im besten vermercken Dan Ire f gnaden kunthe Ire Mitverwandten herrn Gebietiger vnnd Rhete

In vielen der henndel nicht zuenthraten, vnnd vnnboschwert seyn. sich hinwiddervmb schryfftlichen zuerkleren

Respondebatur man wolts den hern gesandten vormelden Dieselbigen werden Ire f gnaden In grosserem willferig seyn ohne das geringe

73. 1558. Dec. 15. — Rückäusserung der dänischen Gesandten auf die Erklärung des OM.

Note.

In dorso: 15 Decemb. 58.

Das Hauss Reual betreffend, habenn der Ko: Maitt: verordente Rhete vnd Gesandten, Ob dasselb zur gebur oder vngebur Anfenglich abgewichenn, vnd dem von Munichausen eingereumbt, Ob auch vnserm gnedigenn Herrnn Meister damit Preuidicirt oder nicht, vnd dergleichenn mehr zu erstreitten keinenn beuhell, Vnd befinden Auch diese puncten also deren sich die Ko: Maitt: nie anmassen wollenn frembde vnd vnnöttigk, Das aber die Kon: Maitt: bericht werdenn, das die gefahr des Veindts vnd noth geursacht, die besatzung guter meinunge vnd zum bestenn zuthun, Desgleichen auch das veranderung des Hauses Inn der eyll aus offt geineltenn vrsachenn vonn vnsers gnedigen Herrn Meisters gesandtenn bey der Ko: Maitt: vor vnratsam vnd bedencklich erachtet Ist zuuor angezeigt vnnd auch den Hendeln so vorbey gelauffen nicht vngemess befundenn, Aus dem aber vnnd sonst freuntlicher neigung kegenn vnserm gnedigen Herrn Meister ɔc seint die Ko: Maitt: bewogenn Inn Jungsten vnserm Abschiede dem vonn Munichausenn viel berurts Hauss ohne veranderung hinfurder Inn besatzung zu erhaltenn beuhelenn zu lassenn, vnd zu dem behuff Prouiant, gelt vnd ander notturfft zu verordenen, Es ist auch gnugsam dargethan, Das gemelte besatzung zu keinem Andern als vnsers gnedigen Herrn Meisters vnd der Lande bestenn gericht, Wie auch die Ko: Maitt: nicht gemeint seint vnserm gnedigen Herrn Meister vnd dem Ordenn ɔc etwas zur vngebur zu entziehenn, ob man woll des orts aller gerechtigkeit halben anzuhaltenn fug hett, Vnd werden die Ko: Maitt: hir Inne mit vberigem bedenckenn billich verschonet, dieweyll Ire Ko: Maitt: beuholenn vnsers gnedigen Herrn Meisters neigung In dem zuerkundigenn, Vnd nach gehabter erclerung derselbigen ferner anzuzeigenn, Es wurde damit nach Ir F: G: gefallenn gehabt werden Doch wurden hinwiderumb sich Ire f: G. mit erstattung der vnkosten so auff das Haus gelauffen vngetzweiffelt der gebur vnd billigkeit nach erzeigenn wollenn, Nach dem sich aber nun vnser gnediger Herr Meister erclereth vnd begerenn lassenn, das Haus Irer F: G: vnndt dem Ordenn widerumb ein zureumen, erbietenn Sich die kon: Mai: Gesantenn nochmals dasselbig ann die kon: Mai: vnuorzuglichenn vnndt mit guttem vleis gelangenn zulassenn, Vnndt woltt aber mitler Zeit vnnser gnediger Herr Meister mit vorgehabtenn wegenn, der kon: Mai: weiter verordenung vnndt bescheid abwartenn, Es werdenn sich die kon: Mai: Inn dem Auch gedachter vnkosten halbenn, forderlichst vnnd freuntlichst erclerenn Vnndt wissenn der Ko: Mait: Gesantenn dismall hier Inne weiter nicht zuthuen, vnndt haben auch vnser gnediger Herr Meister aus Hohem verstande Selber zuermessenn wie Sich, anders Inn dem vorzunehmen geburenn wolle. Es hat auch die meinung mit demselbigen nicht gehabtt, Das Solchs die gesantenn der Kon: Mait: Inn Irenn furhabenn nach Reuslandt auffhaltenn, Sondernn zuuor ehr die Reyse angegriffen ann die Ko: Mait: gefertigt werden Soltt ɔc Vnnd wollenn die gesantenn Ihrenn vorigenn erbietenn nach an muglichenn vleis vnd Sonst dem Jenigenn so zu vorschub dieser handlung dienlich nichts erwindenn lassen, Cristoffer von Munichausen halbenn habenn Sich die konniglichenn gesantenn zuuor gnugsam erclerett, lassens auch nochmals bey demselbigen beruhen, Vnndt zweiffelnn nicht vnser gnediger Herr Meister werde denselbigenn als der kon: Mait: verwandtenn, vnndt der Sich vber das Ordentliches Rechtenn erbottenn, Der Kon: Mait: halbenn mit vberfall vnndt beschwerlich vornehmen verschonen lassen.

Belangend den Vorschlag so die Kon: Maitt: Innhalt eines Zettels, vnnsers gnedigenn Hernn Meisters Gesanten zum Handel thuenn lassen, Seint die Kon: Gesanntenn vnsers gnedigenn Hernn Meisters neigung nicht gnugsam berichtt. Es woltt aber Ire F. G. zu Schleuniger furderung des Handels vnbeschwertt sein, schluslich zuerclerenn, ob Ihre F: g: Sich auff gemeltes Zettels vorschlag Inn Handel ein zulassenn bedacht Sey oder nichtt, Da Solchs erfolgtt, habenn Sich als dann die Kon: gesantenn kegenn, Ire f: g. konniglichenn beuehlich nach ferner zuuorhaltenn, dessenn sich kegenn Ire F. G. dieselbige nebenn an zeige Irer vndertheniigenn dienst erbieten thuen, mit bitt Solchs alles Inn der gelegenheitt gnedig vnndt zum bestenn zuuormerkenn.

74. (1558.) Dec. 18. — Fernere Meinungsäusserung des OM. gegen die dänischen Gesandten.

Note. (2 Exx.)

In dorso: 18. Decembris. Des Herrn Meisters verordenthe ɔc.

Vrsachenn worumb mein gnediger Her Meister zu Liefflanndtt, Ihre vnd Ihres Ordenss Hauss Reuhell welchs Ihnen durch Munnichhausen zur vngebuer abhendig zumachen, thettlich vnderstanden, wiederumb restituirtt vnd eingeandttwordett haben mussen, Sein hierbeuor gehorett, Demnach vnd so nichtt mher vnordenung vnd gefherlickeitt, dardurch dem Veinde vortheill geschaffett vnnd den Landen entlicher verderb auffgeladen, weitter einreissen solle, Die notturfftt es eigentlich erfurdertt Das hauss vnd was Ihme bisshero folgigk gewesenn wiederumb herbei zubrengen Das es aber I h f g Inn dess vonn Munnichhausen verwaltung zu diesen zeitenn wissen solten, Dess haben I f. g. vnd Dero Orden auss Ihren Vhrsachen billich bedencken, konnen auch nicht einreumen, Das ehr daruff gestattett, Sie thun sonst der kunigglichen Matt. zu Dennemarcken Norwegen ꝛc Ihrem gonstigen lieben Hern vnd freundtlichen Nachbarn, zu eheren Dienst vnd gefallen, was Ihnen mitt auffsetzung des hochsten Immer muglich vnnd gebueren magk

Dem Munnichhausen die vermeinten auffgewendeten vnkosten zuerstatten, Weiln I f g. vermuge voriger anzeige damitt auch sonst, von Munnichhausen nichtt gedienett, sondern mercklichen geschadett, beschweren sich I f g nicht vnbilligk, Vnd Im fhal Munnichhausen daran nichtt begnugigk, Tragen I f g weiniger, alse keinen schawen, vor Ihrer geborlicher Obrigkeitt Ordentlich Ja auch vor andern vnpartheilichen, Ihme genugsam Rhede andttwordtt vnnd bescheidtt zugeben vnd zunehmen auch Rechtlichs ader billichs erkentnuss sich nichtt zueussern.

Dar aber die Kuniglichen verordenten hern Gesanten vnnd Rethe, vff die In Dennemarcken berhedete vnd beschlossene generall protectur vnd errettung ꝛc gegen die abtrettung der Lande Gebietter vermuge der auffgerichteden nottell, kuniglichen beuhelich vnd gewalt hetten, Vnnd dessen zur vollenstreckung sich vornhemen liessen, Weren I f. g. nicht vngemeinett, vff dieselbe verhandelte nottell, schliesslich sich zuerzeigen vnd sie zuuollenfueren

Befindenn wie zuuor gemeldett, nochmhaln nichtt Das ausserhalb der generall protectur, I. f. g. mitt dem andern vorschlage dess Zettels ettwes gedienett Vnnd hetten dieselben Lande vnnd Gebietter so Im Zettell gesetztt, alss die furnembsten vnd besten In Ihren gantzen Landen nichtt zuentradten, Derenn geringestes vmb eine solche Summa geldess ': wan sie es gleich abstehen vnd andern verlassen muchten :| nicht zukauffe

Welchs I f g den hern Kuniglichen gesanten den sie allen muglichen guttenn willen zubeweisen ehrputigk nicht verhalten wollen.

75. (1558.) Dec. 19. — Rückäusserung der dänischen Gesandten auf die fernere Meinungsäusserung des OM.

Note. (2 Exx.*)

In dorso: 19 Decembris. Der koniglichen gesandten ɔc anthworth,

Die Vrsachen derenhalben vnser gnediger Herr Meister ɔc das Haus zu Reuhell aus Konniglicher besatzung widerumb eingeandtwortett haben musse lassenn, Der Ko: Maitt: zu Dennemarcken ɔc Gesandten beuhelichs halbenn vnangefochten, Da aber vnser gnediger Herr Meister bey demselbigen furnhemen beharrenn wolte, befindenn dieselbige, das Hochgedachter Ko: Maitt: ɔc gutem willenn, vnnd daraus erfolgtenn freuntlichen erzeigung, vber zuuorsicht vnfreuntlich boiegenet wurde, Vnnd stunde auff der Konniglichen Gesanthen geschehenen erpieten, Auch gethane erklerung, worhin der Ko: Maitt: neigung In dem gerichtett, ɔc diesem allem Ires erachtens zu furderung mehrer hendell, was fuglicher masse zugebenn, Welches, da es Jc vngeachtett dahin zustellenn.

---

*) *Dazu auch das Conc. vorh.*

Wiewoll die Koniglichen Gesandten nochmals hoffen wollenn, vnnser gnediger Herr Meister werde, gleichwoll bedenckenn haben, sich an der Ko: Maitt: besatzung, vnd deren dinstverwanten aus liederlichen vrsachenn zuuergreiffen.

Sonst weill der Vorschlag des bewustenn Zettels ausgeschlagen, vnd Je gemeiner Schutz, gehabt werden will, Haben die Ko: Maitt: vnnserm gnedigen Herrn Meistern, vnd deren Landen zum besten Auch desfals beuhelich ergehenn lassenn,

Vnd ist aber die erhaltung des Schutzes, mit den Landen ɔc so Inn gehabter beredung von vnsers gnedigen Herrn Meisters Gesandten abzutretten bewilligt, nicht zuerstreckenn

Derhalbenn es dann bey Angeregtenn Nottel nicht zuuorbleiben, Vnnd wollenn darauff die Koniglichen Gesandten von vnserm gnedigen Herrn Meister erklerung, Was hirvber Ire F: G: zu furderung des Handels geneigt, Inn weiterm Vorschlag gewertig sein, Vnnd sich demnach Koniglichem beuhelich zufolge zuuerhandlung der Sachen erbotten habenn,

Wiewoll dieselbig Anders als auff folgende Ratification der Ko: Maitt: In dem zuschliessenn numals aus furfallenden hochwichtigen vrsachen bedencken haben, Wie dan auch solchs In der gelegenheitt anders nicht zugeschehen.

Vnnd seint vnnserm gnedigen Herrn Meister vnderthenig vnd gefellige Dinst zu erzeigen Jederzeit geneigt vnnd willigk.

76. (1558.) Dec. 20. — Fernere Meinungsäusserung des OM. gegen die dänischen Gesandten.

Note. (2 Exx.)

In dorso: 20 Decembris. Des Herrn Meisters ɔc.

Ob woll mein gnediger Her Maister zw Liefflandtt die besatzung auff dem Hause Reuhell In allerley erwegung gehabtt, vnd vff der Kn Matt zu Dennemarcken Norwegen ɔc vnsers gst hern, anwesenden stadtlichen hernn Gesanten vnnd Rethe vielfeltigk erInnerung, mitt der wieder herzubrengung dess Schlosses Reuhell der Kn Matt hochstgemeltt zu sondern eheren vnnd dienstlicher danckbarer erzeigung nicht fast eilen wollen, So ist Idoch gestrigs abents fast spett von Reuhell ab, dohin wegen abgelegenheitt aller bescheitt so schleunigk nicht zubrengen, Der berichtt I. f. g zukommen, Das die, so das hauss Innegehabtt, Durch guttliche vnd freundtliche verhandlung dasselbe wiederumb vff gemachte bedingung abgetrettenn, vnd ohne beschwerung dauon gezogen

Vnnd weiln das Inn solcher mass auss gar keinen vnfreundtlichen bösenn willen wieder die hochstgedachte Kn Matt vnd Rethe zu Dennemarcken, nhun geschehen vnnd I. f. g: zu dem Ihrigen wiederumb gelangett dadurch In Itzigen gefherlichen Musschowiterssehen geleufften dem feindtt zum wiederstandtt souiel mehr einickeitt Innerlich zubefurdern

Alss wollen I h f. g zusambtt Ihrem gantzen Ritter Ordenn Inn wharer vngezweiffelter Zuuorsichtt leben vnd dienstlich hoffen, Die Kn Matt ohne deren wissen vnnd willen die besatzung erstlich furgenhomen werden diese erfolgte abtrettung auch also Christlich vnd kuniglich geschehen lassenn, Vnd nochmhaln wie zu aller Zeit beschehen vermercket...., I. f g vnd gantzen Orden In Christlichen vnd kuniglichen gunsten vnnd gnaden beuholen haben,

Ihre f g wollen sich auch versehen, die hern Kuniglichen Gesanten, werden nhumher Ihrem vorigen getrewen vnd fleissigen erbieten nach : dafur I f g In gleichnuss danckbar :, Ihre sachen also Richten damitt sie den nechsten nach dess Musschowiters Landen, wan sie gleittliche vorschung zur Reise habenn, vortt ziehenn, vnd Ihren beuhelich verrichten mugen Vnnd alssdan die erhaltung dess schutzes mitt den Landen ɔc so In gehabter vnderrhedung vermuge der Nottell abzutrettenn, beschlossen nicht zuerstrecken, angesehen wirdt Ihre h f g aber da jegen wissenn, das sie an denselben Landen ein gar stadtlichs vnd schir hochstes kleinodt, so sie an Landen vnd leutten haben, Wan sie sich weitter mitt der Kn Matt zu Dennemarckenn Darumb vergleichen muchten, abtretten thetten, Vber wellichs sie auch Jhe nicht ein vbriges thuen, ader an Landen mher abstehen konten, Hoffen auch Die Kn Matt wurden, Im fhalle bei dem Veinde der friedt nicht zubehandeln, darob ein kuniglichs vnd Christlichs begnugen haben, Wie dan I h f g vff denn fhall vor schutz vnnd vertrettung solche Lande keinen andern Potentaten, alss die Kn Matt zu Dennemarcken lieber gonnen vnnd aufflassen wollen

Vnnd woltt den Hern Kuniglichen Gesannten vnnd Rethen, Ihrer notturfftt vnd gelegenheitt halber diss hiermitt nicht verhaltenn,

Denen sie sonst nach vermugen allen freundtlichen willen zubezeigen geneigtt ɔc

77. (1558.) Dec. 22. — **Note der dänischen Gesandten an den OM.**

Note. (2 Exx.)

Die Bedingungen des Schutzhandels betreffend.

In dorso: Zettel so die konigliche gesandten den herrn Meyster neben der Notel zustellen lassen.

Der Kon: Matt: zu Dennemarcken 2c Verordente Rethe vnnd Gesandtenn, habenn beuhelich, vber die Lande so kegenn den Schutz Inn gehabter vnderredung, vonn vnsers gnedigenn Herrn Meisters Gesandten, abzutretten bewilligt, Auch das gebiett Vellin mit seinen zugehörungen 2c zufurdernn, Dieweyll nicht der geringste theill der bewilligten lande, dieser Zeitt noch Inn des gewaltigenn Feinds Handen, die vbrigenn aber gentzlich, vnd das deren auch zu Frieds zeitten Inn etlichenn Jaren hernacher wenig zugeniessenn, zernichtigt vnnd verdorbenn seint.

Weyll auch die Ko: Maitt: dem Feinde Im Reich Norwegenn benachbarth, vnd demselbigen aus dieser Vervrsachung daselbst, sowol als dieser örtter Auffladenn muss, Derhalbenn dann auch besonder kriegskostenn vnd gefahr zu tragenn sein wille.

Ohne das dar auch des gemeinen Schutzes erhaltung fur sich selber fast hochwichtigk Ist, vnd vieler beschwerung, wie dann gleich vnnd anfenglich des Itzigenn Feinds abwendung grosse vnd bey nach vbermessige kostenn erfurdern will,

Aus diesenn vnd mehr vmbstenden, habenn vnser gnediger Herr Meister der furderung billicheitt zuermessenn, Was nun deshalbenn Vnd auch ferner Im handell, vnnsers gnedigen Herrn Meisters neigung, Das wolte sich Ire F: G: hirauff vnnd kegenn beiliegende Nottel zu furderung der Sachen gnedig erklerenn,

Das verdienen die Kon: Gesandtenn vnderthenigk vnnd

78. 1558. Dec. 23. Riga. — Die dänischen Gesandten an den Grossfürst.

Cop.

Bitte um sicheres Geleit, Beförderung und Verpflegung für Geld und um Stillstand in Livland vorläufig bis zur Ausrichtung ihrer Sendung an den Grossfürst.

Durchleuchtigster Grossmechtigster, Hochgeborner Keyser, vnnd Grosfurst aller Reussenn, gnedigster Herr, Ewer Keyserlichen Maiestatt, wundschenn wir mit Anzeige vnnser vnderthenigsten Dienste, Durch gnade des Almechtigenn lange gesundtheitt, vnnd was derselbigenn mehr gefellig ist, mit allem guten zuuor. Demnach als von dem Auch Durchleuchtigsten Grossmechtigsten Hochgebornen Fursten vnd Herrn, Hern Christian dem Dritten zu Dennemarken, Norwegenn der Wenden vnd Gotten Koninge, Hertzogen zu Schleswigk, Holstein, Stormarn, vnnd der Ditmarschen, Grauenn zu Oldenburg vnd Delmenhorst ɔc vnnserm Aller gnedigsten Herrn, wir an Ewer Keyserliche Maitt: In etlichenn werbungen, abgefertigt, vnnd nun alhier zu Riga durch göttliche hulff angekommen sein, habenn wir bey kegenwertigenn vnsernn Secretario Blasio Melden, vnnd Diener N.*) Ewer Key: Maitt: vnsers gnedigstenn Herrn des Königs zu Dennemarcken brieffe zuschickenn, vnd auch fur vnnsere person hirmit vnderthenigst bitten wollen, Eu: Key: Maitt: wolle vnnserm gnedigsten Herrn dem Koninge ɔc zu Ehren vnd freuntlichen gefallen vns samptlich, vnd besonderrn, mit allen vnnsern Dienern, Haaben vnd gutern, ein Christlich, frey sicher vnd fest Gleidt, bey diesen brieffs zeigernn vnder E: Key: Maitt: Sigell mittheilenn vnnd zuschickenn, Das wir mit allen den vnnsernn, so mit vns seindt, zu Eu: Key: Maitt: gutwillig ziehenn, vnd widerumb zurucke vnbefahrt, vnd ohne alle vertzögerunge, reisen mugen, Auch vns eine freye Post aus Eu: Key: Maitt:

---

*) *Ursprünglich.* vnsernn Diener Blasium Melden, vnnd dem Andern,

Landenn, vnd widerumb hinein vergönnen, Vnd vns besorgen lassenn mit einem Ehrliebenden Prestauen, welcher vns auf der Grentze Annhemen an Ew: Key: Maitt: vnd widerumb zurucke bringenn vnd geleitten muge, Vnnd vns auch fur vnser gelth alle notturfft In allen Jammen vnd Nachtlegern verschaffen muge, vnd sonderlich bier, das wir nicht konnen mit fuehren, Das wir auch Fuhrleuthe vnd Postpferde vor das gelt, Da Eu: Key: Maitt: vnderthanen pflegen zugebenn, bekommen mugen, Vnnd vergönnenn vns auch auff die Narue vnd Iwanogrodt, vnnd von darob forthann Inn Ewer Key: Maitt: Lande zu ziehenn. Dieweyll wir zu Reuhell vnser zeug vnd notturfft zu Schiff anbringen lassenn, vnd nun dahin ziehen mussenn.

Da vns auch etliche vnnser leuthe, so wir mit vns genhommen, ferner nicht nöttigk wurden seyn, wolte Eu: Key: Maitt: dieselbigen vonn der grentze zurucke verstattenn vnd furdern lassenn. Vnnd wolte auch Eu: Key: Maitt: verschaffen, das wir Inn keinen Dingen zur vnbillicheit beschatzet werdenn möchtenn,

Vnnd weyll auch vnnser gnedigster Herr, der Koning zu Dennemarcken, Inn seinem brieffe vmb Stillstandt mit den Kriege Inn Liefflandt bis das wir vnser werbung bey Ewer Key: Mait: verricht freuntlich gebettenn, So bitten Eu: Key: Matt: wir auch vnderthenigst vnnd vleissigst, Eu: Key: Maitt: wolle Iren Boiarden vnd Feldtherrn gebieten lassenn, Das sie mit Krieg, so lange stille haltenn, bis auff Eu: Key: Maitt: ferner bescheidt, vnnd das bey Ewer Key: Maitt: wir gewesenn scindt,

Eu: Key: Maitt: wolle auch diese vnsere Diener Im widerkerenn, durch Eu: Key: Maitt: Lande vff Iwanogrodt vnd Narue nach Reuhell mit gnaden befurdern lassen, Dasselbig wirt vnser gnedigster Herr der Koning Christian etc freuntlich vnd Nachbarlich verschuldenn, Vnnd seint auch Ewr. Key: Maitt: wir widerumb Jederzeitt vnderthenigst Dienste zu erzeigenn geneigt. Gegebenn zu Riga den xxiij Decembris Im Jahre vnsers Herrn Geburt, Tausent, Funffhundert Funffzig vnd Acht.

E: Keys: Maitt:

Vnderthenigste

Der Ko: Maitt: zu Dennemarcken vnd Norwegen ɔc Rhete vnd Gesantenn,

Claus Vhrne zu Beltebergk,

Wobislaff Wobisser, zu Troyborch.

Peter Bilde, zu Schwanholm.

Hieronimus Thenner, Der Rechten lehrer.

79. 1558. Dec. 26. — Antwort des OM. auf die Note der dänischen Gesandten vom 22. December.

Note. (2 Exx.)

Die Bedingungen des Schutzhandels betreffend.

In dorso: 26. Decemb. Des Herrn Meisters ɔc.

Weiln der Kuniglichenn Matt. zu Dennemarcken Norwegen ɔc vnsers gnedigsten hern verordente Rethe vnnd Gesanten, den Handell vermuge der zugestalltenn Nottell vfl Ratification ɔc nhur gerichtett Vnnd ohne das vnserm gnedigen hern Meister vnthuelich, das Gebiett Vellin zuuorlassenn Gedencken I f. g. den handell der schutz vnnd rettung vergleichung dahin, das damitt anzuhalten biss man nach vollenzogener Reise an denn Reussen befindett Was der allmechtiger, der darumb demutigs hertzens zubitten, Durch diese sowoll der Romisschen Keiserlichen, Alss der Kuniglichen zu Dennemarcken, Norwegen ɔc Maiesteten verfugte mittell der besendung zu friedenss ader anstandess, ersetzung, wircken wirdtt, Darnach alssdan wirdtt man nach gelegenheitt vnnd erfurderung der sachen

: welche sich sonsten ehe man dess feindess willens erkundich In beschwerliche wege ansehen lassen : auch mitt wissen vnd zuthun, der Romisschen Kaiserlichen Matt. vnnd dess heiligen Reich kegen denn Veindtt sich zuschicken, Vnnd auch wegen der errettung vnnd schutz handelung, wan die wircklich vnnd Inn der thatt kegen den Veindtt furzunhemen entschlossenn, mitt hochstgedachter Kn Matt zu Dennemärcken ɔc zuuorgleichen, vnd vnuorweisslich zuuorhalten habenn

Vnnd achten I f g solch bedencken nach Itziger gestalt der sachenn Richtigk vnd allerseits handlungen nicht vndienstlich Welchs sie den hernn Kuniglichen Gesanten vnd Rheten vff derenn vberreichte schrielftt vnnd nottell nicht verhalten wollten, Den sie sonst In allem gebuerlichen vnnd mugelichen mitt guttem willen gewogen.

80. 1558. (7067.) Dec. 26. Dorpat. — Des Fürsten Dmitri, der Bojaren, Wojwoden und Statthalter zu Dorpat Ermahnung an Livland, den Grossfürsten um Frieden zn besenden.

Cop.

In dorso: Schreiben des Muscowitischen Obersten Demetrij, zu Dorbt, an die Stennde zu Lifflandt, der Friedshandlung hall er. Angebracht zu Riga, den siebenden Januarij. Im Jar lix

Wilhelm meister zu Lifflandtt vnnd Wilhelm Ertzbischoff zu Riga vnnd allenn andernn Bisschoffenn vnnd allenn andernn leuthenn inn lifflandtt.

Nach dem gruss ɔc

Vonn seinenn Boiarenn vnnd vonn scinenn Woywoden vnnd die Stadtholder zu Dorptt vonn dem Fursten Dicmitter zu Dorptt Wir schreibenn ann dich Herre Meister zu Lifflanndtt, vnndt an Wilhelm Ertzbischoff zu Riga vnnd die andernn Bisschoffenn vnnd allenn leuthenn inn Lifflandtt, vor dissem habtt ihr vnserm hernn dem Keyser gesagtt vnnd denn grosfurstenn ewre vnwarheitt viell, vnnd vonn eurer vnwarheitt vnnd weliker Duentt, dath sich begebenn hatt vnnd so viel vnschuldig blutt vergossenn ist, dass soltt ihr selber woll wissenn, vnnd nu noch bouenn ann des grosfurstenn Zornn, wie viel blutt vergossenn ist wordenn, das mugett ihr auff euch nehmenn vnnd wir sehenn euer vngluck vnnd hohmutt dass wir vber diss landtt thunn karmenn, vnschuldig vergossenn blutt vieler leuthe, Darumb gedenckenn wir eurer vmb guter Christenheitt willenn, vff dass des christennblutt nichtt vonn vns gesuchtt werde, vnnd das ihr wollett des grosfurstenn Zornn stillenn vff dass viel vnschuldig blutt muchte vnvergossenn bleibenn, vnnd das ihr mitt dem erstenn ewre gute botenn, zu vnss schickenn, gute leuthe mith demuticheitt, ewer heubtt zu schlahenn, vff das des grosfurstenn zornn muchte gestillett werdenn, vnnd wir wollen eure bothenn mitt dem erstenn an denn grosfurstenn zihenn lassenn vnnd wir wollenn auch das beste darby thunn, das des grosfurstenn zornn mag gestillet werdenn, vnnd das ess mith dem erstenn mag gekerett werdenn, vnnd so ihr euch nichtt mitt dem erstenn spudett zu vns zu sendenn so wirtt vnsers herenn volck zu euch ankommenn, vnnd schickett ihr eure bothenn zu vnserm hern vnnd zu vnsers hernn hoffleuthenn, aber (*l.* vber) vnsers hernn krigsvolck zu denn Boiarenn vnnd furstenn mith nhamenn Simon Johanssen vnnd Nicolasenn mith siner geselschafftt, vnnd wir wollenn vnser beste auch darbey thunn, vff dass kein weitter blutt vergossenn wirtt, vff dass ewer lanndtt nicht mag vorherett werden, vnnd mann soll mitt ewrenn bothenn handeln wass rechtt ist vnnd als dann zu vnserm hernn auch woll zum bestenn sprechenn, vff das das blutt vergiessenn muchte nachpleibenn, vnnd das des grosfurstenn seinn zornn inn gnaden verwandeltt werde, vnnd das sich der karmenn der armenn leuthe muchtte gestillett werdenn Darumb vormanenn wir euch zu allem besten mitt

diessem vnsernn brieffe, schickenn wir euch zu vnnd hir habtt
ihr vnsernn brieff vnnd vff euer botenn geleidtt, frei zu vns
vnnd velich widder vonn vnns zu rugge, durch diessenn brieff
sollenn eure bothenn sicher vnd velich, vnnd keinn anhaltendtt,
soll eurenn botenn hir nichtt geschehenn, ess ist geschrieben
in der warheitt, vnserm hernn geschriebenn in Dorptt denn
26 Decembris im iare 7 tausent vnnd 67 ɔc

81. (1558.) Dec. 27. — Rückäusserung der dänischen Gesandten auf die fernere Meinungsäusserung des OM.

Note. (2 Exx.)

In dorso: 27 Decembris. Die konigliche gesandten ɔc

In dorso des andern Exemplars: 28 Dec.

Als dann vnser gnediger Herr Meister, die vergleichung des
gesuchtenn Schutzes halber, bis auff verrichtung, der fur-
habendenn Reussischenn friedsfurderung auffschiebenn vnndt
verweysenn wollenn, Vnndt Sich aber dennoch, da friede bey
dem veinde, durch Stattliche keyserliche vnnd kunigliche
schickung, So furhanndenn, vber Hoffnung nicht zuerhaltenn,
Zu ferner Handlung Schutzes halber kegenn die Kon: Maitt:
zu Dennemargkenn ɔc erbottenn,

Weill dieser Sachenn notturfft erfordernn, wasser gestalt
auff denn fhall, da Je diese lande kriegs bey dem Veinde,
durch gutte nicht zuentheben, gedachte schutzes handlung
mit hochgedachter Kon: Matt: ɔc vonn vnsernn gnedigenn
Hernnmeister, vnnd dem Ritter Ordenn ɔc Schlusslich zu
vollenfuerenn Sein wollenn. Vnndt was Inn dem I f g. eigentlich zuuornehmenn, vnndt Solchs demnach ann die Kon:
Maitt. gelangenn zu lassenn, Domit Ire Kon: Maitt: nach
entpfangenen bericht, denn gesantenn weitter beuehlh, dessenn
Sich dieselbige nach geschehener Reussischer ausrichtung

kegenn vnsernn gnedigenn hernn Meister zuuorhaltenn, desto schleuniger zufertigenn vnndt sonst mit andernn notturfftigen sich der gelegennheitt nach ferner zurichtenn habenn mugen, Vnndt suchen die Kon: gesantenn hiermit vnderthenig, vnnser gnediger herr Meister wolte Sich dessenn zu erklerenn Inn gnadenn vnnbeschwertt sein ɔc.

82. 1558. Dec. 30. (Riga.) — **Entwurf zu einem Schutzvertrage des Ordens mit Dänemark.**

Conc. Cop.

Dieses Stück findet sich oben unter No. 43 bereits gedruckt, gehört aber hierher. Das richtige Datum: 30 Decembris *steht überdies in dorso einer Copie verzeichnet.*

83. (1558. Dec. Ende. Riga.) — **Bedenken des EB. und OM. über die durch die dänischen Gesandten vom russischen Grossfürsten zu erwirkenden Friedens- oder Stillstandsbedingungen.**

Cop.

In dorso: Bedencken des Herrn Ertzhischoffen vnnd Herrn Meisters auf die Reussisch frieds handlung.

Wiewoll meine gnedigst vnndt gnedige Hernn Ku: Gesantenn Suchen mittell vnndt wege vorzuschlagenn geneigt seindtt, Voruff der veindt vmb Friedens odder anstandts ersetzung mochte ersucht werdenn, So ist doch I. f. Dt. vnndt g Solchs zuthuen ettwas schwer, Nach dem Sie es dauor achten, das die Hernn Gesanten auss stattlichem gehabtenn Kuniglichen Radtt vonn wegen der Ku: Maitt: Inn Ihren beuhelich die mittell, wege vnndt vorschlege habenn dern schwerlich bessere oder zutreglichere gefunden werdenn möchtenn, Vnndt hetten darumb woll zu bittenn gehabtt, die Hernn Koniglichenn gesantenn wurdenn vnbeschwertt sein I f Dt. vnnd g Solchen Ihrenn habendenn Kuniglichen vnndt Christlichenn beuhell zueroffnenn, Weilnn aber die zeitt vast hinlaufftt vnndt di Hernn gesantenn zuforderst der Henndell berichtt, vnndt gleichwoll auch danebenn vorschlege zu der Friedenss odder anstanndts Handlung gewertigk seindt, So lassenn I f Dt. vnndt gnadenn denn Hernn Gesantenn vormeldenn, Das die Friedenss oder anstandts Suchung vonn Hochstgedachter Kon: Maitt: vor allen dingenn vor die hanndt genommenn, das ist auss vielen trefflichenn Kuniglichen Radtt vnndt erwegenn geschehenn, Vnndt ob woll meine gste vnnd gnedige Hernn beschwerlich, das Sie mit dem kriegsvolck vff welchs bissdaher ein mercklichs gangen denn Feindt mit dem aller erstenn nicht ferner besuchen sollenn, So wollen doch I f Dt vnndt g dem selbenn Kuniglichen Radtt vnndt erwegen weichen, Seindt aber der zuuorsicht, die Hernn Koniglichen gesantenn werdenn denn veindtt, weilnn ehr keine Redliche oder rechtmessige annkunfftt noch vrsach seiner geubtenn Tyrannei hatt, zu einem treglichen Frieden oder anstanndtt bewegenn vnndt haltenn.

Vnndt achtenn es meine gstn vnndt gn Hernn dauor das diesenn lanndenn, wie das vonn alters her gebracht nitt gerathenn, mit demselbigen Veindt vff einen ewignn Friedenn zuhandlen, weiln ehr ein erbfeindtt Christlichs glaubens vnndt nhamens ist, Vnndt zu allen zeittenn damit vmbgehet nicht anders als der Turck vnndt Tatter, die Christennheitt zuuertruckenn vnndt auszurotten, Wie er solchs Sonnderlich ann denn vmbliegendenn Potentatenn vnndt darnach Je lenger Je weitter versuchenn wurde, wann ehr dieser vormhaur ader Landtschafftt Lifflanndt solte mechtigk werdenn, Welchs Ihm Gott der allmechtigk aller gnedigst wehrenn vnd verbieten wolle Vnndt habenn darumb diese Lande auss solchem bedenckenn niemhals anderer gestaltt als vff einen beyfriede oder annstandt zu ettlichen Jharenn mitt demselben erbfeindtt gefriedett Damit wann gott der Herr seine gnade, die Zeitt vnndt das vermug gebenn wurde, derselb Tyranne mitt ernst angegrieffenn vnndt dardurch die Christennheitt muchte vermehrtt werdenn.

Darumb lassenn I. f Dt vnndt g geschehenn das mit demselbenn Tyrannen ein anstandtt oder beyFriede vff zehenn Jhar lang begrieffen werde, doch vff nachfolgende Conditionn bescheitt vnd bedingen,

Das ehr erstlichen diesenn landenn widderumb abtrett was ehr mit seiner Tyranney eingenhommen ꝛc

Zum andernn das ehr denn landen zum weinigsten denn vnnkostenn erlege der vff das Kriegsvolck gangenn Welchs Sich Inn die Funff tonnen goldts erstreckt

Zum drittenn das ehr sich keines Trybuts oder Zinss vber das Stifft Dorptt noch andere Orth dieser Landtschafft mehr anmass

Zum vierten das ehr auch auss diesenn Landenn seine grewliche abgotterey lasse, vnndt dieselben mit denn Reussischenn kirchenn nicht mehr beschwere,

Zum funfftenn das er des Teutschenn Passes halber die lande kunfftigk ferner nicht bekummere

Zum sechstenn das der Artickul, das Sich diese Lande der vmbliegendenn Potentatenn hulff vnndt beystandtt wieder Ihnen zu keinen Zeitten bewerbenn Sollenn, nhumer nachbleibe

Zum siebendenn das ehr die kauffmanschafftt vff billiche tregliche wege nach dem alten vnndt Souiel diesenn landenn annehmlich richte, vndt denn landenn Lifflandtt wieder Solchs keine beschwer vfflade,

Zum achten Das die Reussischen klagsachen dermassenn geordnett, Damit desshalbenn die landtt nicht verunruhett

Zum Neundenn das vmb entledigung der gefangenen gehandeltt werde, Vnndt so In dem nichts zuerhaltenn, solte die Jegenlossgebung disser gefangenen Reussenn angebotten vnndt daruff gehandeltt werdenn.

Zum letztenn solte Inn Solcher befurdernuss oder anstandts befurderung auch versehen werden, Damit dem Veindtt die verbottenne wahr, Als kriegsrustung vnndtt andere nicht nachgegeben wurden

Dann mit was vielfeltigen burdenn vnndt beschwerungen ehr der Veindtt In nehst vffgerichtem beyFriedenn, Sich, diese Lande zubeladenn, vnterstandenn, Das werden die Hernn Ku: gesantenn auss der formular desselben zuersehenn habenn, Vnndt habenn Ihre Gestrengikeitten Ehrntuesten Edlenn vnndt Hochgelartenn gunsten allen ferners berichtt, Vnndt wess man sich Jegen Ihm friedens halben erbottenn bey diesem vberschickett

Denn Artickull des Dorptischenn Zinss hatt ehr nechstmals, nhu In das Sechste Jhar mit Zwang vnnd trangk dermassenn gesetzt, das ehr die gantze lande damit bestrickett, Ihm, dem Veindt denselben Dorptischenn Zins Innerhalb dreienn Jharenn, welche nechstuerschienes sechs vnndt funftzigstenn Jhars vff Michaelis Ihr ende gehabtt, zuuntersuchenn souiel Ihm desselben vff den eidt des Bischoffs zu Dorptt mochte zukommen, wie ehr denn Solchen artickull vff desselbenn vnndt nhu verfurtenn Bischoffs sehl oder eidts gestalt, was Ihm des zukommen mochte, Vnndt haben diese lande zu keinem andern verstande dieselb Condition des Dorptischen Tributs angenhommen, Dann das ein bischoff zu Derptt schwerenn solte, Das Stifftt wher Ihm Zins halben alters her zu nichten verpflichtt, wie es dan des beifriedens Innhalt nachbrengt, vnd durch sondere Bottschafftt ann den Veindt gebrachtt wordenn, Das sich der Bischoff vor sich vndt vonn wegenn dess Stifftts zum eide erbutte, Vnndt das Solchs ein her Meister bey Ihm hette vntersuchenn helffenn, Das ehr darumb die Lande solchs artickuls halben ferner nitt beschwerenn solte, Wie aber sein ardt ist, Als hatt ehr denn Friedenn zu seinem vortheill gedeuttett, Vnndt allein vmb desselben Dorptischen angemasten vermeinten Tributs willenn

diese arme lande entlichen vber viell hohes erbietenn ti
seiner grewlichenn Tyranney, mit erschrecklichen auch
saglichen mordtt, brandtt, raub vndt nham, nuh ein gar
Jar her, vberfallenn, betrubtt beschedigtt ᴐc Aus welchem
sein heidnische bluttdurstigkeitt vnd vnmenschlicher Tyrannischer vorsatz greifflich zuspurenn, Wie gern ehr diese lande
vnter seine heidnische Seruitutt dienstbarkeitt vonn dem
wharen erkantnuss Gottes des allmechtigen, vnnd seines heiligenn vnndt allein Seligmachenden wortts brengen, desselben
beraubenn vnndt darnach der gantzen Christenheitt zusetzen
wolte Dann ob ihm wol gelobtt vnndt zugesagtt wer, das
Ihm derselb erzwungene Tributt Solte zugeschicktt werdenn,
So hette sich doch nicht geziembtt vber vielfaltigs erbietenn,
die arme lande so erschrecklicher vnuerhörter weyse zubeschedigen, zu brennen vndt zumordenn. Aber weiln es sein
ardt ist, So wirdtt gott der almechtigk, So nicht In diesenn
Zeittenn doch kunfftig sein vetterliche gutte gnade vnndt
barmhertzigkeitt leuchtenn vndt scheinen lassenn, Das doch
ein mahl derselb Tyrann, wie ehr es vielfaltigk verdient,
gestrafftt, vndt das arme vnschuldige vergossenn blutt ge-
rochenn werde

Vnndt achten darumb meine gnedigste vnd gnedige
hernn gerathenn, weylnn die Romische Key: Maitt. solchs
vorschrifttlichen befurderenn, Das die Ku: W zu Polenn,
derenn anstandtt ader beifriedenn vonn wegenn des Gros-
furstenthums Littowenn Jegenn denselbenn gemeinen Veindtt
auch fast zum ende laufftt, ersuchtt vndtt gebethenn werde,
Das auch Ihre Ku: W: Ihre stadttliche Legationn an Ihnen,
den Veindtt abgefertigtt, denselbenn vff die friedenss oder
anstandts behandlung der Rom: Kay: vnnd Dennemarckischen
Ku: Maitt: Bottschafftenn Suchen vnndt behandlen, vermahnen
vnnd sich In denn lifflendischen frieden mitt begreiffen lassenn,
Vnnd do ehr die Handtlung nitt einreumen wolte, das als
dann auch gantz Lyttaw Ihm dem Veindtt denn vnfriedenn

ınkundigten, vndtt mit aller machtt neben diesen landenn, Joch nicht durch diese lande den Tyrannen anngreiffenn,

Nhun mussen sich aber I f Dt: vndt g. befurchten ob woll die Hernn Kong: gesantenn ob alle obgesatzte artikull denn Handel mit dem Veindtt versuchen mugen, das sie doch schwarlichen dieselbenn erhaltenn werden, Vnndt seindt darumb I f Dt: vnndt g. des verglichen, So der Veindtt die eingenhomene lande wiederumb abtretten wurdtt, lassenn Sie geschehen, das mit Ihme vff einen, funff, sechs, siebenn, acht, oder neun Jarigenn beifriedenn gehandett werde, Wo ehr aber dieselb abtrettung nicht thun wolte, Wissenn I f. Dt. vnndt g nichtt, das diesenn landenn gerathenn oder nutz sein muge lengernn anstandt zubewilligen alss biss vff Jacobi Innerhalb welcher Zeit sich die lande Jegen Ihnen denn Veindtt allenthalbenn zu stadtlichenn angrieff gefast machenn kontten, Do ehr auch wie zuuormuten solchenn kurtzen anstanndtt nit gebenn wurde Also werdenn die Hern Ku: Gesantenn hiermith fleissigk gebetenn, Das Ihre Gestrengkeitten Eddell Ehrntuest vndt Hochgelartenn gunsten vff erhältenenn stillestandt die Handlung dahin richten wolten, Damit, mit Ihm dem Veindtt so lange gehandeltt muge werdenn, biss das sich die lande bekwhemer vnndt besser widderumb zu felde begeben mugen

Darumb weilnn den Hernn Gesanten vff obgesatzte articull ader Conditiones vom Veindtt allerley beJegnen werdenn Dess sie meine gstn vnndt gn Hernn durch eilige Post vnngezweiffeltt zuuorstendigen benеigtt seindtt, Also werdenn sie bey dem Veindtt vmb freie Sichere post annhaltenn lassenn, Vnndt So der veindtt zu solcher Friedts oder anstandts Suchung einen stillstandtt allenthalbenn gewiss zusagenn versprechenn vndt haltenn wirdt, Wollen I f Dt vnndt g. denselben auch bei-denn Ihrnn ernstlichenn zuuor ıdt zuuorschaffenn wissen ɔc.

Inhalts-Register.

Aalborg. 107. 121. 122. 124. 125.
Abo, Län, Stadt und Schloss. 93.
Adaschew, Alexei Fedorowitsch. 11. 19. 20. 21. 22. 23. 24. 27. 28.
Adrikas, Claus. 231.
Adsel, 85; Zoll. 7.
Alexander, junger tatarischer Kaiser. 11.
Alexei, russ. Tolk. 10.
Andres (?) Hermann. 234.
Anrep, Hermann, Rath von Harrien. 44. 68. 186. 202.
Ansehe, die, s. Hanse.
Antoni, ein Russe. 90.
Arensburg, auf Oesel. 62. 65. 80. 82. 87.
Arndt, Hermann, Rathmann zu Narva. 49.
Asserie, Arndt. 45.
Asserie, Johann. 45.
Asserie, Jorgen. 45.
Astrachan. 22. 90.

Barby, Andres, kön. dän. Rath. 179.
Behr, Dietrich, Stiftsvogt zu Oesel. 63. 82. 178. 193. 195. 196. 198. 199. 200. 201. 202. 203. 205. 206. 207. 209. 210. 211. 212. 213. 214. 215. 218. 219. 222. 224. 225. 226. 243. 244. 245. 250. 251. 252. 253. 254. 255.
Berch, Berndt. 45.
Berch, Otto. 45.
Bilde, Pehr, zu Svanholm. 144. 153. 154. 161. 177. 282.
Bleck, Jasper. 49.
Bock, Blasius. 9. 11. 14.
Bockholt, Goddert, Hauscomthur zu Reval. 69. 122. 123. 160.
Bockhorst, Johann. 12. 15. 22. 30. 31.
Boese, Ewert, Bürger zu Narva. 49.

Brakell, vgl. Wrakell.
Brakell, Diruk. 45.
Brakell, Kersten. 45.
Brakell, Wolmar. 45.
Bremen, vgl. Vremen.
Bremen, Johann. 44.
Bremen, Johann. 45.
Bremock, Jorgen. 45.
Brommer, Wolmar. 45.
Bruske, Antonius, zu Langesehe. 144.
Brunnow, Michael, Secr. des OM. 122. 124. 125. 138. 144. 145. 256. 270.
Buchholz, s. Bockholt.
Bucken, von, Reinhold, Bürger zu Narva. 49.

Christenheit, die. 42. 43. 54. 57. 61. 68. 86. 88. 102. 103. 147. 184. 222. 223. 233. 234. 235. 236. 241. 287. 288.
Christian III., König von Dänemark. 41. 52. 55. 57. 58. 59. 60. 62. 66. 67. 68. 74. 76. 77. 79. 82. 86. 89. 92. 93. 107. 110. 113. 114. 122. 124. 131. 137. 138. 141. 143. 144. 145. 147. 153. 154. 160. 161. 175. 178. 179. 197. 210. 221. 223. 225. 230. 233. 234. 237. 250. 257. 280. 281.
Christoph, König von Dänemark. 36.
Clodt, Justus, Syndicus zu Reval, Abgesandter nach Dänemark. 41. 43. 68. 69. 125. 126. 234.

Dänemark, Krone und Reich. 30. 42. 43. 53. 54. 63. 64. 83. 84. 91. 103. 104. 106. 107. 108. 109. 110. 111. 112. 113. 114. 117. 118. 119. 120. 130. 131. 132. 133. 134.

135. 140. 141. 142. 145. 150. 157. 164. 166. 167. 172. 173. 178. 188. 191. 231. 233. 266.
Dänemark, König, s. Christian; Christoph; Friedrich.
„ Räthe. 115. 142. 144. 145. 153. 165.
„ Alte Beziehungen zu Livland und Hoheitsansprüche. 36. 53. 57. 63. 68. 103. 107. 108. 109. 110. 111. 112. 115. 116. 129. 131. 133. 139. 143. 156. 160. 163. 164. 167. 168. 171. 172. 176. 233. 257. 261.
„ Werbung und Gesandtschaft nach Livland. 62. 104. 137. 146. 154—160. 161. 194. 219—221. 229. 238. 243. 256—291.
„ Kriegshilfe für Livland. 82. 83. 105. 121. 136. 142. 143. 151. 160. 194. 199. 210. 219. 221. 225. 246. 251. 272.
„ Friedliches Verhältniss zu Russland. 83. 157. 177.
„ Werbung und Gesandtschaft nach Russland. 52. 53. 89. 92. 133. 142. 145. 146. 147. 153. 154. 155. 156. 159. 161—178. 220. 261. 269. 272. 278. 280—282. 282.
Danzig. 91. Bootsleute nach Livland. 91.
Deken, Andres. 44.
Detwich, Ewert. 44.
Deutschland, (deutsche Nation). 54. 102. 182.
„ Kaiser und Reich. 2. 4. 13. 23. 27. 37. 38. 55. 57. 66. 86. 96. 99. 102. 108. 133. 134. 137. 165. 174. 227. 228. 229. 258. 283. 290.
„ Churfürsten, Fürsten und Stände. 13. 76. 86. 174.
„ Ritterschaft und Adel. 76.
„ Gesandtschaft nach Russland. 133. 282. 285.
Deutschen, die. 7. 41. 149.
Diedenhofen. 54.
Dmitri, Fürst, Statthalter zu Dorpat. 283.
Doctor, der, s. Gilsheim, Rembert; Friesner, Matthäus.
Dödwen, Hinrik. 46.
Dönhof, Hermann. 92.
Donhof, Johann. 45.
Dorpat, Gebiet, Schloss und Stadt. 15. 56. 57. 58. 65. 66. 67. 73. 75. 78. 89. 90. 92. 98. 99. 129. 148. 151. 181. 191. 232. 238. 239. 240. 241. 285. 289.
„ Stift. 22. 25. 55. 56. 57. 59. 64. 79. 176.

„ Bischof, s. Hermann, B., Stiftsvogt, s. Krause, Elert; Capitel und Räthe. 54. 56. 57. 239. Stände. 55; Ritterschaft, Adel und Aufgebot. 54. 56. 57. 74. 78. 239. 240.
„ Geforderter Zins. 3. 11. 12. 13. 15. 16. 17. 18. 19. 21. 22. 23. 24. 25. 28. 29. 31. 48. 99. 288. 289.
„ Einnahme durch Verrath. 65. 73. 78. 95—98. 190. 232. 241.
„ Russ. Kirchen. 15; russ. Hauptleute. 65. 66. vgl. Dmitri; Szuiski.
Dörptischen, die. 235
Dronningborg bei Randers. 154. 160. 170.
Dücker, Dittlof. 45.
Dücker, Johann, zu Kow. 44.
Dücker, Johann, zu Nowicks. 44.
Dücker, Johann, zu Ottel. 44.
Dücker, Johann, zu Wurts, Rath von Wirland. 44. 186. 208.
Düna, die. 85. 148.
Dünaburg, Comthur, s. Sieberg.
Duhne, s. Düna.

Eifland, s. Livland.
Ermis, Lorenz, Rath von Wirland. 44. 208.
Estland, Estonien. 36. 53. 74. 75. 87. 107. 108. 109. 110. 111. 112. 114. 115. 117. 118. 119. 139. 140. 144. 163. 167. 168. 171. 177. 241. 258.
Etz, Schloss. 73.

Fahrenheide, Hans, Bürger zu Narva. 49.
Fahrenheide, Lamprecht, Bürger zu Narva. 49.
Fahrensbeck, Conrad. 44.
Fahrensberg, Winrich. 231.
Falkena, Schloss und Abtei. 78. 98.
Fellin, Gebiet, Schloss und Stadt. 75. 133. 146. 235. 241. 245. 257. 279. 282.
Ferdinand, röm. Kaiser. 66. 121.
Finland. 91.
Fleming, Gerdt. 32.
Flor, Tönnies, Drost auf dem Hause Reval. 219.
Franke, Claus. 1. 9. 11. 14. 20.
Frankreich. 36.
Franzosen, die. 36. 41. 54.
Fricke, Johann. 3.
Friedrich, erwählter König mark. 144. 187. 189.
Friesner, Balthasar. 70.

..er, *Matthäus*, Dr. 93. 209.
..., *Johann*, zu Hesselager, dän. Kanzler. 144. 145.
...enberg, *Wilhelm*, OM. L 2. 14. ... 42. 47. 60. 61. 68. 79. 81. 82. 85. 86. 88. 94. 95. 99. 101. 103. 105. 130. 131. 132. 134. 135. 136. 137. 138. 141. 144. 145. 148. 153. 154. 181. 182. 189. 190. 193. 219. 221. 222. 230. 231. 232. 233. 234. 235. 238. 250. 255. 256. 264. 267. 283. 286; dessen Gesandtschaft nach Dänemark, nach Russland, s. Livland, Botschaften; dessen Kriegsvolk, s. Livland, Aufgebot; dessen Legation nach Reval. 180. 189. 193—218. 224. 244.

Galen, von, Dietrich, Feldmarschall. 217. 240.
Galen, von, Heinrich, OM. 2. 3. 12. 14. 22. 98. 201; dessen Gesandtschaft nach Russland. 3. 15. 22; nach Dänemark. 99.
Gilsen, von, Hinrik. 45.
Gilsen, von, Jaspar. 45.
Gilsen, von, Johann. 45.
Gilsen, Reinhold, Hauptmann eines Fähnlein. 181. 234.
Gilsen, von, Robrecht, Rath von Wirland. 44. 68.
Gilsen, von, Voborch. (?) 234.
Gilsheim, Rembert, Dr. 180. 189. 193. 194. 195. 196. 197. 198. 199. 200. 201. 202. 204. 207. 217. 244. 245. 249.
Golowin, Peter, russ. Pristaw. 10.
Gross, Fritz. 9. 10. 13. 14.
Grothusen, Melchior. L 3. 9. 10. 11. 12. 13. 14. 29. 32.
Grothausen, Otto. 12. 30.

Hahn, Valentin. 3. 12. 17. 22. 32.
Hald. 82.
Hanse, die. 129. 147.
Hapsal, Schloss und Stadt. 75. 95. 96. 97; Drost. 96.
Harrien, Landschaft. 44. 81. 87; Ritterschaft, Adel und Aufgebot. 44. 73. 74.
Harrien und Wirland. 43. 44—46. 53. 75. 107. 108. 109. 111. 112. 114. 115. 116. 117. 118. 119. 131. 133. 139. 140. 144. 146. 167. 168. ... 176. 177. 198. 232. 257. ...the und Ritterschaft. 76. 77. ... 82. 96. 128. 129. 160. 162. 190. 201. 202. 203. 207. 209. 211.

212. 213. 215. 216. 217. 244. 246. 269.
Harrien und Wirland, Botschaft nach Dänemark. 77. 126—130. 21 L 243.
Harrien und Wirischen, die. 232. 234. 267.
Hastfer, Claus. 45.
Hastfer, Hinrich, zu Kondes. 45.
Hastfer, Johann. 46.
Hastfer, Jorgen. 45.
Heinrich, ein Schreiber. 207.
Helmet, Schloss. 95.
Hermann, B. von Dorpat. 3. 11. 12. 13. 14. 25. 30. 31. 54. 56. 57. 58. 96. 97. 98. 239. 241. 289; dessen Kanzler. 95—98; Gesandtschaft nach Dänemark. 55. 57. 58; nach Russland. 4. 11. 12. 14. 20.
Hertwig, Heinrich, Bürger zu Narva. 49.
Horner, Thomas, der Rechte Licentiat. L 8. 9. 14.
Holstein, Merten, Hauptmann eines Fähnlein. 205.
Hulshorst, Hans, Rathmann zu Narva. 49.
Huroder, Matthias, Rath des OM. 256. 270.

Iwan Michailowitsch, russ. Kanzler. 11. 28.
Iwan Wassiljewitzsch, s. Russland, Grossfürst.
Iwangorod. 7. 151. 281; russ. Statthalter und Hauptmann. 7. 51; Zoll. 7. 51.
Iwangross, s. Iwangorod.

Jasuwitz, Ort im Nowgorodschen. 9.
Jederow, russ. Ort. 10.
Jerwen, Gebiet. 116. 118. 120. 130. 133. 140. 241. 267; O.-Vogt. 78. 94. 96. 181. 232. 235.
Johann, Herzog zu Finland. 92. 93.
Jorgen von Osenbruck, Landsknecht. 205.
Juel, (?) in Kurland. 95.

Kappenberch, Jasper, Rathmann zu Reval. 68. 208. 234.
Karkus, Schloss. 95.
Karris, Hof auf Oesel. 84.
Kasan. 21. 26. 90.
Kauer, Dietrich. 19.
Kauer, Johann. 45.
Kemerlingk, Lambrecht, Bürger zu Narva. 49.
Ketler, Gothart, Comthur zu Fellin, O. Coadjutor. 42. 60. 61. 120.

131. 138. 199. 202. 203. 204. 206. 207. 208. 209. 210. 211. 214. 216. 217. 244. 245. 247. 248. 250. 255. 256. 257; Stellung zum OM. Wilhelm. Fürstenberg. 265.
Kirrempä, Schloss. 82. 232. 235. 238. 239. 240.
Knofflock, Hinrik. 45.
Koene, Heinrich, Bürger zu Narva. 49.
Kokenhusen. 84. 87. 89.
Kolding. 219.
Kolk, Alt- und Neu-, kön. dän. Gut in Estland. 52. 59. 60. 79. 167. 176. 179.
Kopenhagen. 166. 187. 188. 189.
Korff, Johann. 46.
Koskull, Reinhold, Domherr zu Dorpat. 232.
Krabbe, Erich, zu Busdorf. 62. 144.
Krabbe, Iffer, zu Ostergaard. 144.
Kragelund. 59.
Krause, Elert, Stiftsvogt zu Dorpat. 11. 12. 14. 18. 19. 23. 25. 27.
Krimscher Kaiser, s. Tataren, Kaiser.
Krummhusen, Jochim, Bürgermeister zu Narva. 49.
Krumpe, Otto, zu Trudsholm, dän. Ritter. 62. 144.
Kudlewen, Engelbrecht. 45.
Kudlin, Johann. 45.
Kudlin, Reinhold. 45.
Kurland, Stift und Land. 63. 64. 87. 95; B., s. Münchhausen, Christoph.
„ Capitel. 63.

Lais, Schloss; russ. Besatzung. 90. 91.
Lange, Niels, zu Kjersgaard. 144.
Litauen, Grossfürstenthum. 290; Grossfürst. 15. 16. 31.
Litauische Grenze, die. 148.
Livland, (die Lande, provincia). 2. 3. 20. 21. 27. 34. 55. 59. 64. 67. 75. 77. 79. 81. 82. 84. 86. 88. 93. 98. 99. 100. 101. 103. 104. 105. 106. 110. 111. 115. 121. 124. 128. 130. 136. 138. 142. 147. 148. 149. 151. 152. 153. 156. 157. 159. 161. 171. 172. 176. 177. 179. 187. 191. 192. 194. 196. 198. 199. 201. 202. 203. 210. 212. 213. 220. 222. 225. 226. 227. 228. 230. 231. 240. 241. 242. 246. 247. 248. 258. 260. 264. 267. 272. 273. 287. 289. 290.
„ Herren und Stände. L 3. 4. 5. 6. 7. 8. 13. 14. 15. 16. 34. 35. 42. 47. 53. 67. 86. 88. 99. 101. 109. 113. 134. 137. 140. 141. 149. 162. 165. 168. 169. 171. 174. 175. 178.

202. 230. 231. 232. 235. 239. 240. 241. 258. 265.
Livland, Landtag zu Wenden. 63; zu Wolmar. 97. 239; zu Dorpat. 230. 231. 239. 241.
„ Städte. 118. 135. 141.
„ Unteutsche. Bauern. 42. 47. 81. 149. 268.
„ Aufgebot und Kriegsvolk. 81. 95. 102. 149. 150. 182. 185. 190. 231. 239. 245. 258. 267. 269. 287. 288.
„ Schutzhandel mit Dänemark. 57. 59. 61. 62. 63. 64. 66. 69. 77. 82. 86. 98. 106. 107—121. 122. 126—130. 130—147. 153. 155. 156. 187. 191. 220. 231. 232. 235. 241. 243. 250. 257. 265. 270. 274. 275. 276. 278. 279. 282. 283. 285. 286; mit Polen. 86. 231. 232; mit Schweden. 231.
„ Botschaften nach Russland. L. 2. 8—30. 33—35. 67. 100. 231.
„ Beifrieden mit Russland. 2. 3. 13. 14. 16. 25. 31. 48. 67. 100. 287. 288. 289. 291.
„ Russischer Handel. 5. 15. 16. 25. 31. 48. 288.
„ Russische Kirchen. 12. 17. 22. 25. 31. 288; vgl. Dorpat, Riga, Reval, russ. Kirchen.
Livländer, die. 165.
Lode, N. N. 96.
Lode, Andres. 46.
Lode, Dirik. 45.
Lode, Helmolt. 45.
Lode, Hermann, zu Asserie. 45.
Lode, Johann. 44.
Lode, Johann, zu Teyls. 45.
Lode, Johann, zu Undel. 45.
Lode, Reinhold. 45.
Lode, Robert. 45.
Lode, Tonnies. 45.
Löwenwolde, von, Jacob. 45.
Luck, Jorgen, zu Overgaard. 144.
Lübeck. 39. 118. 129. 135. 141. 145. 148. 153. 182. 220.
Luggenhausen, Christoph. 14.
Lustfer. 96.
Luxemburg. 54.

Magnus, Herzog von Holstein. 54. 56. 58.
Marienhausen, Schloss. 85.
Mecklenburg. 129.
Mecks, Claus, Rath von Harrien. 44.
Mecks, Ewert. 44.
Mecks, Johann. 45.
Melde, Blasius. 280.
Metsak, Marx. 46.

Meyborch, Conrad. 44.
Meydell, Johann. 45.
Meydell, Johann, zu Kotz. 44.
Meydell, Tonnies, Rath von Harrien. 44.
Moller, Johann. 46.
Mor, Hermann. 45.
Mor, Hinrich. 45.
Moskau, Land. 9; vgl. Russland.
Stadt. 10. 33. 34. 49. 52.
Moskowiter, der (der Feind, Russe).
5. 6. 39. 47. 49. 54. 55. 57. 58.
59. 61. 64. 67. 68. 71. 73. 74.
77. 78. 80. 81. 82. 83. 84. 85.
86. 88. 90. 91. 93. 94. 97. 98.
99. 100. 101. 102. 103. 104. 105.
115. 120. 122. 123. 133. 136. 147.
148. 149. 156. 157. 158. 159. 181.
182. 184. 185. 191. 199. 211. 213.
220. 222. 226. 227. 228. 229. 231.
232. 233. 234. 239. 240. 241. 246.
247. 251. 253. 260. 262. 264. 265.
267. 269. 271. 273. 274. 278. 279.
283. 285. 286. 287. 288. 289. 290.
291.
Muller, Jorgen, Bürger zu Narva. 49.
Münchhausen, von, Christoph. Stiftsvogt zur Wiek. 43. 52. 56. 57. 59.
60. 62. 63. 66. 67. 68. 69. 70.
74. 75. 76. 77. 79. 122. 123. 124.
125. 158. 159. 178. 179. 181. 182.
183. 187. 189. 191. 192. 195. 197.
218. 224. 226. 229. 231. 232. 233.
236. 237. 239. 240. 241. 242. 243.
244. 250. 252. 257. 258. 260. 265.
266. 267. 268. 271. 273.
Münchhausen, von, Johann, B. von Oesel und Curland. 62. 65. 80.
84. 87. 89. 91. 93. 195. 231. 252;
dessen Kanzler. 84. 85; Botschaft an den EB. 84. 85; Aufgebot und Kriegsvolk. 84. 85. 86.
Munk, Oluff, zu Tvis. 144.

Narva, Gebiet, Schloss und Stadt.
7. 49. 50. 51. 52. 67. 73. 82. 116.
118. 119. 129. 133. 140. 150. 151.
171. 173. 233. 281; O.-Vogt. 50.
„ Rath und Gemeine. 49. 50.
„ Fluss. 7. 51.
„ Einnahme durch Verrath. 67.
73. 83.
„ Russische Hauptleute und Besatzung. 50. 51. 90. 91.
„ Privilegium des Grossfürsten. 49 -- 52.
„ Kriegszufuhr und verbotene Fahrt. 82. 83. 84. 289.
Narvischen, die. 49. 50. 51.
Naugarden, s. Nowgorod.

Neuenhof, von dem, Christoph, (von der Ley), Landmarschall. 138. 256.
Neuhausen. Schloss. 59. 73. 79.
232. 239. 240; Hauptmann. 73;
Verrätherei. 73.
Neuenschloss. 73. 116. 118. 120. 133.
140. 173; O.-Vogt. 217.
Nicolas, russ. Bojar. 284.
Niederlande, die. 36. 37.
Nienhus, s. Neuhausen.
Nienslot, s. Neuenschloss.
Nieroth, Dirik. 45.
Nieroth, Hermann, zu Kappell. 44.
Nieroth, Hermann, zu Koddell. 44.
Nolde, Gerdt. 217.
Nord-Jutland. 160. 175.
Norwegen. 83. 114. 119. 152. 166. 279.
Nowgorod, Land und Stadt. 151. 152;
Statthalter. 14. 16. 31.
Nowgoroder, die. 15.

Oberpahlen, Schloss. 235.
Odensee. 52. 79.
Oesel, Stift. 63. 64. 75. 84. 88. 92.
195. 232; Bischof, s. Münchhausen,
Joh., Stiftsvogt, s. Behr, Dietrich.
Capitel. 63; Räthe. 81; Ritterschaft, Adel und Aufgebot. 74. 81. 267.
Oeten (?), van, Ludeke. 186.
Oldenbockum, Philipp. 95.
Orden, deutscher, in Livland. 38. 39.
41. 61. 68. 79. 103. 104. 105. 106.
108. 110. 111. 112. 113. 114. 117.
118. 119. 120. 125. 132. 133. 134.
135. 136. 138. 140. 141. 142. 144.
145. 146. 162. 176. 181. 182. 183.
184. 197. 201. 212. 213. 216. 220.
222. 224. 226. 230. 238. 240. 241.
242. 243. 246. 248. 251. 252. 254.
256. 257. 261. 265. 266. 272.
„ in Preussen. 128. 129.
„ OM. 50. 51; vgl. Fürstenberg, Wilhelm; Galen, Heinrich.
„ Herren und Gebietiger. 76. 138.
241. 265. 266. 270.
„ Festungen. 70. 148. 149. 150.
235. 258. 266. 269.
Ortten, Ewert. 45.
Ostsee, die. 102. 105. 128. 148.
Otfer, s. Twer.

Paytkull, Johann. 45.
Paytkull, Jorgen. 45.
Paul IV, Papst. 180.
Pawick. 73. 90. 91.
Pernau, Gebiet, Schloss und Stadt.
75. 81. 241; Comthur, s. Wulff, Rutgar.; Hauscomthur. 217.
Peter, ein Russe. 90.

Pfeffersack, Antonius, Burger zu Narva. 49.
Pleskau. Land und Stadt. 152; Statthalter. 14. 16. 31. 65.
Pleskauer, die. 35.
Polen, Land, Krone und Reich. 151.
„ König. 4. 15. 16. 27. 31. 86. 120. 151. 227. 228. 229. 290.
Polozk. 5; EB. 5. 14.
Poll, Hof. 45.
Poll, Claus. 45.
Pommern. 129.
Preussen. 151; s. Orden, Preussen; Herzog. 129.

Randers. 107. 121. 124. 137. 145. 146. 153. 154. 160. 161. 178. 179.
Reval, Stift und Gebiet. 42. 53. 65. 66. 67. 68. 69. 78. 87. 91. 116. 118. 119. 133. 140. 158. 162. 167. 168. 171. 176. 177. 183. 192. 222. 232. 233. 236. 251. 252. 255. 266; Bischof, s. Wrangell, Moritz.
„ O.-Comthurei. 42; O.-Comthur, s. Segenhagen, Franz; Haus-Comthur, s. Bockholt, Goddert.
„ Dom und Schloss. 42. 66. 67. 68. 69. 74. 91. 93. 116. 118. 119. 122. 123. 133. 140. 146. 147. 153. 155. 158. 159. 181. 183. 184. 185. 188. 191. 192. 193. 194. 195. 196. 197. 198. 199. 201. 202. 204. 206. 207. 208. 209. 210. 211. 212. 213. 214. 215. 216. 217. 218. 219. 222. 223. 225. 226. 230. 234. 241. 244. 245. 247. 248. 249. 250. 251. 252. 255. 256. 257. 258. 259. 260. 261. 262. 264. 265. 266. 267. 268. 269. 271. 272. 273. 274. 275. 277.
„ Knechte auf dem Dom und Schloss. 73. 122. 123. 159. 187. 188. 190—193. 193—218. 234. 243—245. 246—250. 251. 252. 253. 254. 267. 269.
„ Stadt. 53. 65. 68. 75. 76. 77. 87. 92. 118. 119. 123. 128. 129. 133. 140. 150. 151. 154. 161. 168. 171. 176. 177. 180. 182. 185. 191. 218. 233. 247. 248. 255. 256. 267. 269. 281.
„ Rath. 80. 82. 92. 93. 128. 163. 196. 197. 198. 200. 203. 207. 209. 211. 212. 215. 217. 218. 244. 246. 250.
„ Aelterleute. 203. 207. 209. 246. 250.
„ Bürger. 128. 182. 209. 218. 243. 253. 254.
„ Gildestuben. 69. 198. 234.

Reval, Prädicanten. 236.
„ Botschaft nach Dänemark. 92. 126—130. 187. 236.
„ Verhältniss zu Schweden.
„ Russ. Kirchen. 15.
Riga. Erzstift. 85; EB. 50.
Wilhelm, Markgr. v. Brandenburg.
„ Hauscomthur. 95.
„ Stadt. 5. 14. 85. 87. 193. 232. 243. 280. 281; Rath und Gemeine. 14; St. Nicolai Kirche. 5. 14; St. Jacobs Pforte. 5.
„ Russische Kirchen. 4. 5. 14. 15. 16; vgl. Livland, russ. Kirchen.
Rigischen, die. 5.
Risbither, Johann. 44.
Risbither, Jorgen. 44.
Rosen, Geschlecht. 39.
Rosen, von, Reinhold, Rath von Harrien. 44. 186. 232.
Rosenhagen Claus. 45.
Rosenkrants, Holger, zu Boller. 144.
Rotker, Lode. 46.
Russland. 7. 53. 90. 150. 151. 153. 159. 163. 166. 177. 231. 261. 281; vgl. Moskau.
„ Grossfürst. L. 9. 10. 13. 15. 17. 18. 30. 35. 48. 49. 52. 53. 54. 65. 75. 76. 89. 90. 92. 97. 99. 142. 153. 154. 155. 161. 162. 165. 166. 168. 169. 170. 171. 172. 173. 174. 175. 177—234. 280. 284.
„ Feldherren und Kriegsvolk in Livland. 9. 12. 18. 20. 22. 26. 27. 52. 53. 79. 80. 82. 83. 90. 91. 100. 142. 154. 155. 162. 163. 164. 167. 168. 176. 177. 234. 240. 281; in Finland. 96.
„ Kaufschlag. 5. 15. 50. 51. 166. 174.
Russen, die, s. Moskowiter.

Schapshusen, von, Hermann, Haus-Comthur zu Weissenstein. 72. 78.
Schepbach, Johannes, päpstlicher Notar. 185. 186.
Scherenbeck, Johann. 44.
Schiffer, Christoph. 122. 124.
Schmidemann, Johann, Stadtvogt zu Reval. 68. 186. 224.
Schmidt, Marcus, Bürger zu Narva. 49.
Schütte, Heinrich. 73.
Schwartzhoff, Friedrich. 45.
Schweden. 91. 92; König. 92. 93. 191; Stellung zu Livland. 93; Schiffrüstung auf Livland. 92.
Segenhagen, Franz, gen. Amsel, O.-Comthur zu Reval. 66. 67. 69. 70. 71. 76. 78. 121—126. 158. 159.

160. 181. 183. 191. 210. 221. 222.
223. 225. 230. 232. 233. 234. 250.
252. 258. 267. 268.
Sieberg zu Wischlingen, Georg, Comthur zu Dünaburg. 61. 122. 138.
143. 144. 211.
Silkeborg. 79.
Simon, Johanssen (Iwanowitsch), russ. Bojar. 284.
Sirps, Bartelt, Diener des O.-Vogts von Jerwen. 96.
Smolensk. 94.
Soneburg, Schloss. 241; O.-Vogt, s. Wulff, Heinrich.
Spit 36.
Stalbreter, Jorgen. 45.
Stise, O to, Hauptmann auf einem kön. dän. Schiff. 219.
Stitten, von, Frans, der Rechte Licentiat. 122. 138. 143. 144. 153. 220.
Stryk, Dirik. 45.
Strubbe, Johann, der Rechte Dr. 63.
Sunnymi, in Estland. 42.
Szoye, s. Zöge.
Ssuiski, Peter Ivanowitsch, Fürst. 65. 66. 67. 74. 75. 76. 89.

Taturen, die. 39. 90. 151. 287; tatar. Kaiser. 11. 94. 101.
Taube, s. Tuve.
Tenner, Hieronymus, der Rechte Dr. 153. 154. 161. 177. 282.
Terbipole, russ. Djak. 32.
Tiesenhausen, Geschlecht. 39.
Tiesenhausen, Fabian, der Alte. 44. 56.
Tiesenhausen, Fabian, der Junge. 68. 234.
Tiesenhausen, Fabian, Hauptmann. 44.
Tiesenhausen, Jaspar. 45.
Tiesenhausen, Peter, Rath von Wirland. 44. 47.
Tiesenhausen, Peter, der Junge. 45.
Tiesenhausen, Reinhold. 44.
Tödwen, vgl. Dödwen.
Tödwen, Arndt. 45.
Tödwen, Helmolt. 45.
Tödwen, Wilhelm. 56. 57.
Tolcks, Robert. 45.
Tollowitz, Peter, russ. Obrist auf Lais. 91.
Tolsburg, Schloss. 116. 118. 120. 133. 140.
Torsak, russ. Stadt. 10.
Treiden, Johann. 45.
Treiden, Jorgen. 44.
Treiden, Reinhart. 45.
Treiden, Wolmar 95—98.
Trikaten, Schloss. 9. 85.
Trolshagen, Ditlof. 44.

Tuober, Helmolt. 45.
Türke, der. 94. 100. 287.
Tuve, Andres. 44.
Tuve, Arndt, zu Machters. 44.
Tuve, Bartholomäus. 44.
Tuve, Berndt. 44.
Tuve, Berndt, zu Etz. 46.
Tuve, Claus, zu March. 44.
Tuve, Jacob. 45.
Tuve, Johann, zu Etz. 46.
Tuve, Johann, zu Ruholl. 45.
Tuve, Otto, zu Finn, Rath von Wirland. 44. 68. 210. 234.
Tuve, Otto, zu Isen. 45.
Tuve, Robert. 44.
Twer. 33.

Ueltzen, Schloss. 240. 241.
Uexküll. Geschlecht. 39.
Uexküll, N. N. 36.
Uexküll, Conrad. 44.
Uexküll, Heinrich, von Kattentack. 91. 93. 180. 181. 183. 185. 189. 190. 193. 194. 195. 196. 198. 199. 200. 202. 203. 205. 207. 209. 210. 211. 212. 213. 214. 215. 218. 219. 243 244. 245. 250. 251. 252. 253. 254.
Uexküll, Otto. 56. 232.
Ungern, von, Jorgen. 44.
Urne, Claus, zu Bielteberg. 153. 154. 161. 177. 282.
Urod, s. Huroder.

Vehse, Peter, Bürger zu Wesenberg. 71.
Vetter, Stephan, kais. Notar. 67. 122. 126. 186.
Vettinghof, Dirik. 44.
Vettinghof, Simon. 44.
Vietinghof, s. Vettinghof.
Vogt, Hans. 9. 13.
Vremen, vgl. Bremen.
Vremen, Johann. 45.
Vremen, Tuve. 45.

Walk. 78. 182. 240.
Wallküll, Dorf in Estland. 42.
Wedwe, Johann. 45.
Weissenstein, Schloss und Stadt. 72. 75. 79. 81. 90. 118. 133. 140. 181. 232. 235. 245; Hauscomthur, s. Schapshusen, von, Hermann; Cumpan. 78; Kriegsvolk. 72. 78; Bürger. 72. 78.
Wekenbroth, Johann 45.
Welsche Lande. 182.
Wenden, Stadt und Schloss. 5. 63. 94. 95. 189. 190. 219. 221; russ. Stapel. 5.

Wendischen Städte, die. 147.
Wentrup, Johannes, kais. Notar. 180.
Werden, von, Bestien, Bürger zu Narva. 49.
Wesenberg, Gebiet, Stadt und Schloss. 71. 72. 73. 74. 116. 118. 133. 140. 182. 232. 234. 241; O.-Vogt. 70. 71. 74. 78. 232. 235; Drost. 70. 71. 72; Bürger. 71; Kriegsvolk. 72; russ. Besatzung. 90.
Westfülinger, die. 38.
Westsee, die. 128.
Wettberg, Brun. 68. 234.
Wettborch, Brun, Rath von Harrien. 44.
Wiborg. 91.
Wiek, Stift und Landschaft. 75. 81. 84. 92. 232; Stiftsvogt, s. Münchhausen, Christoph; Ritterschaft, Adel und Aufgebot. 74. 81. 267.
Wigand von Ungern. Abgeordneter der Knechte auf dem Hause Reval. 245.
Wilhelm, Markgraf zu Brandenburg, EB. von Riga. 16. 84. 87. 148. 227—229. 232. 240. 267. 283. 286; Botschaft nach Polen. 86. 227. 228. 229. 232.
Winter, Heinrich. 10. 32.
Winter, Johann, Rathmann zu Reval. 208.
Wirland, Landschaft. 64. 81. 87; Ritterschaft, Adel und Aufgebot. 44—46.

Witenbek, s. Witepsk.
Witepsk. 5. 14.
Wittenstein, s. Weissenstein.
Wobisser, Woditlaf, Amtmann zu Troiborg. 153. 154. 161. 177. 282.
Wolmar, Stadt und Schloss. 97. 222. 224.
Wrakell, vgl. Brakell.
Wrakell, Johann. 46.
Wrangell, Ewert. 44.
Wrangell, Johann. 46.
Wrangell, Johann, zu Addinall. 45.
Wrangell, Johann, zu Jesse. 45.
Wrangell, Jorgen. 45.
Wrangell, Moritz, R. zu Reval. 65. 67. 75. 76.
Wrangell, Otto, von Karoll. 45.
Wrangell, Otto, zu Tatters. 45.
Wrangell, Reinhold. 45.
Wrangell, Wolmar, zu Royel. 19. 30. 56. 57.
Wulff, Heinrich, O.-Vogt zur Soneburg. 72. 91. 94. 95. 180. 194.
Wulff, Jorgen, Rath des OM. 256.
Wulff, Rutger, O.-Comthur zu Pernau. 94. 95. 207.

Zerszegeley, tatar. Kaiser. 11. 47.
Zöge, Hermann. 44.
Zöge, Johann, zu Errestfer. 56. 57.
Zorne, Ort bei Moskau. 10.
Zurschki, s. Szuiski.

Druckfehler. *Zu verbessern:* 23,8: euch. — 30,24: andere. — 36,13: aff. — 39,18: ir. — 72,4: breff. — 74,6: wie. — 77,1: Harrien. 86,10: Fursten. — 130,13: Dec. 30. — 133,24: die. — 226,13: mich. —

www.ingramcontent.com/pod-product-compliance
Lightning Source LLC
Chambersburg PA
CBHW022057230426
43672CB00008B/1203